武汉市
档案工作人员
上岗必读

武汉市档案局　编

武汉大学出版社

图书在版编目(CIP)数据

武汉市档案工作人员上岗必读/武汉市档案局编;周江洪,周耀林主编.
—武汉:武汉大学出版社,2024.8
ISBN 978-7-307-24424-5

Ⅰ.武… Ⅱ.①武… ②周… ③周… Ⅲ.档案工作—岗位培训—
教材 Ⅳ.G275

中国国家版本馆 CIP 数据核字(2024)第 109083 号

责任编辑:詹 蜜 责任校对:汪欣怡 版式设计:马 佳

出版发行:**武汉大学出版社** (430072 武昌 珞珈山)
(电子邮箱:cbs22@whu.edu.cn 网址:www.wdp.com.cn)
印刷:武汉中科兴业印务有限公司
开本:787×1092 1/16 印张:18.5 字数:349 千字 插页:3
版次:2024 年 8 月第 1 版 2024 年 8 月第 1 次印刷
ISBN 978-7-307-24424-5 定价:78.00 元

主　编　周江洪　周耀林

副主编　蒋敏华　陈道雄　罗建衡　王思敏

撰　稿　蒋敏华　王思敏　陈　君　陈　琪

　　　　孙晓飞　史岩昆　王　旭　董晓宁

　　　　曾　墨　甘超逊　曾　婷　管　茜

　　　　张丽华　王彬璇

前　言

P R E F A C E

为深入贯彻习近平总书记对新时代档案工作重要指示批示精神，全面落实《中华人民共和国档案法》《中华人民共和国档案法实施条例》等法律法规和标准规范，有效提升全市档案工作人员综合素质，武汉市档案局组织编写了《武汉市档案工作人员上岗必读》，作为全市档案工作人员岗位培训教材。本教材立足于武汉市档案工作实际，兼顾档案事业未来发展需要，结合国家及省市档案工作法律法规和标准规范，对档案和档案工作、归档文件材料收集整理、档案保管鉴定统计移交、档案资源开发利用、档案信息化与数字档案室建设、档案安全与监督指导等工作进行了全面介绍。教材紧扣档案工作人员必须了解的基本知识和必须掌握的工作技能，一方面从内容上满足适用对象应知应会的要求，即新上岗档案工作人员必须具备的档案工作基本知识、法律法规常识、业务工作基本技能；另一方面从形式上强调生动直观，综合运用流程图、示意图、模板、表格、实物图片及实例案例，具有较强的理论性、实践性、前瞻性和可操作性。教材适合于全市机关、企业事业单位(统称机关、单位)档案工作人员、市区档案局(馆)工作人员以及在汉档案服务企业从业人员作为专业培训、个人自学参考资料，也可为其他人员了解或研究档案工作提供参考借鉴。

编　者

2024 年 4 月

C O N T E N T S 目 录

第一章
档案和档案工作

第一节 档 案

　　档案是人类从事生产活动过程中产生、选取并保存下来备以查考的各种有价值的原始记录，它随着阶级和国家的出现而发展，不仅记录着人类各项社会实践活动，还是国家治理的重要工具。

　　据现有文献记载，"档案"一词在我国最早出现于明末清初。清顺治十五年（1658）浙江巡抚陈应泰揭帖中就出现了"档案"一词，清康熙十九年（1680）《起居注》上亦出现"档案"一词："上问马哈喇之父与叔皆殁于阵……皆松山等处事，部中无档案"，可见"档案"一词作为书面用语在清初已出现。在"档案"一词出现之前，与此相应的名称有"典册""案牍""簿牍"等，虽然称谓不同，但其内涵基本相同，都显示出档案的特征和功能。

　　一、档案的定义及特点

　　（一）档案的定义

　　《中华人民共和国档案法》规定："本法所称档案，是指过去和现在的机关、团体、企业事业单位和其他组织以及个人从事经济、政治、文化、社会、生态文明、军事、外事、科技等方面活动直接形成的对国家和社会具有保存价值的各种文字、图表、声像等不同形式的历史记录。"该定义全面概括了档案的内涵，即人类在各种实践和生产活动中直接形成的有价值的历史记录；同时也揭示出档案的外延，即具有这种属性的各种形式的文件材料。

（二）档案的特点

档案概念揭示了档案的四个基本特点：

1. 档案来源的广泛性

档案是各类国家机构、社会组织和个人在履行职责、开展活动、沟通思想、传递信息等社会实践活动中形成的记录，因此具备主体多元性、内容广泛性特征。

从档案的形成者看，一是机关、人民团体、事业单位等国家机构，二是社会组织、企业或民间团体，三是包括有影响力的名人、有突出贡献的人物、公众等在内的个人，这三种类型的形成者既包括"法人"，即依法独立享有民事权利和承担民事义务的组织；也包括"自然人"，即依法享受权利和承担义务的公民个人。

从档案的内容看，档案来源于形成者特定的实践活动。国家机构、社会组织和个人在执行任务的过程中，处理工作、办理案件、召开会议等都会形成一定数量的文件，最后有条理地保存起来。因此，档案中记录了大量的事物，内容极其丰富，档案内容相互间又具有密切联系。

2. 档案形成的原始性

档案记录着形成者开展各种生产活动、社会实践活动的原始过程，因此，原始记录性是档案的本质属性，是档案特有的属性。

从档案形成过程来看，档案是人类在社会实践活动中直接形成的，客观地反映人类社会实践活动的过程与面貌，是伴随着各种生产活动、社会实践活动的开展而直接产生，不是事后编写或后来加工创作的间接材料或二手材料。原始记录性是档案的本质属性，是档案区别于图书、报刊、资料等其他信息的独一无二的特点。

从档案形式与内容来看，签名、批示、印章、签章等原始处理痕迹均完整保留，从形式和内容可以看出该项活动从始至终的过程，形式和内容的完整性要求档案一经形成，不能进行涂改、修饰和删除。

把握档案的原始记录性特点，对做好档案的收集、整理、鉴定、利用等工作均有启发。第一，档案的原始记录性要求档案工作者必须遵守职业准则，维护档案的完整与真实，后人也不能按照各自的观点和某种需要去修改档案。第二，档案与图书、资料、文物既有区别，也有联系，对档案工作者而言，既要选择具有保存价值的原始文件归档使其成为档案，同时也要收藏与档案有关的图书、资料等作为档案利用的参考资料。

3. 档案形式的多样性

档案的形式包括两个方面，即记录档案信息的物质载体和档案信息内容的记录方式。载体和内容的统一，构成了档案。档案载体材料和内容记录方式的发展演变，反映出档案和档案工作发展的不同阶段，也反映了社会文明发展的水平，随着科学技术的快速发展，档案的形式仍在不断变化丰富。

从载体材料上看，我国既有古代遗留下来的甲骨、金石、简牍、缣帛等载体档案，又有汉代沿用至今的纸质档案，还有磁盘、磁带、胶片等现代的新型载体档案。

从档案信息内容的记录方式来看，可分为三个层次：一是记录内容的方法，即通过何种方法将信息记录在各种载体上，有雕刻、手写、印刷、晒制、摄影、录音、录像等多种；二是信息内容的记录类型，有文字的、数字的、图形的、图像的、声音的等多种；三是文体表达方式上，有决议、决定、命令、公报、公告等多种文种形式。

4. 档案形成的条件性

档案形成的基础是各种各类文件，但并不是所有文件能成为档案保存下来，文件转化为档案需要满足三个条件：

一是办理完毕的文件，才能进入归档移交环节，进而作为档案保存。现实使用完毕或办理完毕的文件才能作为档案保存，正在承办中的文件不属于档案。办理完毕是一个相对概念，并不是指文件所说的一切事情都已办理或执行完毕，而是指完成了文书处理程序。在实际工作中，判断是否完成文书处理程序，一般有四种情况：其一，不需要具体承办的周知性、执行性文件，如指示、决定、通知、通报等，只要完成登记、收发、传阅等文书处理程序，即为办理完毕。其二，请示、批复、问函、复函、请求批转或转发的文件，以及需要做出结论或结案的文件，只有当发文单位发出或收文单位收到复函后，这些文件的办理才算完成。其三，交办的文件可能已经直接答复来文单位，或者按照职能分工转交给相关部门处理，也算是完成了办理。其四，一些长期执行的文件，如法律、法规、规章、五年规划等，发文单位已经定稿并印发，收文单位领导已经阅知阅办，这些文件也算是办理完毕。

二是有查考利用价值的文件，才有必要作为档案保存。文件是否需作为档案保存，是有一定的判定标准的，即是否具有眼前或长远的查考利用价值，无须保留没有研究或利用价值的文件。所以，档案就是人们经过筛选和评估后，决定保存的有价值的文件资料。

三是按照一定规律集中保存的文件，最终才能成为档案，也就是说，档案是由文件经过有序的集中和整理形成的，而文件是随其形成者的活动而逐日逐件产生的，处于相对分散零乱的状态。只有把这些文件中具有保存价值的部分按照一定的程序和条理进行立卷归档，使之成为系统化的有机整体，它们才能成为档案。

(三)档案的一般属性

档案的一般属性，包括真实可靠性、有机联系性、确定性和信息性等。

真实可靠性。档案的本质属性——原始记录性，决定了档案是真实可靠的。档案真实性的含义至少包含两个方面：首先，如果档案内容没有错误、歪曲或伪造，那么在记录同一历史事件的各种信息中，它是最真实、最可靠的，因为它是直接的原始记录，携带的是原生信息。其次，即使档案存在错误、歪曲、伪造或篡改，这些不真实的事实也是由档案这种实际存在的形态记录下来，固化并向后人展示的，有些不真实的档案和伪造的档案，可能会从某一侧面反映出另一种真实。

有机联系性。不论是政府机关的官方文件、企业的设计图和任务书、完工图，还是个人的日记、手稿和照片，它们在被汇集为档案时，通常基于来源、时间和内容等方面的紧密相关性进行分类整理。

确定性。档案内容信息具有清晰性和确定性。没有载体形式的原始性信息(如人的口头讲述)，即使有价值也无法成为档案；没有清晰、确定的信息内容的原始物品(如纯粹的衣物、器具等)也不能称为档案。

信息性。档案内不仅深藏着庞杂的知识资源，亦含有大量的信息内容。它们被归类于文献资料与持久信息。除了共享普遍文献信息的标志性属性——包括可识别、可转换、可保存、可交流、可复原、可增长、可压缩及可利用等特点，档案信息还具备其独特的性质，如原始性、验证性、组织性、可溯性、延迟性以及隐秘性。

二、档案的价值与作用

(一) 档案的价值形态

档案的价值体现了其对国家、社会机构以及个人的重要性。这种价值可以根据其实现的范围和效果，进一步细分为作为法律或事实依据的证明价值，以及提供信息参考的情报价值。同时，档案的价值也可以根据其体现的时间跨度来划分，既有立即可见的现实价值，也有长期才能显现的深远价值。再者，档案的实用意义还可根据其影响的主要对象进行分类，包括对档案形成者具有的首要价值(第一价值)，以及对档案形成者之外其他利用者的次要价值(第二价值)。

1. 凭证价值和情报价值

凭证价值源于档案的生成历程，以及档案所蕴含的内容和其外在形态的独特性。首先，从档案的形成过程和内容特征来看，档案是人类在社会实践活动中形成的原始历史记录，不是事后编写、创造的；档案形成之后不能根据某人的需要去修改，更不能为达到某种目的去篡改、伪造。所以，档案内容反映机构、人物、事情发生发展的真实面貌。例如，在经济工作中档案是解决经济纠纷的凭证，经济建设项目中双方签订的合同、协议可以作为凭证解决矛盾争端。学历档案、人事档案、病历档案在澄清个人学历、参加工作年月、工资级别、身体状况等方面都是最好的凭证，户籍档案、房地产档案等为许多公民解决纠缠不清的家庭矛盾、邻里矛盾提供证据。其次，从档案的外部特征上看，档案保留了其制成材料的质地和原始形态，保留了在其形成、运转过程中真切的历史标记，如档案原件上一般保留着负责人和有关人员的亲笔签字或批示，盖有机关或个人的印章，留有个人的笔迹。如著名政治家、社会活动家、作家、画家的签字、手稿等，可以反映出他们在这些历史活动中的思想意识和真实情况，对于某些别有用心者企图模仿照抄甚至诬陷，只要把这些原稿和有当事人签字的档案拿出来即可起到凭证作用。在法律上，档案证据作用发挥的案例更是屡见不鲜。

档案是事实、知识和经验的记录，构成了档案的又一基本价值——情报价值。其一，档案是客观形成的历史记录性文献，这一特性决定了它的参考作用更为可靠，对于人们回顾历史、获取特定史料，以及探究相关事物的演变和原则，档案提供了重要的借鉴价值。如研究我国改革开放以来的经验、成就与问题，从中找出一些规律，可以从我国这一时期的政治、经济档案材料中，获得事物发展的始末、数据等信息。其二，区别于其他信息源，档案详尽地捕捉了历史事件的实况和序列，同时记录了人们在各类活动中的思考脉络，因此它能够提供相互关联、结构化且广泛的信息资源。

2. 现实价值和长远价值

档案的现行价值亦称作实用价值，体现了档案在当前社会实践中的有效应用。这种价值的持有者涵盖了档案的原始创建机构及其他相关实体，而其实用范畴则广泛涉及生产建设、行政管理、文化艺术、外交军事和科学研究等多个领域。

档案的长远价值，是指其价值不仅在当前有效，还能延伸至将来，在漫长的岁月里持续满足社会各界使用者的需求。不论是针对眼前的现实价值还是若干年以后的长远价值，它们都蕴含了凭证和情报两种不同的价值类型。对于特定的档案来说，一些可能同时具备现实与长远的价值，而另一些或许只具备这两者中的一个。例如，某些档案只在目前的实际工作中具有行政上的灵活性和法律上的证明力，随着时间的流逝，这些档案的利用价值可能会逐渐丧失；而有些档案虽然在现实中的作用不明显，但未来可能转变为宝贵的历史资料。

3. 对于形成者的价值和对于社会的价值

档案对其形成者所持有的首要价值称为原始价值，这包括其在行政管理、法律依据、财务记录和执行功能上的重要性；而档案对形成者之外的其他机构和个人使用者所拥有的价值则称作附属价值或档案价值，这主要包括作为凭证的证明价值以及提供信息的情报价值。

两种价值主体的区别揭示了档案既对形成者具有内在价值，又对社会（即除档案形成者之外的利用者）拥有扩展价值的双重特征及其过渡性。

（二）档案的具体作用

2021年7月，习近平总书记对档案工作作出重要批示，指出："档案工作存史资政育人，是一项利国利民、惠及千秋万代的崇高事业。"

1. 存史作用

"存史"是档案工作最基本的作用，档案诞生于社会政治、军事、经济、科学、技术与文化等长期实践之中，它们是国家和民族独特的文化遗产，构成了国家和社会的集体记忆宝库。

2. 资政作用

档案代表了各级机构和社会组织在执行职能和进行管理活动过程中的真实记录。这些记录对于相关机构的人员、特定地区甚至国家层面的从业者在回顾历史、预测未来，确保政策、体制、秩序和工作方法的持续与高效运行，以及提升决策的科学性方面，扮演着至关重要且不可替代的角色。这种作用被视作对政府或行政工作的辅助和贡献。

3. 教育作用

档案凭借其独有的历史价值、直观性和原始性，成为教育和传播知识的关键资源。在我国，档案的教育功能主要通过研究成果和展览活动得以实现。

(三)档案价值实现的规律

1. 档案价值的扩展律

档案的价值具备增长和演变的潜力，这种扩张遵循特定的规律性。一是随着价值主体的增多，档案的价值亦相应得到增强，即随时间发展，档案由形成者向非形成者流动，随着档案保密级别的逐步降低，其被利用的范围不断扩大，进而使得档案的价值得以更广泛地体现。二是档案作用也从最初支持行政和业务操作逐渐扩展到科学、文化和教育领域。原本，档案的前身——文件，是为了处理当前事务而产生，当文件转化为档案时，它们仍与当前的事务有紧密联系，其中一些政策和法律文件仍然具有现行效力，因此文件形成机构在日常工作中会频繁查阅这些档案，使得档案在行政方面的应用成为其主要角色。然而，随着时间推移，那些保存较久的档案与当下事务的关联性逐渐减弱，行政查阅的需求相应减少，对档案的利用限制也随之放松，允许公众从科学、文化和历史研究等多个角度来利用档案，从而使得档案的多方面功能变得更加显著。

2. 档案价值的时效律

"时效"是指事物在特定时间框架内发挥作用的属性。档案价值的时效律表明档案对社会的实用性受到时间的限制，某些档案在特定的时间段内对利用者而言是宝贵的，一旦超出了这个时限，其价值可能会降低甚至完全消失。这种原则被称为档案价值的时效规律。并非所有文件都具有相同的生命周期长度，不考虑其物理寿命，就其实用性而言，一些文件在文书处理完成后便被废弃，一些在现行或半现行阶段保持其价值，而其他一些则在进入非现行阶段后仍长期有价值并得到保存。从某个角度来看，评估档案的价值实际上就是对其价值有效期的认识和确定过程，而设定的档案保管期限则是这一时效期的具体反映。

3. 档案价值的条件律

档案的价值并非自然生成，而是通过利用者（主体）与档案（客体）间的互动和相互影响构建起来的，这一过程正是档案的利用活动。档案利用活动的可能性、广泛性及其效果取决于一定的条件。只有在特定的条件下，当档案被利用者有效地利用并产生了社会或经济回报时，它们固有的潜在价值才转变为实际价值。因此，社会制度、法律法规、方针政策、社会的档案意识和档案管理水平等因素影响档案价值实现。

三、档案的种类

根据不同的划分标准，档案可以划分为不同种类，主要有如下几种：

（一）公务档案与私人档案

按照档案形成领域的公私属性可分为公务档案与私人档案。公务档案是指机关、团体、企业事业单位在执行公务活动中生成的档案，其主要构成是官方文件，如各种行政公文和法律法规。而私人档案则来源于个人或私人组织的社会活动，其主要文件形态是私人文书，如日记、文稿、信函、笔记等。这两类档案在外延上有所交叉重合，但二者的相对性概念强调了档案归属和所有权问题。

（二）文书档案、科技档案与专业档案

按照档案的内容可分为文书档案、科技档案与专业档案。文书档案是指机关、团

体、企业事业单位在行政管理和社会事务活动中产生的，由通用文件转化而来的那一部分档案的习惯称谓（如请示、批复、决定、决议等），可泛指科技档案和其他专门档案之外的一切档案，因而有时也称为"普通档案""一般档案"。

科学技术档案（以下简称"科技档案"）是在国家机构、社会组织以及个人参与的各种社会活动中产生的，对国家、社会、本单位和个人具有保存价值的，应当归档保存的科技文件。科技档案以其专业技术性和成套性等特征，在生产建设、科技研究、设计工作以及科学技术交流等方面扮演了关键角色。科技档案根据所反映的专业性质和产生领域进行分类，主要有科技研究档案、基建档案、设备仪器档案等几类。

专业档案是指在专业活动中形成的具有专门名称、固定格式、特殊形成规律和管理要求的档案，如会计档案、人事档案、诉讼档案等。

从档案反映的内容来看，文书档案的内容主要反映机关、单位行政管理、事务处理等活动，具有较强的管理属性；科技档案内容主要反映科技生产活动，具有较强的专业性；专业档案内容主要反映各种专门业务活动，具有较强的业务性。

（三）历史档案与现行档案

按照档案的形成时期和政权性质，可分为历史档案和现行档案。历史档案是指形成时间较早、离现在较久远的档案，如古代档案、近代档案，通常将中华人民共和国成立前形成的档案统称为历史档案。现行档案是指那些产生时间相对较新，与当前时间紧密相连，并且主要扮演实际参考角色的档案，也就是说，这些档案对人们的工作生活仍具有明确的实践利用价值，在我国通常指中华人民共和国成立后的档案，这部分档案数量最多、内容最丰富、保存最完整。

（四）传统载体档案和新型载体档案

按照档案的载体材料可分为传统载体档案和新型载体档案。传统载体档案以纸质载体为主要记录载体，也包括甲骨、金石、竹简、缣帛等传统载体。新型载体档案是以照片、底片、唱片、磁带、磁盘、光盘等为主要记录载体的档案。

新型记录载体上可记录文字档案、图形档案、音像档案、数字档案等不同类型。其中，数字档案主要指计算机上原生电子文件经归档形成的档案，如图 1-1 所示。

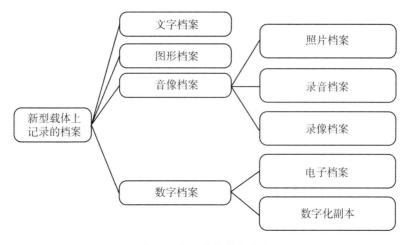

图 1-1　新型载体档案分类

第二节　档案工作

　　档案管理是党和国家运作中不可或缺的基础工作，确保档案工作良性运行是各部门、各单位的重要职责。档案工作有狭义和广义之分。其中，档案工作在狭义上主要涉及档案管理的核心环节，包括收集、组织、评估、储存、编目与查询、撰写与研究、统计分析以及提供服务等方面。广义上的档案工作(亦称为档案事业)以为国家各项事业和社会各界服务为宗旨，它不仅包括各项档案管理活动，还包括档案行政管理、档案教育、档案宣传、档案科技研究、国际合作与交流等工作。

一、党对档案工作的领导

　　基于"档案工作姓党"的政治属性，档案工作必须坚持党的领导，坚持党的领导是做好档案工作的根本。《中华人民共和国档案法》第三条明确规定："坚持中国共产党对档案工作的领导。"《中华人民共和国档案法实施条例》第三条规定："档案工作应当坚持和加强党的领导，全面贯彻党的路线方针政策和决策部署，健全党领导档案工作的体制机制，把党的领导贯彻到档案工作各方面和各环节。"

　　2018 年档案局、馆分设以来，我国大部分地区基本建立起了党委统一领导、党委办公厅(室)切实履行档案主管部门职责的档案工作领导体制机制，从法理和实际工作的角度确立了党领导档案工作的合法地位。要把牢档案工作的政治方向，坚持以习近平新时代中国特色社会主义思想武装头脑，履行"为党管档、为国守史、为民服务"神圣职责，服务党和国家工作大局，融入经济社会发展全局，找准切入点和着力点。

二、档案工作的重要性

2003年5月，习近平同志在浙江省工作期间就指出"档案工作是一项基础性的工作，经验得以总结，规律得以认识，历史得以延续，各项事业得以发展，都离不开档案"。2021年7月，习近平总书记对档案工作作出重要批示，进一步提升档案工作的重要性，指出"档案工作存史资政育人，是一项利国利民、惠及千秋万代的崇高事业"。档案工作是维护党和国家历史真实面貌的重要事业，它全面记载了中国共产党带领全国各族人民取得民族独立、国家发展复兴的历程，是人们认识和把握客观规律的重要依据，具有鉴往知来的重要意义。

(一)总结经验，辅助业务决策

档案记录了立档单位的职能行使、机构变迁以及生产经营管理状况，是维持业务活动的重要依据。尤其是，业务档案精确反映了业务工作的经验教训，不仅能够为后来者提供参考借鉴，还能为当下的业务活动提供决策支持，进而产生一定的社会效益和经济效益。

(二)认识规律，服务各方面需要

档案是机关、团体、企业事业单位和其他组织以及个人在社会活动中直接形成的有价值的各种形式的历史记录。档案工作是按照客观发展规律对档案进行收集、整理、鉴定、保管、编目与检索利用、编纂与研究、统计，充分发挥档案的凭证价值、情报价值、记忆价值和数据要素价值，满足社会各方面利用需求的工作。缺乏档案工作的组织与管理活动，档案就无法发挥对国家、社会组织或个人的有用性。

(三)延续历史，传承中华优秀传统文化

档案是社会组织或个人在社会实践活动中形成的原始记录，是留存、延续历史的宝贵资料。档案与历史是相伴相生的关系，没有历史，档案不会产生，而没有档案，历史很容易沦为传闻。档案工作反映了中国共产党党史、新中国史、改革开放史、社会主义发展史，因此，档案工作应该被给予高度重视，档案工作者牢记初心使命，承担起政治

和历史的重大责任，确保我党的辉煌成就、国家的壮丽篇章以及中华民族的悠久史诗得到妥善保管和代代相传，让中华优秀传统文化屹立于世界民族之林。

（四）促进党和国家各项事业全面发展

档案记录了客观事物发展的历史原貌，记录了国家经济、政治、文化、社会、生态文明以及军事、外事、科技等方面活动的发展情况，借助档案，我们能够更好地了解过去，把握现在，预见未来。尤其是，重大工程、重大项目、重大活动、重大事件等领域的专业档案，不仅包含着大量的、有价值的工程图纸、项目材料、活动记录等资料，还真实地反映行业发展规律，可以为各项工作的高质量发展提供指导。

三、档案工作的特点

（一）政治性

档案资源记录了党和国家艰苦奋斗的历程，是党和国家的宝贵财富；档案部门承担着为党管档、为国守史、为民服务的重要职责，档案工作姓党。

一方面档案工作体现中国特色社会主义思想，必须始终坚持党的全面领导，把牢政治立场、政治方向、政治原则，执行党的路线方针政策和决策部署。

另一方面档案部门在档案开放利用、编研出版、宣传展览等工作中始终坚持政治底线，严守党的政治纪律，提高政治判断力、政治鉴别力，对于档案资源中的敏感信息、重大突发事件的政治立场问题，敢于和善于拿起档案史料，坚决反击历史虚无主义。

（二）专业性

档案工作的专业性主要体现在档案管理工作的专业性与档案资源的专业性等方面。整体而言，档案工作具有独特的管理对象与管理方法。档案的各项管理工作均具有来源原则、全宗理论以及文件生命周期理论等学科专业理论的烙印。具体来说，档案资源中包含大量的民生档案、项目建设档案、婚姻档案、艺术档案等专业档案，专业档案的数量与种类较多，专业价值明显。不同种类专业档案的管理方法与管理流程各有差异，对工作人员的专业能力要求较高。

（三）机要性

档案记载了国家政治、经济、军事、科学技术发展等方面的原始记录，档案工作涉及国家利益、民族利益甚至国家安全，对档案工作及档案工作人员都提出了保密要求。对涉及国家秘密、工作秘密等事项或内容的档案要分别管理，确保档案信息安全。负责管理涉密档案的人员应遵守国家对涉密人员管理的有关要求。

(四)科学性

档案工作的科学性是指正确认识档案管理工作的客观发展规律，尊重客观规律并将实际情况作为档案工作决策的依据。就微观而言，档案工作涉及档案管理的八大环节，每个环节都需要遵循一定的工作方法、标准制度规范等，因而具有一定的科学性。就宏观而言，档案工作涉及人财物资源的统筹规划，以及档案信息化、数字档案馆(室)建设等重点档案工作，必须坚持唯物辩证法、科学的管理理念，提升档案管理工作的水平。

(五)服务性

档案工作是在业务部门完成工作后，将业务工作记录进行收集、整理、归档，以备查考利用的工作，也是一项服务性的工作。

第一，服务于本单位的业务部门。业务部门形成的业务资料并非都能转化为档案，只有其中有价值的部分才能作为档案进行保存。档案保存在本单位的档案部门，可以为业务部门的各项工作提供参考。

第二，服务于社会公众。各单位保管的档案移交给综合性档案馆后，档案馆依法可向社会公众、研究机构等开放。

第三，服务于党和国家。档案机构围绕党和国家中心工作及相关要求，开展红色档案、抗日战争档案、改革开放档案等的编研、利用与展陈等工作。

四、档案工作的原则、内容与基本任务

(一)档案工作的基本原则

1.统一领导、分级管理

(1)管理体制

国家档案主管部门(国家档案局)，负责主管全国档案工作，负责全国档案事业的

统筹规划和组织协调，建立统一制度，实行监督和指导。

县级以上地方档案主管部门（省市级、县级档案局），主管本行政区域内的档案工作，对本行政区域内机关、团体、企业事业单位和其他组织的档案工作实行监督和指导。

乡镇人民政府，对所属单位、基层群众性自治组织等的档案工作实行监督和指导。

（2）档案资源管理

机关、团体、企业事业单位以及其他组织形成的档案由各机关、单位的档案部门集中统一保管，并按规定定期向档案馆移交。

2. 维护档案完整与安全

档案的完整包括两方面的内容：一是档案资源类型与档案资源数量要充分反映党和国家各方面工作的面貌，能够满足人民群众的多种需求；二是要充分保障数字档案及其背景信息的完备无损，确保数字档案资源的语义信息真实、完整。

档案安全包括日常库房管理安全以及数字档案资源安全两个方面。在日常库房管理安全方面，要布置防火、防盗、防水等措施，加强日常巡视和风险排查，做好应急演练，多举措确保档案资源的安全。在数字档案资源安全方面，要加强数字档案管理系统的安全检查，同时做好备份工作，以防数字档案的损毁与灭失。

3. 便于社会各方面的利用

档案工作是一项服务性的工作，其目的在于保管利用。档案工作应当以人为本，充分挖掘档案资源的价值，为党和国家、人民群众提供利用服务。具体来说，档案部门应做到：

①做好降密、解密、开放鉴定工作，应开放的档案必须及时向社会开放。《中华人民共和国档案法》第二十七条规定："县级以上各级档案馆的档案，应当自形成之日起满二十五年向社会开放。经济、教育、科技、文化等类档案，可以少于二十五年向社会开放；涉及国家安全或者重大利益以及其他到期不宜开放的档案，可以多于二十五年向社会开放。国家鼓励和支持其他档案馆向社会开放档案。"

②定期公布开放目录。《中华人民共和国档案法》第二十七条规定："档案馆应当通过其网站或者其他方式定期公布开放档案的目录"，简化开放利用手续，为档案的开发利用创造条件。

③依据经济发展、文化教育与科学研究及其他领域发展的需求，完善档案馆未开放档案的利用手续。

④加强对重大活动和突发事件档案的收集、整理与开发利用工作，为举办重大活动和应对突发事件保留原始记录和提供决策依据。

⑤加强档案开放利用的理论研究与媒体宣传活动，推动档案部门对档案展览、档案汇编、讲座、文创产品等的研发工作，服务"四史"教育，发展社会主义先进文化。

(二)档案工作的主要内容

1. 开展日常管理工作

出于管理和利用的需要，日常的档案管理工作可以划分为收集、整理、鉴定、保管、编目与检索、编辑与研究、统计、利用服务等八大方面。

档案收集是指通过接收、征集、购买、代管等方式，对一个单位或个人的历史、活动、成果等方面的文件材料进行全面的搜集，使之齐全完整以便于利用的工作。档案收集工作直接关系到馆藏档案资源构成结构的科学性，档案部门应当做到应收尽收、齐全完整、真实可靠。

档案整理要求档案工作者按照科学规律，通过组件、修整、装订、分类、排列、编号、编页、编目、装盒、排架等环节将档案进行分门别类，并组成有序体系的一项工作。档案整理应当尊重来源、尊重全宗的完整性、尊重档案全宗内的原始整理体系。

档案鉴定工作包括真伪鉴定、保管期限鉴定、开放鉴定、销毁鉴定等诸多内容，必须坚持全面的观点、历史的观点、发展的观点，从文件内容、文件来源、文件产生时间、文件名称、文件稿本、文件的有效期、文件的外形特点等方面进行综合考量。

由于自然灾害和人为保管不当的影响，档案或是处于渐变性的自毁过程中，或是面临突变性的破坏，直接影响档案寿命。于是，社会各方面的利用需求与档案保管寿命的有限性的矛盾就产生了档案保管工作。档案部门可从档案装具、档案用房等方面为档案的保管、保护营造良好的环境。

编目与检索是指编制目录和检索工具，以便反映档案资源的内容信息，快速查找利用的工作。馆(室)藏档案资源类型丰富、内容繁杂、数量庞大，主要按照来源与形成规律进行存放，加之，档案利用者的需求多样，因此，在查找利用馆(室)藏档案资源过程中难免要耗费大量的时间精力。基于这样的考虑，有必要编制档案目录和检索工具，以便馆(室)藏档案资源的管理与利用。

档案编纂与研究活动是档案工作者针对特定主题，积极搜集并筛选具备研究和实际应用潜力的档案资料，将这些档案资料进行深入分析、整理加工，转化为更方便用户查阅利用的载体或形式。依据相关档案资料编写年鉴、大事记、组织沿革与专题汇编等档案参考资料，是档案编纂研究最常见最基本的工作。

档案统计是指对机关、单位档案机构或各档案馆保管的档案资源、开放利用情况、档案工作人员、档案工作基础设施设备等进行调查和统计，分析、发现档案与档案管理工作的现状和普遍规律的一项调查性工作。档案统计工作要求真实性、正确性、及时性、科学性。

档案利用服务是指对档案进行一系列的管理与开发，并通过线上或线下的方式将档案资源与服务提供给利用者的一项活动。基础的档案利用服务有档案查阅、档案咨询、档案展览等。数字时代背景下，档案机构应当不断开发新的服务利用方式，着力做好数字档案资源的线上利用服务，提高档案工作水平与服务质量。

2. 开展档案信息化建设

档案信息化建设是指在国家档案主管部门的统一规划和组织下，档案馆(室)将现代信息技术广泛应用于档案管理领域，包括以数字形式对档案资料进行归类、存储，并确保这些数字档案资源便于查询和使用。档案信息化建设具体包括传统载体档案数字化、电子档案在线归档、电子档案管理、数字档案馆(室)建设等工作。档案信息化建设不仅可以提高档案工作的效率与水平，将档案工作人员从繁重的体力劳动中解放出来，还能提升档案事业的数字化水平，推动数字中国的深入发展。

其中，传统载体档案数字化是指通过一定技术手段将存储于纸质、胶片、磁介质等传统载体上、模拟形态的档案信息，转换为计算机可以识别和处理的数字形态信息的过程，即将纸质档案、照片档案、音像转换为档案文本、图像、音频、视频、音视频等数字化成果。电子档案在线归档是指通过服务接口、服务平台等形式，连接业务系统与电子档案管理系统，实现电子文件的生成、流转、归档等全流程管理。电子档案管理是指借助电子档案管理系统开展档案收集、整理、鉴定、保管、统计、利用等工作的活动。

为加快档案信息化的进程，档案机构需构建或配置一系列基础设施和设备，以满足现代库房管理、档案的数字转换、电子文档及电子档案的管理等需求，具体包括：网络构架、计算硬件、操作系统、安全防护系统以及用户端设备和其他辅助工具。

3. 将档案工作纳入整体规划

机关、单位应将档案工作纳入整体规划、年度工作计划和考核体系，与业务工作同步部署、同步实施、同步发展。纳入整体规划是指纳入本地国民经济和社会发展规划纲要，或者纳入本行业发展规划，推动档案工作与数字中国、公共文化数字化和行业发展战略的深度融合。

纳入年度工作计划则是指将档案部门的工作任务、目标、计划纳入本单位的工作安排，将档案工作所需的基础设施配备和维护经费，档案日常管理工作经费，档案信息化建设经费，档案宣传、培训等其他经费列入本单位的年度财政预算，协同推进档案工作与业务工作的均衡发展。

另外，档案部门也应当将档案工作纳入考核体系，通过"评估—奖惩"措施，形成正向激励，激发档案工作人员的工作热情，推动档案工作的良性发展。

(三) 档案工作的基本任务

档案工作的基本任务有八项，概括来说就是遵章建制、科学规划、监督指导、档案管理、信息化建设、档案移交、培训宣教和奖惩建议。

①执行和实施与档案管理相关的法律法规及方针政策，建立完善本单位档案管理规章制度，并将本单位或本系统重要档案管理规章制度向同级档案主管部门报备。

②设计并执行档案管理的发展策略和计划。

③对本单位文件材料的形成、累积和归档过程进行监控和指导，并对所属机构的档案工作进行监督和指导。

④负责管理本单位的所有档案，并确保其可被有效利用。

⑤负责本单位的档案信息化工作，并协调本单位及所属机构的档案信息整合工作，推动传统载体档案数字化进程，以及电子文件和电子档案规范化管理。

⑥接受档案主管部门的监督、指导和检查，遵循年度报告制度，定期将档案移交给同级国家综合档案馆。

⑦组织或参与档案业务交流活动和档案工作人员的培训，开展档案宣传和教育活动。

⑧对于在档案工作中取得显著成绩的部门或个人，向机关、单位提出表彰奖励建议，对违反档案管理要求的部门或个人，向机关、单位提出处理建议。

五、档案工作机构、工作制度与人员素质

(一) 档案工作机构

1. 机关档案工作机构

机关档案工作是国家档案事业的重要组成部分。机关档案工作机构的核心职责涉及构建和维护档案管理部门、建立档案工作协调机制以及档案工作网络，进而形成一个涵盖策略制定、管理和执行三个层级的组织架构。

(1) 建立档案工作机构

《机关档案管理规定》明确要求："机关应当按规定设立档案工作机构。不具备档案工作机构设立条件的机关，应当指定档案工作负责部门。档案工作负责部门的名称应当反映档案工作属性。"例如，综合档案室、档案科、档案处、档案中心等。此外，"经同级档案行政管理部门同意，办公地点相对集中且条件成熟的县级或形成档案数量较少的多个机关可以成立联合档案工作机构，对相应机关的档案进行集中管理"。

(2) 建立档案工作协调机制

《机关档案管理规定》第七条要求："机关应当建立由机关分管档案工作的单位负责人、办公厅(室)(或承担办公厅(室)职能的部门，下同)及相关部门负责人组成的档案工作协调机制，协调处理本机关、本系统档案工作重大事务和重要事项。"

档案工作协调机制能有效应对机构改革带来的新变化、新挑战。由于各机关档案工作的实际情况不同，建立档案工作协调机制的形式也多种多样，可以通过领导小组、协同办公、联席会议等多种形式开展。

(3) 建立档案工作网络

《机关档案管理规定》第九条要求："机关档案工作机构或档案工作负责部门(以下简称机关档案部门)应当配备与工作量相匹配的专职档案工作人员，具体承担机关档案业务工作。机关文书或业务部门应当指定人员，承担相应部门文件材料的收集、整理和归档工作。机关应当建立以机关档案部门为中心，由相关人员组成的机关档案工作网络。"此外，"县级或形成档案数量较少的机关可以综合考虑工作量等情况，配备适当数量的专(兼)职档案工作人员"。

2. 企业档案工作机构

企业档案按照《企业档案管理规定》(国家档案局令第 21 号)所下定义,是指"企业在研发、建设、生产、经营和服务等活动中直接形成的对国家、社会和企业具有保存价值的各种文字、图表、声像等不同形式的历史记录"。企业档案馆(室)负责对企业档案集中统一管理,其主要职责在于指导企业各部门在业务文件材料和相关资料的形成、积累以及归档;集中处理、系统整理并妥善保存企业形成的档案文件材料并面向企业内部提供利用服务;贯彻执行国家档案法律法规,并建立健全档案管理制度;监督指导企业内部的档案工作。

企业应当根据规模和管理模式设置档案部门(机构)或者确定负责档案工作的部门(机构),配备与企业规模相适应的专职档案工作人员,满足档案保管利用和业务监督指导的需要。部分企业,由于规模较小、内部职能部门少且建立时间短、档案数量也不多,在此情况下,多以档案工作小组、档案中心或信息中心的形式,履行档案管理职能。

(二)档案工作制度

档案工作制度是提高档案管理水平,推动档案管理规范化、科学化的必要手段。档案工作制度可分为档案分类方案、文件材料归档范围和档案保管期限表(以下统称"三合一"制度)等基础性工作制度;档案保管保护制度、档案鉴定销毁制度、档案统计制度、档案利用制度、档案保密制度、电子档案管理制度等业务性工作制度以及档案信息安全与库房安全管理等应急预案三类。

1. "三合一"制度

"三合一"制度主要包括档案分类方案、文件材料归档范围、档案保管期限表等内容。档案分类方案应以公务活动中形成的各种形式、各种载体的全部档案为对象,按照《机关档案管理规定》,明确本单位档案门类、各门类档案分类方法和档号编制要求。文件材料归档范围和档案保管期限表须将本单位需归档文件材料及其保管期限通过文字或表格形式加以列举,作为文件归档和保存价值鉴定的依据。

2. 档案保管保护制度

档案保管保护制度是确保档案安全存储、延长档案寿命的必要手段,需要对必要的软硬件设施、库房日常管理、安全检查等工作进行规定。其中硬件设施包括档案装具、消防设备等，软件设施包括门禁系统、人脸识别系统等；库房日常管理包括"九防"措施、温湿度控制、出入登记等；安全检查包括对档案风险的排查、档案保管情况的定期检查、消防器材的巡检等。

3. 档案鉴定销毁制度

为规范档案鉴定工作，有必要建立档案鉴定与销毁制度。其中，档案鉴定包括鉴定主体、鉴定内容、鉴定标准、鉴定程序、鉴定时间，档案销毁包括销毁组织、销毁方法、销毁要求、销毁手续、销毁清册及档案销毁后的处理工作。

4. 档案统计制度

档案统计制度分为登记和统计两个部分。其中登记部分包括档案接收、移出、销毁、抢救、清理、保管的数量、状况及结构；统计部分包括档案工作统计台账、统计内容、统计对象、统计任务、开展统计的时间、统计人员、统计的监督检查等方面。

5. 档案利用制度

建立档案利用制度可提高档案管理工作效率和可靠性。档案利用制度包括档案利用范围、利用方式、查阅利用手续、利用要求、外借手续、档案公布等方面的内容。

6. 档案保密制度

建立档案保密制度有利于从根本上提高档案工作人员的保密意识，防止档案信息的泄密。档案保密制度主要包括：保密措施、保密人员、保密档案的等级划分、密级档案的整理保管与安全利用、涉密档案的降密解密工作等。

7. 电子档案管理制度

电子档案管理制度包括对电子文件和电子档案形成的各部门的职责分工、系统维护工作、流程管理要求、数据规范、接口规范、存储和备份策略、转换和迁移策略、应急处置方案、安全管理要求等方面的规定。

8. 档案管理应急预案

档案管理应急预案涉及在人为或自然因素引发的紧急情况下，为保护档案的安全和维持档案工作的正常秩序所实施的一系列紧急响应措施。制定和执行档案管理应急预案时，需通盘考虑以下要素：

可能出现的危机情境及其背景；应急处理的目标、要求以及具体实施步骤；建立应急指挥机构，明确成员职责，以及确定应急团队的规模、分工、通信方式、功能及调度计划；确立应急协作机构、顾问团体以及可提供支持的机构和个人的联系方式；确立档案救援的优先顺序、具体存放位置、库房常规及备用钥匙的存放地点、重要检索工具和负责人的位置；档案库房所在建筑的供水、供电开关位置以及档案库房关键区位；向地方党委、政府、主管机关以及档案主管部门报告的联系方式；以及其他关于预防突发事件和救灾时的注意事项。

(三)档案工作者的素质

随着数字技术的发展与应用，档案工作环境、内容、对象发生巨大变化，档案工作者的各项素质急需更新提升。具体来说，档案工作者应当以《中华人民共和国档案法》的要求为根本遵循，不断提高自己的政治素质能力、专业知识与实操能力、综合研判能力、职业素养、档案宣传能力。

1. 政治素质能力

档案工作者必须始终坚持党的领导，坚定执行党的路线方针政策，增强"四个意识"，坚定"四个自信"，做到"两个维护"，围绕"为党管档"，深入学习贯彻习近平新时代中国特色社会主义思想，坚定正确的政治立场与理想信念，提高政治敏感度与政治鉴别力，确保档案工作始终沿着正确的政治方向前进。

2. 专业知识与实操能力

在档案专业知识方面，档案工作者须全面了解档案收、管、存、用等基本的档案工作内容，掌握档案法律法规的主要内涵与档案工作的客观发展规律，依法依规开展档案的管理和利用工作。在实际操作能力方面，基于数字档案馆(室)的建设背景，档案工作者应当具备档案数字化、信息化以及数字档案管理等方面的相关技能，以适应档案管理数据库、智慧化的新需要。

3. 综合研判能力

档案管理的数据信息量增多，档案工作环境日益复杂，急需档案工作者增强档案价值判断、档案风险判断、档案应急管理等方面的研究、判别能力，为档案保管和利用营造安全的工作环境。

具体来说，档案工作者应当培养自己对敏感档案信息，电子档案的真实性、完整性、可用性和安全性，各类档案价值等方面的判断能力，能够辨别档案库房、档案工作环节、档案信息安全等方面存在的风险点，主动分析档案安全风险隐患，及时采取措施进行处理，最大限度地保证档案安全。

4. 职业素养

忠于职守。档案工作是一项神圣的工作，档案工作者要遵守各项基本行为准则，坚守档案工作的责任感和使命感，自觉克服档案工作中的困难，始终做到为党管档、为国守史、为民服务。

遵纪守法。档案工作者应以档案法律法规为尺度，严格依规开展档案管理各项工作，做好对下级档案机构的监督和指导，依法提供档案资源与档案服务。

认真负责。档案工作环节众多、内容繁琐，加之馆（室）藏资源类型多样化，保管与利用需求不一，更要求档案工作者认真、细心、负责，以提高档案管理水平和档案工作质量。

5. 档案宣传能力

档案宣传能力是运用各种手段，传播档案内容信息、介绍档案工作进展、宣传档案人员先进事迹，以提高社会档案意识，推动档案工作发展的能力。档案宣传的内容有档案法律法规、有价值的档案资源信息、先进档案工作经验等。档案宣传一方面要依靠会议、培训、网站、报刊、广播电视等传统媒体或手段，另一方面要运用微信、微博、短视频等新媒体进行宣传，充分挖掘档案资源，讲好档案故事，发挥档案育人作用。

第二章

归档文件材料的收集

第一节 收 集 工 作

一、文件材料收集工作概述

(一)收集工作的内容

档案收集是依照档案接收制度和征集办法,接收或征集各地、各机关、组织、个人手中分散的档案资源,并将这些分散的档案资源有序地汇集至各级各类档案馆(室)中,确保档案资源在统一指导与层级管理下的集中化。档案收集主要包括两方面内容:一是机关、团体、企业事业单位和其他组织档案室的归档文件材料收集工作;二是各级各类档案馆档案接收和征集工作。这两方面内容紧密相关,档案室的归档文件材料收集工作是各级各类档案馆档案接收工作的前提与基础,事关整个档案资源建设工作的质量与水平;各级各类档案馆档案接收工作是对档案室重要档案资源的再次集中,为真正发挥档案"存凭、留史、资政、育人"作用奠定坚实基础。

(二)收集工作的意义

归档文件材料收集工作作为档案收集工作的重要组成部分,是整个档案工作的起点，是获取与积累档案资源的主要手段，并在档案管理过程中占据独特而重要的地位。做好收集工作有着重要意义：收集工作是维护党和国家历史真实面貌的必要手段，是存储档案信息资源的重要途径，是实现档案工作现代化的重要推动力量，为档案室开展各项工作奠定资源基础。没有齐全、完整、准确、系统、合规的归档文件材料收集，档案资源质量将难以保证，档案管理工作将如同"无源之水、无本之木"，无法正常开展。

（三）收集工作的基本要求

归档文件材料的收集应当做到"应收尽收、应归尽归"，工作基本要求有：

①及时全面完成收集工作。档案的多样性与完整性是评估档案管理工作质量的关键指标，反映了档案工作的成效。各类归档文件材料从形成到保管有其自身规律，必须按时进行收集，以免散失后无法弥补。因此，为使档案真正成为本单位工作的必要条件，必须按照数量充分、质量优化、门类齐全、结构合理的标准，及时、全面地将属于收集范围的归档文件材料集中到档案室中，杜绝私人占有和分散保存。

②加强来源调查与指导。归档文件材料的来源与形成的渠道分散，而档案的提供利用则要求集中管理。档案部门应当及时掌握本单位文件材料形成、流动、管理和使用情况，处理好局部与整体、当前需要与长远需要之间的关系，准确鉴别各种类型文件材料的价值，既不能过早集中影响利用，也不能长期散存造成丢损，要在充分调查研究基础上，制定收集归档制度，明确接收档案的范围、时间、数量与质量要求，加强对有关部门档案工作指导，保证档案收集工作质量。

③积极推行档案的标准化要求。档案的规范化管理植根于标准化的原则，为现代化的档案治理奠定基础。在归档文件材料形成与收集时便前置提出档案相关要求，从收集归档材料的起点着手，主动实施标准化的策略，严格按照档案要求把控好质量，确保档案工作流程与法律法规、标准规范的一致性和互操作性，有助于提高档案资源的管理效率和质量，同时促进档案信息的共享与利用。例如，在文件材料形成环节就对文件材料用纸、书写材料、公文格式等提出要求。

④保持全宗的不可分散性。全宗是一个立档单位档案的有机整体，保持全宗的不可分散性，是档案整理的首要原则，应当贯穿于档案管理的全过程之中（全宗理论详见本书第三章第一节）。对于收集工作而言，应当注意把一个立档单位的档案作为一个全宗集中在一个档案馆（室）中，避免人为地将一个全宗的档案拆散存放。如确需从一个全

宗中抽出部分档案另行集中，应以复制件或数字化副本代替，原件仍应归回原全宗集中管理。

二、机关文件材料收集范围

收集范围是指办理完毕的文件材料是否应当收集归档的范围，也称为"归档范围"。哪些文件材料应当归档，哪些文件材料不应归档，主要取决于这些文件材料本身的保存价值。一般而言，凡是机关工作活动中产生的具有查考利用价值的各种门类和载体的文件材料均应归档。机关主要基于以下三项原则，确定自己的归档文件材料收集范围。

(一)业务活动原则

根据《机关档案管理规定》，按照业务活动类型，机关档案的收集范围主要包括：

①机关在日常公务活动中形成的归档文件材料；

②机关设立临时机构处理专项工作、处置突发事件、举办重要活动等形成的归档文件材料；

③机关承担重大建设项目、重大科研课题等形成的归档文件材料；

④机关所属机构撤销形成的归档文件材料；

⑤机关向社会和个人征集的、与机关有关的文件材料等。

(二)档案门类原则

根据《机关档案管理规定》和《湖北省机关档案工作业务建设规范》，从档案门类看，机关应当收集文书、科技、会计、照片、录音、录像、业务数据、公务电子邮件、网页信息、社交媒体、实物、专业等各门类的文件材料。除归档各类文件材料外，机关还应收集与档案有关的资料，比如：年鉴、与本单位工作有关的汇编资料、专业工具书等。

各门类文件材料哪些应收集归档，可依据已经发布的相应标准、规范来确定。对于文书、科技、会计、照片、录音、录像、实物七类在收集范围上具有普遍共性的档案，可参考武汉市《机关单位通用类别文件材料归档范围和档案保管期限表参考模板》。各门类文件材料收集范围确定依据与收集重点见表2-1。

表 2-1　机关各门类文件材料收集范围确定依据与重点

门类	收集范围确定依据	收集重点
文书类	《机关文件材料归档范围和文书档案保管期限规定》(国家档案局令第 8 号)	主要收集党群、行政、业务等工作形成的综合管理性文件材料。①党群方面,应涵盖党务、纪检、意识形态、统战、群团、协会等工作形成的文件材料。②行政方面,应涵盖行政会议、全局性总结计划及调研统计、组织机构沿革、宣传、人事、信访、绩效、综治、国安、机要保密档案、财务管理、信访管理、安全保卫、公务接待、出国(境)考察等方面形成的材料。③业务方面,应涵盖本机关各业务部门履行职责所形成的具有保存价值的管理性文件材料
科技类	基建类:《建设项目档案管理规范》(DA/T 28—2018) 科研类:《科学技术研究档案管理规定》(国家档案局 科技部令第 15 号);《科学技术研究项目档案管理规范》(DA/T 2—2023)	主要收集基建项目、科学技术研究、设备仪器管理形成的文件材料。①基建项目方面,应涵盖项目立项、招投标、勘察设计、征地拆迁移民、业务材料采购、项目管理、施工、监理、竣工验收等各环节形成的文件材料,除文字记录外,还应注意收集各类图纸。②科学技术研究方面,应涵盖立项论证、研究实施及过程管理、结题验收及绩效评价、成果管理等各环节形成的文件材料,除文字记录外,还应注意收集图表、数据。③设施设备方面,主要收集专业仪器设备立项审批、招投标采购、开箱、安装调试、运行检修保养、报废等各环节形成的文件材料,注意除收集实体设备相关材料外,还应收集重要软件系统建设管理形成的材料
会计类	《会计档案管理办法》(财政部 国家档案局令第 79 号)	主要收集在会计核算中形成的专门性文件材料,包括财务凭证、财务账簿、财务报告以及其他会计资料。其他会计资料包括银行对账单、余额调节表、会计档案移交清册、会计档案保管清册、会计档案销毁清册、会计档案鉴定意见书以及其他具有保存价值的会计资料。会计档案是在会计核算过程中接收或形成的,应注意与财务管理性文件材料区分开来

门类	收集范围确定依据	收集重点
照片类	《照片档案管理规范》（GB/T 11821—2002）、《数码照片归档与管理规范》（DA/T 50—2014）、《湖北省照片档案规范管理指导意见》（鄂档规〔2011〕2号）	主要收集记录本单位重点工作、重大活动、重要会议、重要人物、重点项目（基建、科研等）、重要工作成果、突发事件及异常情况的照片、录音录像文件。收集时应注意既能体现本单位主要职能活动情况，还要能反映机构基本历史面貌和变迁
录音类录像类	《录音录像档案管理规范》（DA/T 78—2019）	
实物类	暂无专门规定，可依据《湖北省机关档案工作业务建设规范》（鄂档发〔2022〕5号）有关要求	主要收集本单位废止的印章、牌匾，上级领导、知名人士的题词、字画，获得的奖品（含奖牌、奖章、证书），往来的公务礼品、纪念品，以及各种标志性实物。标志性实物的收集范围结合单位行业特点、特色文化和职能职责来确定，包括但不限于徽标、服饰、手工艺品、模型样本、仪器设备、文创产品等
其他门类	公务电子邮件，执行《公务电子邮件归档管理规则》（DA/T 32—2021）；网页信息，执行《政府网站网页归档指南》（DA/T 80—2019）；专业文件材料，参考国家档案局发布的《国家基本专业档案目录》（第一批、第二批）（档函〔2011〕261号、档函〔2011〕273号）确定应设置的类别，各类别的收集范围有专门规定的从其规定	业务数据：主要收集本机关在履职过程中通过业务系统形成的业务数据库
		公务电子邮件：主要收集机关公务活动产生的并经电子邮件系统传输的公务电子邮件
		网页信息：主要收集机关自建网站（含内网）发布的、机关采集的其他网站发布的反映本单位职能工作且具有保存价值的网页
		社交媒体：主要收集本机关通过微信、微博、抖音等社交媒体平台发布的具有保存价值的信息
		专业文件材料：主要收集机关在履行行业特有职责时形成的，通常具有特定名称、格式、内容和构成规律的文件材料，比如市场监管部门的企业法人登记材料、税务部门的税务登记材料、法院检察院的诉讼案卷等

(三)档案内容原则

《机关文件材料归档范围和文书档案保管期限规定》从档案内容角度规定了文件材料归档与不归档的范围，与业务活动原则、档案门类原则形成互补关系，共同规范档案的收集范围。

1. 机关文件材料归档范围

第一，反映本机关主要职能活动和基本历史面貌的，对本机关工作、国家建设和历史研究具有利用价值的文件材料。

第二，机关工作活动中形成的在维护国家、集体和公民权益等方面具有凭证价值的文件材料。

第三，本机关需要贯彻执行的上级机关、同级机关的文件材料；下级机关报送的重要文件材料。

第四，其他对本机关工作具有查考价值的文件材料。

2. 机关文件材料不归档范围

第一，上级机关的文件材料中，普发性不需本机关办理的文件材料，任免、奖惩非本机关工作人员的文件材料，供工作参考的抄件等。

第二，本机关文件材料中的重份文件，无查考利用价值的事务性、临时性文件，一般性文件的历次修改稿、各次校对稿，无特殊保存价值的信封，不需办理的一般性人民来信、电话记录，机关内部互相抄送的文件材料，本机关负责人兼任外单位职务形成的与本机关无关的文件材料，有关工作参考的文件材料。

第三，同级机关的文件材料中，不需贯彻执行的文件材料，不需办理的抄送文件材料。

第四，下级机关的文件材料中，供参阅的简报、情况反映，抄报或越级抄报的文件材料。

三、企业文件材料收集范围

一般而言，企业在筹备、建设、生产、经营、管理等活动及产权变动过程中形成的具有保存价值的各种载体形式的文件材料都应纳入收集范围。根据《企业文件材料归档范围和档案保管期限规定》（国家档案局令第10号）、《企业档案管理规定》（国家档案局令第21号）、《企业档案工作规范》（DA/T 42—2009）等规章、标准、规范，企业在确定文件材料收集范围时，应当重点把握以下四项原则。

（一）来源原则

企业归档文件材料的主要来源有：

①本企业形成的文件材料；

②本企业引进项目、外购设备等接收的文件材料；

③所属单位及参股企业应向本企业提交的文件材料；

④本企业参与的合作项目，合作单位按要求应向本企业提交的文件材料；

⑤本企业执行、办理的外来文件材料。

（二）类别原则

企业归档文件材料的类别，从载体形式上看，主要包括纸质、光盘、磁带、照片及底片、胶片、实物、电子文件等，具体涵盖经营管理、生产管理、行政管理、党群管理、产品生产、科研开发、项目建设、设备仪器、会计业务、职工管理、照片、录音、录像、实物等类别。各类别文件材料收集范围依据相应规章、标准、规范确定，详见表2-2。

表2-2 企业各类别文件材料收集范围确定依据

类别	收集范围确定依据
经营管理类 生产管理类 行政管理类 党群管理类	《企业文件材料归档范围和档案保管期限规定》（国家档案局令第10号）、《企业档案工作规范》（DA/T 42—2009）
产品生产类	《企业档案工作规范》（DA/T 42—2009）
科研开发类	《科学技术研究档案管理规定》（国家档案局 科技部令第15号）；《科学技术研究项目档案管理规范》（DA/T 2—2023）
项目建设类	《建设项目档案管理规范》（DA/T 28—2018）
设备仪器类	《企业档案工作规范》（DA/T 42—2009）
会计业务类	《会计档案管理办法》（财政部 国家档案局令第79号）

续表

类别	收集范围确定依据
职工管理类	《企业档案工作规范》(DA/T 42—2009)
照片类	《照片档案管理规范》(GB/T 11821—2002)、《数码照片归档与管理规范》(DA/T 50—2014)、《湖北省照片档案规范管理指导意见》(鄂档规〔2011〕2号)
录音类 录像类	《录音录像档案管理规范》(DA/T 78—2019)
其他类别	按照国家及省、市相关规定执行

(三) 内容原则

从企业文件材料内容价值来看，凡鉴定具有查考利用价值的文件材料均应收集归档。

1. 企业文件材料归档范围

第一，反映本企业研发、生产、服务、经营、管理等各项活动和基本历史面貌的，对本企业各项活动、国家建设、社会发展和历史研究具有利用价值的文件材料；

第二，本企业在各项活动中形成的对维护国家、企业和职工权益具有凭证价值的文件材料；

第三，本企业需要贯彻执行的有关机关和上级单位的文件材料，非隶属关系单位发来的需要执行或查考的文件材料；社会中介机构出具的与本企业有关的文件材料；所属和控股企业报送的重要文件材料；

第四，有关法律法规规定应归档保存的文件材料和其他对本企业各项活动具有查考价值的文件材料。

2. 企业可不归档文件材料的范围

第一，有关机关和上级主管单位制发的普发性不需本企业办理的文件材料，任免、奖惩非本企业工作人员的文件材料，供工作参考的抄件等；

第二，本企业文件材料中的重份文件，无查考利用价值的事务性、临时性文件，未经会议讨论、未经领导审阅和签发的文件，一般性文件的历次修改稿、各次校对稿，无特殊保存价值的信封，不需办理的一般性来信、来电记录，企业内部互相抄送的文件材料，本企业负责人兼任外单位职务形成的与本企业无关的文件材料，有关工作参考的文件材料；

第三，非隶属关系单位发来的不需贯彻执行和无参考价值的文件材料；

第四，所属和控股企业报送的供参阅的一般性简报、情况反映，其他社会组织抄送不需本企业办理的文件材料；

第五，其他不需归档的文件材料。

(四) 产权原则

企业在经营活动中，时常会发生企业合并、分立、终止、控制权变更、分离办社会职能等资产与产权变动情况。在资产与产权变动时，企业应当按照《国有企业资产与产权变动档案处置办法》(国家档案局令第 17 号)，将属本企业所有的档案纳入收集范围，妥善做好档案接收工作。此外，根据资产管理的授权范围，企业应当接管其隶属且不具备法人资格的单位所产生的档案。产权原则不同于上述三项原则，主要谈的是企业对已形成的外单位档案的接收问题，而前述三项原则讲的是企业本身形成的尚不是档案的文件材料哪些应当归档的问题。

企业应当在准确把握上述四项原则的基础上，结合本单位实际研究制定归档文件材料收集范围与档案接收范围。除收集档案以外，企业还应注意根据自身需要收集重要资料，主要包括：按照需求，搜集并整理有关本单位的新闻报道资料；针对研发和市场竞争的需求，搜集与企业业务范围相关的资讯；基于特定需求，向社会及退休员工征集的资料。通过资料的收集，进一步补充档案资源，有利于实现图书、档案、情报等多种信息的整合利用，丰富企业文化，提升企业竞争力。

四、收集中的常见问题

实际工作中，由于收集范围拟定不科学、单位人员档案意识薄弱、收集工作指导监督不力等原因，归档文件材料的收集工作一直以来都是各单位档案工作的薄弱环节。现将近年来收集工作中的常见问题予以集中梳理，希望引起重视。

(一) 应收集的文件材料漏收

常见问题有：

①收发文处理签、底稿收集不全。发文未保留或未收集处理签、底稿，收文未保留或未收集处理签，出版物未收集审批件、送审稿和重要的历次修改稿。

②党建、人事材料收集不全。党建、人事材料原件常常做成了台账资料或长期存放于机关党建、人事管理等部门，未按时按规收集归档。比如：主题教育活动、班子民主生活会、巡视巡察整改、领导干部述职述廉、工资人事年报、年度考核等有关材料等原件未及时归档。

③重要业务工作、职能活动形成的文件材料收集不全。主要体现为各单位业务部门在履行职能工作中形成的过程性材料未收集齐全，比如：重要活动除需要归档前期的通知以外，活动过程中的方案、主持词、节目表以及活动结束后新闻媒体的相关报道、信息、照片、影像等也应归档；机关组织开展监督检查，其检查的方案、评分表、审批表等过程性材料也应归档。

④"白头文件"收集不全。目前，重"红头文件"收集、轻"白头文件"收集的现象普遍存在。比如：会议记录、年度工作总结、统计报表、领导讲话稿、调研报告、与外单位签订的合同协议，以及业务部门在履行具体业务工作、开展职能活动时形成的重要"白头文件"，在归档时有欠缺。

⑤非常规性和随机性文件收集不全。一般而言，经文书处理部门收发文登记办理过的文件材料归档完整率较高，但未经过收发文登记办理的文件材料归档完整率较低。收集归档容易忽略的文件材料还有：临时机构处理突发事件或开展专项工作的文件材料；单位领导或其他工作人员外出开会带回来的、需要贯彻执行的文件材料；较重要的人事、保卫、财会工作文件材料；参与外事活动形成的文件材料；资产或产权变动过程中，机构改革过程中形成的文件材料等。

⑥科技文件材料收集不全。科技文件材料强调全过程、成套性地收集归档。比如，基建项目从前期立项、审批、招投标、勘察设计，一直到施工、监理、竣工验收等各个阶段的文件材料都应齐全完整地收集归档。但在实际工作中，各单位在归档时各阶段材料的齐全完整度普遍不够，项目前期准备的相关文件材料容易散失，招投标中未中标的文件材料多未进行归档。

⑦音像、实物等特殊载体材料收集不全。照片应格外注意本单位历届领导班子合影照及主要领导证件照、职工合影照；本单位先进人物、劳动模范照片；能反映本单位历史面貌的照片；本单位重点建设项目、重点科研项目照片；突发事件与异常情况照片的

归档。录音录像应格外注意本单位组织拍摄的宣传片；重要媒体上发布的与本单位相关的音视频；执法部门或司法部门职能活动形成的录音录像文件的归档，比如法院庭审的同步录音、录像。实物应格外注意往来公务礼品、纪念品和标志性实物的归档。标志性实物收集要善于拓展思路、体现特色，比如开展重要活动制作的纪念品、工作过程中制作或获取的有保存价值的服饰用品等均可纳入收集范围。

（二）不应收集的文件材料被误收

误收的情况主要体现为不严格执行收集范围，将与本单位工作无关的或者无查考利用价值的文件材料进行了收集归档。常被误收的文件材料有：

①普发性的，与本单位职能无关或者不需要贯彻执行的文件材料；

②重复文件；

③未经会议讨论、未经领导审阅和签发的过程性文件材料；

④无查考利用价值的临时性、事务性文件材料；

⑤单位内部互相抄送的文件材料。

第二节　归档要求

归档是指办理完毕且具有保存价值的文件材料经系统整理交单位档案部门进行保存的过程。明确归档依据以及归档的时间、质量、责任、程序等要求，高质量、常态化地开展归档工作是档案资源体系建设的重要环节。

一、归档依据——"三合一"制度

"三合一"制度是各单位文件材料归档的依据和准则，是一项基本档案制度。这项制度将文件材料归档要求与整理、鉴定要求归纳融合一起，以表册形式展现，简单明了，具有较强的指导性和操作性。机关和企业在编制档案"三合一"制度时，具体规定有所不同，实操中也形成不同的体例，本节第一点在解读共性原则与基本要求的基础上，分别进行阐述。事业单位以履行行政管理职责为主的，可参照机关方式制定"三合一"制度，实行企业化管理的可参考企业方式制定"三合一"制度。

（一）档案分类方案

分类方案是用文字、数字或符号揭示档案类别划分、排列和类目关系，并指导档案分类工作的依据性文件，一般由分类大纲和标识办法两部分组成。制定分类方案的目的是揭示立档单位档案之间的内在联系，使档案条理化、系统化，形成一套有机体系，以便于档案管理与利用。

编制档案分类方案时要注意把握以下四点原则：一是统一性，首先须确定采取何种分类方法，第一级采用哪种方法，第二级采用哪种方法，都应明确清楚，且在同一级分类中，不能同时并列采用两种以上分类标准；二是排斥性，分类方案中同一层级的各类，内容上应相互排斥，不能出现交叉或者互相包容的矛盾现象，比如按问题分类时设"经济类"，平行层级中不能再设置"工业类""农业类"；三是伸缩性，要考虑到档案形成单位的职能性质及机构体制可能发生的变化情况，使分类方案的类目体系具有相应的可扩充发展的余地，可按照情况变化增加或减少类别；四是稳定性，档案分类方案涉及档案分类和排列，直接影响档案的有序保管和快速利用，应当尽量保持相对稳定，非必要不宜频繁调整。

1. 机关档案分类方案

机关档案分类方案由类别设置和标识办法两部分组成。武汉市综合了各种标准、规范，采取复式分类法，对机关档案基本分类方案予以明确，规定机关档案门类和一级类别的设置方法，并明确了具体标识。将机关档案分为 13 个门类，分别是：文书、科技、会计、照片、录音、录像、业务数据、公务电子邮件、网页信息、社交媒体、实物、专业、人事（见表 2-3）。每个门类中可下设若干不同的类别。对于未作规定的一级类别以及一级类别下属类目的设置，由各单位结合实际自行确定，有专门规定的从其规定。门类及一级类别须用规范统一的大写汉语拼音字母或阿拉伯数字进行标识。这些标识将运用于后续各类别档案的档号编制中。须特别说明的是，人事档案是机关档案 13 个门类中的一种，一般由干部人事部门单独集中管理，因此在机关通用档案类别的范畴中一般作为一种专门档案进行处理，其分类方案、归档范围和保管期限应遵循干部人事档案管理的有关规定。实操中，干部人事档案一般是单独制定"三合一"制度。根据有关规定，干部死亡 5 年后其人事档案移交综合档案室。

表 2-3　机关档案基本分类方案

门类	类　　别			
文书(WS)	按机构分			
	办公室 （BGS 或 001）	人事处 （RSC 或 002）	法规处 （FGC 或 003）	……
	按问题分			
	党群类 （DQL 或 001）	行政类 （XZL 或 002）	业务类 （YWL 或 003）	……
科技(KJ)	基建(KJ·JJ)	设备(KJ·SB)		科研(KJ·KY)
会计(KU)	凭证 （KU·PZ）	账簿 （KU·ZB）	财务报告 （KU·BG）	其他 （KU·QT）
照片(ZP)				
录音(LY)				
录像(LX)				
业务数据(SJ)				
公务电子邮件(YJ)				
网页信息(WY)				
社交媒体(MT)				
实物(SW)	印章 （SW·YZ）	题词 （SW·TC）	奖品 （SW·JP）	公务礼品 （SW·LP）	其他 （SW·QT）
专业(ZY)				
人事(RS)				

2. 企业档案分类方案

企业档案分类的基本原理、方法与机关类似，但由于企业职能活动以经营生产为主，情况更为复杂，因此，企业档案分类一般不设置档案门类，直接将企业全部档案按其内容所涉及的问题分为若干一级类目，再在类目下细分属类，类别划分总体而言会更加细致。

企业档案的类别设置主要包括基本固定大类(一级类目)和放宽属类(二级、三级类目等)的设置，应坚持"科学、简便、易行"的原则。根据《企业档案工作规范》(DA/T

42—2009）有关规定，一般将企业档案一级类目设置为经营管理类、生产管理类、行政管理类、党群管理类、产品生产类、科研开发类、项目建设类、设备仪器类、会计业务类、职工管理类。企业可以根据档案产生的种类和数量对这10个一级类目进行适当增减，如有的中小企业，党群工作文件材料形成较少，可与行政工作类合并设置一个一级类目"党政工作类"；有的企业没有开展科研工作，可删除"科研开发类"。另外，在实践中，可将照片、录音、录像、实物等类别的档案续设在这10个类后作为一级类目。

在企业档案一级类目中，经营管理类、生产管理类、行政管理类、党群管理类档案是企业在日常运营、生产活动以及党政事务管理中形成的各种文件资料，若具备长期保存价值，便构成了"管理类"性质的文件材料，可看作是企业的文书档案；产品生产类、科研开发类、项目建设类、设备仪器类档案是企业在生产、科学研究、基础设施建设、设备运行及其管理过程中形成的，对国家和社会具有持久价值并应予以归档的科学技术文件材料，均归入科技档案之列；职工管理类档案主要是职工在职、退休、离岗、死亡的人事档案。

企业要根据本单位档案的内容构成与形成特点，确定类目层次和分类标准，在每一个一级类目中再进一步设置二级类目、三级类目等，从而构建一个完整的类目体系。二级类目设置可参考《企业档案工作规范》（DA/T 42—2009）等标准规范，结合企业实际和行业特点确定，并根据档案管理需要增加或减少。企业档案类目标识暂时未作统一规定，一般采用大写汉语拼音字母、英文字母、阿拉伯数字中的一种或者二者的组合来标识。

（二）文件材料归档范围

文件材料归档范围确定的原则、依据与收集重点本章第一节已作讲解，各单位应在此基础上制定自己的归档范围。在编制"三合一"制度中的归档范围条款时，应注意表述方式。归档范围条款应以一组类型相同的文件的名称或标题为一条（见图2-1示例）。文件来源可概括出一组文件的级别，比如"本单位""上级机关""下级机关""同级机关"等；文件内容描述应指向明确清晰，使用规范语言；文件形式在必要时，还可概括出文件的作用和可靠程度，比如"批准""备案""参考"，以及"定稿""草稿""正本""副本"等。归档范围条款表述不宜过细，应具有一定的容纳性，可以适应文件材料形成的不确定性并包容一定数量的文件材料。归档范围条款示例如下：

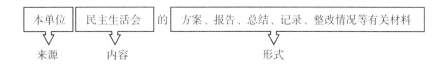

归档范围通常采用罗列法来编制，各条款之间的逻辑关系要清楚、明晰、有序，要求有：第一，归档范围条款之间语义上不得有重复、交叉或相互包容的问题，比如"文书行政类"中设有归档范围条款"本单位填报的各种年度统计报表"，"文书业务类"中设有归档范围条款"本单位填报的业务工作统计报表"，二者语义相互包容，会给文件归类造成混乱；第二，归档范围条款排列顺序应讲究逻辑关系，通常可按照主题、级别与重要程度相结合的方式排列，比如"文书党群类"一般是按照党务、纪检、群团、协会的主题，再结合本级文件、上级文件、平级文件、下级文件进行排列，主题还可按照办文、办会、办事的顺序来排列，重要程度一般是从重要程度高的到低的依次排列，比如先综合性规划再专项规划；第三，归档范围条款应兼顾类别与保管期限的设置，条款内容与类别要相对应，不同保管期限的条款应分开来表述。

(三)档案保管期限

档案保管期限是指对档案划定的留存年限。档案满保管年限后，经过鉴定可以予以销毁(详见第四章第二节)。1987年颁布的《国家档案局关于机关档案保管期限的规定》将文书档案保管期限划分为永久、长期和短期。随着2006年12月《机关文件材料归档范围和文书档案保管期限规定》的公布，档案保管期限划分为永久和定期两种，定期一般又分为30年和10年，有专门规定的从其规定。编制档案保管期限时，需在每一条归档范围条款之后，根据档案价值鉴定原则，明确该组文件应保存的年限，一般不采取逐层划分的方法，直接将保存年限指定为永久、30年和10年即可。档案保管期限确定的具体依据与本章第一节各门类类别文件材料收集范围确定的标准、规范相同。值得注意的是，标准、规范里规定的保管期限，一般是指最低期限，各单位在划分时可选择高于规定的期限。

虽然各种标准、规范对各类档案保管期限作出了具体规定，但由于保管期限划分受工作人员思想观念、工作经验以及对标准的理解影响较大，一直是档案工作中的难点问题。实操中，各单位关于保管期限的划分可以重点掌握两方面的内容：

1. 明确永久保管档案的范围

凡是反映本机关，单位核心职能、关键业务与基本历史轮廓的记录，对于那些对本单位运作管理、国家发展以及历史研究具有深远参考价值的文件材料，以及在维护国家、集体和个人权益等方面具有永久性凭证价值和文化价值的各种载体形式的文件材料定为"永久保管"。根据《机关文件材料归档范围和文书档案保管期限规定》和《企业文件材料归档范围和档案保管期限规定》中关于文书档案永久保管和定期保管范围的条款，需要归档的同类文件材料中，一般情况下内容价值"重要的"划定为"永久"，价值"一般的"划定为"定期"，但是有如下几种文件材料不论其价值如何，保管期限都须划为"永久"。

①本机关制定的法规政策性文件材料；

②本机关机构演变、人事任免等文件材料；

③本机关房屋买卖、土地征用等凭证性文件材料；

④本企业设立、合并、分立、改制、上市、解散、破产或其他变动过程中形成的文件材料，本企业董事会、监事会、股东会的构成、变更、召开会议、履行职责和维护权益的文件材料；

⑤本企业资产和产权登记、评估与证明文件材料，资产和产权转让、买卖、抵押、租赁、许可、变更、保护等凭证性文件材料，对外投资文件材料；本企业资本金核算、确认、划转、变更等文件材料，企业融资文件材料；

⑥本企业发展规划、战略决策、重大改革、年度计划和总结文件材料，内部管理制度、规定、办法等文件材料；

⑦本企业文化建设文件材料。

2. 掌握保管期限划分方法

保管期限划分可以从归档文件材料的责任者、内容、形式三个方面进行综合分析。

（1）责任者

分析归档文件材料的责任者，主要把握"以我为主"的原则。在相同内容和文种的情况下，本单位、本系统责任者形成的文件材料保存期限更长；归档文件有多个责任者的，本单位如为主办者，其保管期限划分原则与本单位作为独立责任者相同，本单位如为协办者，协办文件材料比本单位单独发文的文件材料保管期限要短；若文件材料在主送、抄报等办理过程中，有上级批复、领导签署意见等，有批复的文件材料比没有批复的文件材料保管期限要长，比如有批复的请示保管期限在 30 年以上，没有批复的请示保管期限划分为 10 年即可。

（2）内容

分析归档文件材料的内容，主要是判断其价值重要程度。一看能否体现本单位主要职能，如能否反映本单位主要任务、主要工作、中心工作、主要活动、主要工作事项，是否具有典型性等；二看能否反映本单位基本历史面貌，如能否反映本辖区内工作全貌，能否反映本单位较长一段时间的工作状况、工作水平、工作规模、工作变化、工作发展等；三看能否反映重要的经济关系，如是否关乎本单位产权产籍、债权债务以及下属单位重要的经济关系；四看能否反映个人利益，个人利益包括本单位的个人利益和外单位的个人利益，所谓外单位个人利益相关文件，主要是指涵盖公民权益的各类记录，包括土地使用权、房产所有权、个人学历和学位证书、婚姻状况证明，以及涉及征地拆迁、居民安置、特殊优待、经济补助、社会救助等行政事务的相关文件材料。以上四点，若是能，则应考虑给予较长的保管期限。

（3）形式

可以从文种、稿本、外观三方面具体分析归档文件材料的形式，以辅助判断保管期限。从文种来看，反映方针、政策、关键事件、重大事项、核心业务活动，具有权威性和重要性的决定、决议、命令、指示、条例、纪要、报告、规范、办法等文件材料一般比日常事务性的通知、函等文件材料的保管期限要长，但还需结合具体内容来定；从稿本来看，正本一般比副本、草稿的保管期限要长，但经反复修改的重要文件，其送审稿、审批稿、草稿有时也很重要，需视具体情况而定；从外观来看，重要领导、著名人物的题词、批注、签字等具有权威性和纪念价值的文件材料，因载体古老而具有文物价值的文件材料，以及因书法或装帧优秀而具有艺术价值的文件材料，一般需永久保存。

值得注意的是，这三个要素需要综合起来考虑，切忌只看一个方面。

（四）"三合一"制度编制程序与要求

1. 编制程序

科学规范的编制程序是"三合一"制度合法合规、可操作性强的重要保证。编制工作一般应遵循以下程序：

（1）制定工作方案

各机关、单位决定开展编制工作后，首先应认真学习编制依据中的标准、规范，仔细研究本单位的职能职责（"三定方案""九定方案"等），调研本单位历年形成的文件材料情况，确定本单位应形成的档案门类和固定大类；其次，应根据各门类、固定大类档案管理标准、规范，结合本单位实际，明确档案类别层级以及各层级分类标准，形成本单位档案分类方案；最后，以本单位分类方案为提纲，制定"三合一"制度编制工作方案，明确职责分工与编制要求。

（2）开展编制工作

各机关、单位文件材料形成部门应按照编制工作方案的分工要求，各司其职。首先，各部门应认真梳理本部门工作职责，明确各项工作职责应形成哪些文件材料；其次，在本单位档案部门指导下，对照编制依据中的标准、规范先确定应归档文件材料范围，再逐条确定文件材料保管期限。

（3）汇总定稿

各部门按照分工编制完成各部门的文件材料归档范围和档案保管期限表后，由本单位档案部门进行汇总，与前期制定的分类方案一起形成本单位档案"三合一"制度初稿。在汇总过程中，档案部门可结合各部门编制的实际情况，对分类方案进行适时调整，避免空设虚类或者类别体系过细或过粗，促使分类方案更好地适应实际工作需要。初稿按程序征求相关部门、人员意见，经反复修改并集中讨论通过后，形成送审稿。

（4）审查施行

机关"三合一"制度应经同级档案主管部门审查同意后施行；垂直管理机关"三合一"制度应经主管机关审查同意后，报同级档案主管部门备案；二级以下单位"三合一"制度应报主管机关审查同意。国有企业总部编制的"三合一"制度，应报同级档案主管部门审核同意后执行。企业应按资产归属关系，指导所属企业根据有关规定规范"三合一"制度的编制并审批所属企业"三合一"制度。

（5）动态更新

虽然"三合一"制度要求保持相对稳定，但当机关内部机构或者工作职能、企业资本结构或者主营业务发生较大变化时，应当及时修订。修订后的"三合一"制度，需经同级档案主管部门重新审查同意后施行。所有版本的"三合一"制度都应妥善留存，修订后要注明新版本启用时间与旧版本废止时间。

2. 编制要求

（1）全面性

"三合一"制度要注意将本机关、单位应归档的各种类型和载体的文件材料全部列入归档范围，涵盖本单位职能活动的各方面和全过程，不得有任何遗漏。从横向看，归档范围应包括决策机构（如党委、党组、局务会、董事会等）、内设部门、派出机构、设立的临时机构等各机构部门形成的文件材料。从纵向看，归档范围要包含本单位履职从开始到结束的全部应归档文件材料。另外，在体例上，由于"三合一"制度以表格形式体现，需突出简洁明了，因而对于制度中分类方案未尽部分，需另外编制"档案分类方案和编号说明"配套使用，具体阐明各层级类别分类标准、类别代号、编号规则等。

（2）合规性

编制"三合一"制度是一项严肃且严谨的工作，要符合相关标准规范。特别是对于归档范围和保管期限而言，标准规范提及的条款，各单位只要有相应的文件材料形成，都应纳入归档范围并按规定划分保管期限。值得注意的是，这里的"有相应文件材料形成"，不仅指各单位文书或档案部门已掌握的文件材料，还应包括本单位已形成或应形成的文件材料，使"三合一"制度切实起到指导归档的作用。

（3）实用性

实用性与合规性应统一，即各单位应在满足标准规范要求的前提下，根据本单位职能活动和档案状况的特点，实事求是地编制"三合一"制度，防止生搬硬套。比如：在制定分类方案时，档案形成量大的单位可将类别层级划分得更细，档案形成量小的单位则应秉持"扁平化原则"，减少层级划分以简化、方便整理，完全没有文件材料形成的类别可予以删除。在编制归档范围和档案保管期限表时，根据本单位职能职责，可对标准规范中的条款予以调整和细化，如果有标准规范之外的应归档文件材料也应列入归档范围。

（五）"三合一"制度示例

1. 机关档案"三合一"制度示例（见表2-4）

表2-4 ×××机关档案分类方案、文件材料归档范围和档案保管期限表

分类方案		归档范围		保管期限
门类	类别			
文书文件材料 WS	党群类 DQL	1	……	永久
		2	……	30年
		3	……	10年
	行政类 XZL	…	……	……
	业务类 YWL	…	……	……
	……	…	……	……

续表

分类方案			归档范围	保管期限
门类	类别			
科技文件材料 KJ	基建类 KJ·JJ	1	……	……
		2	……	……
	设备类 KJ·SB	3	……	……
		4	……	……
	科研类 KJ·KY	5	……	……
		6	……	……
会计文件材料 KU	凭证 KU·PZ	1	……	……
	账簿 KU·ZB	2	……	……
	财务报告 KU·BG	3	……	……
	其他 KU·QT	4	……	……
照片 ZP		1	……	……
		2	……	……
录音 LY		1	……	……
		2	……	……
录像 LX		1	……	……
		2	……	……
业务数据 SJ		1	本级机关在履职过程中通过业务系统形成的业务数据库	可根据形成文件材料的最高保管期限进行确定并予以标识
公务电子邮件 YJ		1	本级机关公务活动产生的并经由电子邮件系统传输的公务电子邮件	
网页信息 WY		1	本级机关网站(含内网)发布的网页	
		2	本级机关采集的其他网站发布的反映本机关职能工作的网页	
社交媒体 MT		1	本级机关通过微信、微博等社交媒体平台发布的信息	
实物 SW	印章 SW·YZ	1	……	……
	题词 SW·TC	2	……	……
	奖品 SW·JP	3	……	……
	公务礼品 SW·LP	4	……	……
	其他 SW·QT	5	……	……

续表

分类方案		归档范围		保管期限
门类	类别			
专业文件材料 ZY	专业(一) ZY·XX	1	……	……
		2	……	……
	……	1	……	……
		2	……	……

2. 企业档案"三合一"制度示例(见表2-5)

表2-5 ×××企业档案分类类目、文件材料归档范围和档案保管期限表

分类类目		归档范围		保管期限
一级类目	二级类目			
经营管理 JY	经营决策 JY·JC	1	……	永久
		2	……	30 年
		3	……	10 年
	计划统计 JY·JH	1	……	……
		2	……	……
	合同管理 JY·HT	1	……	……
		2	……	……
	财务管理 JY·CW	1	……	……
		2	……	……
	资产物资管理 JY·ZC	1	……	……
		2	……	……
	信用知识产权管理 JY·XY	1	……	……
		2	……	……
	市场营销管理 JY·SC	1	……	……
		2	……	……

续表

分类类目			归档范围	保管期限
一级类目	二级类目			
生产管理 SC	质量管理 SC·ZL	1	……	……
		2	……	……
	安全管理 SC·AQ	1	……	……
		2	……	……
	科技管理 SC·KJ	1	……	……
		2	……	……
	环境保护 SC·HJ	1	……	……
		2	……	……
	信息化及档案 管理 SC·XX	1	……	……
		2	……	……
行政管理 XZ	行政事务 XZ·SW	1	……	……
		2	……	……
	人力资源管理 XZ·RL	1	……	……
		2	……	……
	法律事务 XZ·FL	1	……	……
		2	……	……
	审计工作 XZ·SJ	1	……	……
		2	……	……
	后勤保卫 XZ·HQ	1	……	……
		2	……	……
	外事活动 XZ·WS	1	……	……
		2	……	……
党群管理 DQ	党务工作 DQ·DW	1	……	……
		2	……	……
	组织工作 DQ·ZZ	1	……	……
		2	……	……
	宣传工作 DQ·XC	1	……	……
		2	……	……

续表

分类类目			归档范围	保管期限
一级类目	二级类目			
党群管理 DQ	纪检监察工作 DQ·JJ	1	……	……
		2	……	……
	工会工作 DQ·GH	1	……	……
		2	……	……
	共青团工作 DQ·GQ	1	……	……
		2	……	……
	协会工作 DQ·XH	1	……	……
		2	……	……
产品生产 CP		1	……	……
		2	……	……
科研开发 KY		1	……	……
		2	……	……
项目建设 JJ	建筑项目 JJ·JZ	1	……	……
		2	……	……
	道路项目 JJ·DL	1	……	……
		2	……	……
	园林项目 JJ·YL	1	……	……
		2	……	……
仪器设备 SB	办公设备 SB·BG	1	……	……
		2	……	……
	交通设备 SB·JT	1	……	……
		2	……	……
	专用仪器设备 SB·ZY	1	……	……
		2	……	……
会计 KJ	凭证 KJ·PZ	1	……	……
		2	……	……
	账簿 KJ·ZB	1	……	……
		2	……	……

续表

分类类目		归档范围		保管期限
一级类目	二级类目			
会计 KJ	财务报告 KJ·BG	1	……	……
		2	……	……
	其他 KJ·QT	1	……	……
		2	……	……
职工管理 ZG	在岗职工 ZG·ZG	1	……	……
		2	……	……
	退休职工 ZG·TX	1	……	……
		2	……	……
	辞职人员 ZG·CZ	1	……	……
		2	……	……
	死亡职工 ZG·SW	1	……	……
		2	……	……
照片 ZP		1	……	……
		2	……	……
录音 LY		1	……	……
		2	……	……
录像 LX		1	……	……
		2	……	……
实物 SW	印章 SW·YZ	1	……	……
		2	……	……
	题词 SW·TC	1	……	……
		2	……	……
	奖品 SW·JP	1	……	……
		2	……	……
	公务礼品 SW·LP	1	……	……
		2	……	……
	其他 SW·QT	1	……	……
		2	……	……

二、归档时间要求

归档时间是指文书或业务部门将系统整理的档案交给档案部门的时间。合理地制定归档时间对于维护档案的完整与安全，保障各部门及档案管理部门正常有序运作，具有切实的重要性。归档时间主要包括定期归档和随时归档两种。

一是定期归档。定期归档是指按照有关规定，文件材料在形成处理完毕一段时间之后再向档案部门移交。按年度归档、按项目结束时间归档或按工作阶段归档等方式都属于定期归档。定期归档适用于文件材料办理完毕的时间节点比较清晰，责任部门比较固定，能够常态化归档的一些文件材料。比如，文书、科技、会计文件材料适合采用此种方式。一般而言，如果工作周期短、内容简单，可选择在工作结束后一次性归档；如果工作周期长、材料多，则要再细分归档时间节点，以免后期整体一次性归档工作负担过重，造成文件材料散失。

二是随时归档。随时归档是指在文件材料形成时或处理完毕后立即归档。它是定期归档的补充形式。随时归档适用于：第一，比较重要的文件材料，一旦散失难以弥补的，比如企业产权产籍、质量认证、资质信用、合同协议、知识产权等重要文件应随时归档；第二，不在日常工作范畴内，特殊情况、场合产生的文件材料，比如临时性的重要工作、重大突发事件以及外出考察过程中形成的文件材料；第三，信息技术支撑可以实现随时归档的电子文件，比如文书电子文件、业务数据、公务电子邮件、网页信息、社交媒体信息等。

根据有关标准、规范，武汉市对不同类别档案在归档时间上有不同的要求，具体见表2-6。各单位应在满足要求的前提下，明确本单位各类文件材料归档的具体时间点。

表 2-6　各门类、类别文件材料归档时间

档案门类/类别	归档时间
文书文件材料（包括企业管理类文件材料）	应在办理完毕后的第二年6月底前归档
基建文件材料	规模小的建设项目，在项目结束或完工验收后3个月内一次性归档；规模大的、周期长的建设项目，可分阶段、单项归档，在每个阶段或单项工作结束后归档

续表

档案门类/类别	归档时间
设备文件材料	随机文件材料在开箱时归档,安装及维修文件材料在工作结束后3个月内一次性归档
科研文件材料	在科研项目(科研课题)结题验收后3个月内移交档案部门归档。研究周期长的科研项目可分阶段或按科研课题及时归档移交。奖励申报、推广应用产生的文件材料应在相关工作完成后1个月内完成归档移交
产品文件材料	在产品定型验收、正式投产时归档,也可视周期长短分阶段归档
会计文件材料	会计文件材料由财务部门按年度整理归档,在财务部门临时保管满一年后向综合档案室移交
照片、录音、录像、业务数据、公务电子邮件、网页信息、社交媒体、实物	即时归档
专业文件材料	一般随办随归或于次年3月底前归档,国家有特殊规定的从其规定
注意:以上各类文件材料,若采用办公自动化系统或其他业务系统形成的电子文件,应随办随归;归档时间有特殊规定的,从其规定	

三、归档文件质量要求

文件材料是档案的前身,归档文件材料在系统整理前,只有满足一定要求后,才能转化为合规的档案。实操中有以下具体要求:

①归档文件材料纸张要符合长久保存的要求,比如纸张应选择纤维素含量较高的中性纸张,不得使用复写纸、热敏纸等纸张。纸张已破损的文件应予以修整后归档,字迹模糊或易褪色的文件应予以修复或复制后归档。归档文件材料上无"三色笔"(圆珠笔、彩色笔、铅笔)现象。离线存储光盘选用档案级光盘。

②归档文件材料应当为原件。如应归档的外来文件经核实确无原件的,可以复制件归档。

③归档公文的正本应当包含《党政机关公文处理条例》(中办发〔2012〕14 号)、《党政机关公文格式》(GB/T 9704—2012)有关版头、主体、版记等内容,尤其是关系公文

效力的发文机关标志、正文、印章等应当保持完整。

④文件流转程序要合规，过程材料应齐全。发文应保留发文拟稿纸和底稿，领导签字，成文年、月、日等信息要完整；收文要保留收文传阅单。

⑤各类审批表、统计报表的办理手续、签章应完备。

⑥归档文件材料应齐全完整，不能缺页、少附件。

⑦同一件事件相关联的文件尽量放在一起。比如：立案处理的信件和处分案件材料应放一起，并检查是否有处理结论；请示应检查是否有批复，批复应检查是否有请示，并尽量放在一起，如请示无批复则应注明；承办的文件与办理结果文件应放在一起；反映同一问题的文件材料应尽量放在一起。

⑧归档文件材料原题名不清晰的应补充标明主要内容信息。比如：各种会议讲话材料应标明讲话人的姓名及职务、时间、会议内容等信息；会议记录要标明会议议题；剪报要保留报纸名称、时间和版次。

⑨照片归档时应写清楚照片说明，包括时间、地点、人物及方位、事由、主题、背景、摄影者、版权信息等内容。数码照片应是原始图像文件，不能对数码照片的内容和EXIF信息进行修改和处理。若存在多张反映相同场景的数码照片，应挑选出那些最具代表性和典型性的照片进行归档。选定的照片应能够全面展现活动的整体情况，并且拥有明确的主题、清晰且完整的画面。归档的数码照片应为 JPEG、TIFF 或 RAW 格式，推荐采用 JPEG 格式。

⑩录音录像归档时应写清楚时间和内容说明。当多个数字音视频记录反映一致的场景或主题时，应优先选择那些具有清晰画面、端正人物形象、清晰声音和均衡画面构图的文件进行保存。数字录音归档格式为 WAV、MP3、AAC 等，音频采样率不低于44.1kHz。数字录像归档格式为 MPG、MP4、FLV、AVI 等，视频比特率不低于8Mbps。

⑪实物归档时要注明名称、时间、尺寸、质地/工艺、来源等要素。

四、归档责任与手续

(一)法律责任

"文件材料收集归档"是档案法律法规有明文规定，所有公民和组织机构应尽的义务。相关法律法规条款见表2-7。

表 2-7 归档法律责任条款

名 称	条 款	内 容
《中华人民共和国档案法》	第十二条	按照国家规定应当形成档案的机关、团体、企业事业单位和其他组织，应当建立档案工作责任制，依法健全档案管理制度。
	第十四条	应当归档的材料，按照国家有关规定定期向本单位档案机构或者档案工作人员移交，集中管理，任何个人不得拒绝归档或者据为己有。国家规定不得归档的材料，禁止擅自归档。
	第四十八条	单位或者个人有下列行为之一，由县级以上档案主管部门、有关机关对直接负责的主管人员和其他直接责任人员依法给予处分：（六）不按规定归档或者不按期移交档案，被责令改正而拒不改正的。
《档案管理违法违纪行为处分规定》	第二条	有档案管理违法违纪行为的单位，其负有责任的领导人员和直接责任人员，以及有档案管理违法违纪行为的个人，应当承担纪律责任。
	第三条	将公务活动中形成的应当归档的文件材料、资料据为己有，拒绝交档案机构、档案工作人员归档的，对有关责任人员，给予警告处分；情节较重的，给予记过或者记大过处分；情节严重的，给予降级或者撤职处分。

综上可见，应当形成档案的组织机构须建立健全包含档案收集制度在内的档案管理制度；对于所有应归档的文件材料，任何个人都应履行归档责任，做到"应归尽归、集中管理"，否则将承担一定法律责任，面临相应处分。用法律形式将"归档责任"固定下来，说明归档工作不是一件可做可不做的事情，而是每个单位和个人都应该严肃认真对待的法律义务。

（二）工作责任

在实际开展归档工作时，不同部门和人员有着不同的责任分工。根据《机关档案管理规定》和《湖北省机关档案工作业务建设规范》，文件材料由承办部门负责收集、整理、归档，由承办部门负责人签字负责；机关档案部门具体承担机关档案业务工作，对机关各种文件材料的形成、积累和归档工作进行监督和指导。根据《企业档案管理规定》，企业各部门负责本部门文件材料的形成、积累、鉴定、整理、归档，确保其真实、完整、准确；企业档案部门监督和指导各部门文件材料的形成、积累、鉴定、整理及归档工作。由此可见，不论是机关还是企业，文件材料的收集、整理、归档工作都是"谁形成、谁负责"，由文件材料形成部门负责收集、整理和归档，档案部门做好监督指导工作。

(三)归档手续

各文件材料形成部门向档案部门移交档案时，交接双方应根据归档目录进行清点核对，并履行交接手续。档案实现随办随归的，还应当按规定履行登记手续，记录电子文件归档过程元数据。

1. 一般归档手续要求

归档手续一般包括清点核对目录、履行交接手续两项内容：

①清点核对目录。归档目录一般由归档文件材料形成或移交部门提供，目录项目应当齐全完整并填写完毕。清点核对目录要认真、细致，保证目录与档案一一对应，账实相符。

②履行交接手续。履行交接手续是要求双方在档案交接时应填写档案交接文据，确认档案交接结果。档案交接文据一式两份，附上清点核对的目录后，由交接双方签字并各自留存。具体样式见表2-8。

表2-8 档案交接文据(归档)样表

移交部门			接收部门			
交接性质	归档	档案起止年月	年　　月至　　年　　月			
档案门类	档案数量				档案目录	套 册
	小计	永久	30 年	10 年		
移交说明						

续表

接收意见	
移交人：	接收人：
移交日期：　　　年　　月　　日	接收日期：　　　年　　月　　日

2. 电子文件归档手续

①履行登记手续。登记手续对于电子文件来说，是指在经历了捕获、检测等环节之后，正式归档进入电子档案管理系统（ERMS）。电子文件登记标志着档案人员和移交人员之间对电子文件管理的职责权利的正式交接。登记手续一般与交接手续合二为一，通过系统自动完成，并按年度或批次形成电子文件归档登记表，完成电子文件归档。当系统无法自动完成登记工作时，应手工填写登记表并附上清点核对的目录，由交接双方签字并各自留存。电子文件归档移交与接收登记表样表如表2-9。

表 2-9　电子文件归档移交与接收登记表样表

单位名称			
归档时间		归档电子文件门类	
归档电子文件数量	卷　件　张　分钟　字节		
归档方式	□ 在线归档　　　　□ 离线归档		
检测项目	检测结果		
载体外观检测	离线归档填写		
病毒检验			
真实性检验			
完整性检验			
可用性检验			

续表

安全性检验	
技术方法与相关软件说明登记表、软件、说明资料检验	
电子档案形成或办理部门(签章)　　　　年　月　日	档案部门(签章)　　　　年　月　日

②记录电子文件归档过程元数据。记录电子文件归档过程元数据是采用办公自动化或其他业务系统进行归档需要履行的另外一项手续。归档过程元数据一般包括处理者、处理部门、处理时间、处理结果等要素。具体应符合《数字档案室建设指南》、《电子文件归档与电子档案管理规范》(GB/T 18894)、《文书类电子文件元数据方案》(DA/T 46)、《照片类电子档案元数据方案》(DA/T 54)、《录音录像类电子档案元数据方案》(DA/T 63)等。

五、归档工作注意事项

(一)科学制定并落实归档制度

归档制度是开展收集归档工作的指导性、纲领性文件，它包括归档范围、归档时间、归档职责分工、归档质量与手续要求等内容。各机关、单位应当高度重视归档制度的设计与制定，在满足规定要求的前提下，要结合本单位实际，切实做到有针对性、有实操性、有特色性，切勿照抄模板、生搬硬套。制定归档制度前，要进行充分的调查研究，反复征求相关部门与人员意见。归档制度制定过程中常见的问题有：档案类别体系设置不科学，有虚设类别，或类别过宽、过细的情况；归档范围不齐全，归档范围条款排列混乱无序、语义不清；档案保管期限划分不合规定；归档时间与质量要求不具体，操作性不强等。

归档制度制定后，要组织本单位相关部门学习掌握并认真贯彻落实，避免出现制度与实际"两张皮"的现象。在实操中，"两张皮"情况比较常见，最突出的问题是"三合一"制度与实际归档情况不相符，主要表现为：类别标识与实际档号不一致；实际归入类别与制度确定的类别不相符；实际归档范围和保管期限与制度规定不相吻合，比如归档范围有列明的专业材料实际并未归档，规定内设部门工作总结保管期限为 10 年实际却划入永久等。这些问题一旦出现，各单位应及时检查是制度设计不科学，还是制度执行不到位，找准问题症结后尽快予以解决。

（二）采取有效的归档控制措施

归档工作与文书处理以及业务工作密不可分，只有在文书处理和业务工作时，按照有关规定和流程形成、积累了文件材料并妥善留存，后续才能有文件材料归档。因此，各机关、单位应注意研究本单位文书处理和业务工作特点，在合适的节点嵌入有效的归档措施，以有效保障各类文件材料齐全完整地收集归档。

一是建立并落实"三纳入、四参加、四同时"制度。该制度从组织管理和体制机制角度出发，为做好归档工作提供了有力措施，能使档案工作在各单位得到应有的重视，并对基建、设备、科研、产品等科技文件材料的形成归档起到有效控制。虽然该制度最早是针对企业和科技事业单位提出的，但实际上适用于各类单位。其中"三纳入"是对所有单位的共性要求；"四参加""四同时"只要是涉及相关工作的单位均应建立并落实。另外，该制度蕴含着一种工作思路，即对于时间跨度长、规模较大的系统性工作，档案部门应与该项工作同部署、同跟进、同检查、同验收，各单位可以从此角度出发建立自己的"N 参加""N 同时"制度。

"三纳入、四参加、四同时"制度

三纳入：将档案工作纳入各项工作计划，纳入领导议事日程，纳入有关人员岗位责任制。

四参加：档案部门人员要参加产品鉴定会，参加科研项目或科研课题审定会，参加基建项目竣工验收会，参加设备仪器开箱验收会（或引进项目接收会）。

四同时：下达项目计划任务同时提出文件材料的归档要求；检查项目计划进度同时检查文件材料积累情况；验收、鉴定项目成果同时验收、鉴定项目档案的完整、准确、系统情况；项目总结同时做好项目文件材料归档交接。

图 2-1　"三纳入、四参加、四同时"制度

二是严格落实常态化归档机制。虽然不同类别文件材料归档时间要求不同，但多数文件材料都需要按年度进行归档，且一般要求在第二年 6 月底前归档。各单位应严把归

档时间要求，建立常态化归档机制，将归档工作纳入本单位、本系统年度绩效考核，每年开展收集归档工作，通过下发催交单、通报移交情况等方式定时催收、催交，在单位内部形成"每年收、每年交、每年整、每年归"的良好习惯。

三是抓住收集归档关键时间点。在归档工作中，要注意抓住一些关键时间点，随时开展收集归档工作，以最大程度避免文件散失。主要做法有：

①凡本单位用印的发文（含"白头文件"），在登记用印时应注意收集留存；

②内部机构变动或职工调动、离岗时留在部门或个人手中的文件，在变动或离岗前"点对点"督促收集移交；

③临时机构开展重大活动、专项工作，处置突发事件形成的文件材料，在临时机构撤销前应及时收集归档；

④结合本单位的保密检查、节假日文件清理等工作，及时发现问题，补充收集文件材料；

⑤在年度整理归档工作中，发现收集不全的要反复收集。

（三）加大重要和特色档案资源归档力度

档案资源体系建设不仅体现在数量方面，还体现在优化档案资源结构方面。要注重收集重大活动、突发事件、重要人物、重点项目、重点工作所形成的各种载体形式的档案资料。要丰富收集工作渠道，不仅要开展常规收集工作，还应结合本单位本地区中心大局、重点工作开展档案征集，不断丰富特色档案资源。充分发挥档案部门主观能动性，主动参与、提前介入重大活动筹办和突发事件应对工作，靠前指导、及时跟进，落实《武汉市重大活动和突发事件档案管理指引》有关要求，做到档案工作与重大活动筹办、突发事件应对工作同部署、同推进、同落实。

（四）加强归档督导和检查工作

一是注意从形成环节开始提供指导。为保证归档文件材料的齐全完整和真实准确，各机关、单位档案部门要注意扣好归档工作的"第一粒扣子"，不仅要通过归档工作力求把已形成的文件材料收集齐全，而且还应关心文件材料形成和办理活动中的相关情况。比如工作或生产活动中，有些工作虽然已经做了，但由于种种原因未能形成原始记录（如主要领导现场办公处理的重要事件没有记录，召开会议没有记录，资金往来没有请示批复等），或者记录不全（如有的文件只记录工作内容而没有责任者、日期，或文件办理只有最终文件没有处理签等）。类似情况，都会影响到档案的齐全完整和真实准确。因此，档案部门需要结合归档要求，对文书运转流程、文件的行文格式、书写材料等方面存在的问题，向有关部门或领导反映，对各部门行文工作加强指导，力求改善文件材料的形成渠道。必要时，档案部门可采取一定补救措施，对一些较重要的事件、活动等进行补充记录和拍摄，以保证文件材料的齐全。

二是注意归档前认真开展检查工作。文件材料归档前，文件承办部门和档案部门都应注意对已收集的文件材料进行检查，及时发现问题并完善。检查工作包括齐全完整度检查和归档质量检查两方面内容。归档质量检查按本节第三点执行。齐全完整度检查可从以下方面入手：

①查收发文登记本，从中查看自发文和收文是否收集齐全，确认自发文不缺号、不漏号；

②查年度工作总结和月度工作通报，从中查看收集的文件材料是否能全面系统地反映本单位年度主要工作，进而分析文件材料是否齐全完整；

③查内设机构职能职责，从中查看各业务部门的正常业务性文件材料是否收集齐全；

④查党组（党委）会、局务会、局长办公会等会议记录、纪要，从中查看本单位形成的重要文件材料是否收集齐全；

⑤查会议通知、议程，从中查看会议材料是否收集齐全；

⑥查信息、简报，从中查看重要活动、事件文件材料是否收集齐全；

⑦查上级下发的需要贯彻执行的文件，从中查看本单位上报的各种专题材料和报表是否收集齐全；

⑧查工程项目文字材料和图纸（包括底图、施工图、竣工图）是否都收集归档，从图纸目录和图号判断图纸是否成套收集齐全。

三是注意对归档工作进行宣传培训。文件材料收集归档工作涉及单位全员，各机关、单位需有针对性地开展宣传和培训活动，提升领导层及干部职工对档案重要性的认识，并协助他们消除可能的疑虑和担忧，以便集全员之力更好地开展归档工作。宣传培训既要讲明归档工作是相关人员的法律义务、档案集中管理的益处、归档工作具体要求等，又要通过主动提供档案利用服务，使得业务部门和工作人员体验到集中管理档案的益处，从而激励其积极参与文件材料收集归档工作。

第三章
归档文件材料的整理

第一节 全宗与整理工作概述

一、全宗

(一)全宗的概念

全宗是档案管理中的一个重要概念,最先由法国用于档案管理分类,后有许多国家所采用,成为档案学通用术语和重要管理原则。我国最早使用俄语音译"分特"指代全宗,1955年国家档案局印发《关于改"分特"为"全宗"的通知》,将"分特"一词改为"全宗",并在实践中不断完善和发展,形成了目前广泛使用的全宗概念。在我国档案工作历史上,一直都有按照档案形成机构(档案来源单位)进行档案分类整理的做法。在多年档案工作的理论研究和实践的基础上,逐渐形成了档案全宗原则的理论。

全宗原则是整个档案管理中一条极为重要的原则,具有重要的理论意义和广泛的实践意义。采用全宗作为档案整理的基础单元,有助于深入展现档案的本质内容,进而准确评估其价值,为档案管理建立起科学的根基。以全宗为单位对档案进行管理,顺应了档案生成的自然规律，确保了档案资源系统的有序性，并保障了全宗的完整性，使得全宗内的档案更易于被检索与利用。尤其在档案馆工作中，由于档案馆集中收藏了众多机构和个人所形成的档案，全宗原则更有特殊重要的意义。因此，必须对全宗的概念、全宗的类型、全宗的分类及全宗卷的编制有一个基本了解。

全宗：一个国家机构、社会组织或个人形成的具有有机联系的档案整体。

构成全宗一般具备三个要件：

①能否独立行使职权和对外行文。

②具有人事任免和奖惩权。

③具有独立财务管理权。

在实际工作中，立档单位情况复杂，是否构成全宗主要考量第一条。设立全宗的要件是立档单位具有独立法人资格。

（二）全宗的设立

1. 新设全宗

①成立新机构应设立新全宗。

②多个机构合并为一个机构，老的全宗结束，新单位应设立新全宗。

③一个单位拆分为两个单位时，应重新设立新全宗。

注意：机关虽改变了领导关系、名称，但其工作性质和业务范围未发生变化，则不需要重新设立新全宗。

2. 联合全宗

一个机构几块牌子，他们形成的档案联系紧密难以区别或不宜分开的可以组成联合全宗。

3. 汇集全宗

若干个立档单位档案形成数量较少的，可按照一定的特征组合设立全宗，如基层乡、镇、场、办事处可设立汇集全宗。对那些能够区分和自立的小全宗，按其立档单位性质、存在时期和地区特点设立汇集全宗，如：×××时期×××地区重大活动全宗、名人全宗等，但其档案仍要以不同的立档单位来分别整理，用同一个全宗号冠名，用不同的目录或分类来区分。

全宗汇集可与一般全宗同样看待，作为馆藏档案管理的长久固定的基本单位，也可作为过渡性的管理馆藏档案的临时单位。如以后接收了大量档案，可解散全宗汇集，分别构成不同的全宗。

4. 人物全宗

人物全宗一般是社会知名人士(如党政主要负责人、著名学者、著名企业家及其他知名人士)毕生活动形成的档案有机整体。知名家庭(家族)所形成的档案整体，也属于人物全宗一类。

5. 全宗群

全宗群是指若干个具有历史联系和共同特点的全宗群体。一般来说，全宗群是在全宗分类的基础上自然形成的，是档案馆解决全宗之间相互关系的一种管理方法，但全宗群不是档案管理中固定的实体单位，只是一个抽象的不定的概念。在实际工作中是否应用"全宗群"进行分类管理排架，档案馆应根据实际慎重选择。

注意：不再保留、纳入重新组建机构、撤销建制的部门和单位，自变动之日起档案全宗终止。新组建机构自成立之日起形成的档案，由各部门各单位新设档案全宗进行管理。保留机构或单位名称的、优化职责或部分职责发生变化的，沿用原档案全宗。即使隶属关系或机构名称出现变更，只要工作性质和核心业务范围保持稳定，那么原有档案全宗的划分应保持不受影响。

全宗的设立与编号由同级国家综合档案馆确定。需注意的是，二级单位的全宗号，由上级主管部门结合实际确定，中间用"·"隔开，且"·"必须设置在中间。

二、全宗卷

(一)全宗卷的概念

全宗卷是管理全宗档案的重要工具，由记录和说明全宗立档单位及其历史和现状的相关文件材料构成，是管理档案而形成的档案。

(二)全宗卷编制原则

①档案馆(室)应以全宗为单位编制全宗卷，收集和保管在档案管理过程中针对每

个全宗形成的相关文件材料。

②全宗卷中收集的文件材料应做到齐全、完整、真实，力求全面反映全宗及其管理的历史面貌。

③整理全宗卷时，应确保分类合理、方法科学，并符合格式规范。

④综合全宗卷可按馆(室)藏、全宗属类、全宗群或联合全宗进行编制，收集、保管在档案管理过程中以馆(室)藏、全宗属类、全宗群或联合全宗等多个全宗为对象形成的相关文件材料。

图 3-1　全宗卷

(三)全宗卷的内容构成

①全宗(馆藏)介绍类：全宗指南(全宗介绍)、大事记等说明全宗背景和档案状况的文件材料。

②档案收集类：档案接收和征集工作的办法、标准，档案(资料)交接文据及相关目录，档案来源和档案历史转移过程说明材料等。

③档案整理类：文件材料分类、保管期限和归档范围的规定，档案整理工作方案、整理工作说明和小结等。

④档案鉴定类：档案保管期限鉴定、档案开放鉴定、档案分级鉴定、档案销毁鉴定、珍贵档案考证鉴定等鉴定工作的制度、组织、方案和标准，鉴定工作形成的报告、

请示及批复，鉴定及销毁处置档案的目录(清册)等。

⑤档案保管类：档案保管工作制度，档案安全检查、档案破损情况调查与修复(抢救)、重点档案保护、珍贵档案仿真复制件制作等工作的记录和说明材料，档案保管状况分析和工作总结、报告等。

⑥档案统计类：档案基础统计台账，档案工作基本情况统计报表，档案工作统计分析材料等。

⑦档案利用类：档案利用制度，检索工具编制情况，档案开放与控制情况，档案编研与出版情况，档案展览与公布情况，珍贵档案介绍，档案利用效果典型事例等。

⑧新技术应用类：应用现代技术管理档案的情况记录、工作报告及说明材料，档案信息化和数字化工作情况，电子档案(文件)创建和应用环境(硬件和软件)及数据格式说明等。

(四)全宗卷的整理

①装订。文件材料以件为单位进行装订。

②分类。属于同一全宗卷的文件材料，按上述"全宗卷构成"进行分类。

③排序。文件材料分入不同类目后，按形成时间顺序排列。新增文件材料插入相关类目，向后接续排列。

④编号。在文件材料首页上方空白处编号。文件材料的编号由全宗号—类号—件号三部分组成，如图 3-2 所示。

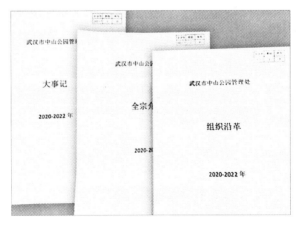

图 3-2 文件材料编号示例

全宗号填写文件材料所属全宗的编号。

类号填写"全宗卷构成"1~8条的序号。

件号填写文件材料在相关类目中的流水排列序号。

编号举例：XX025·01-1-2(XX025·01全宗，全宗介绍类，第2件)

⑤编制目录。全宗卷中的文件材料，分类别，以件为单位，按照排列顺序编制文件目录。新增文件材料在相关类目中接续编制目录。相同材料出现新旧几种版本时，应在目录备注栏注明新版本文件替代旧版本文件的名称和时间，如表3-1所示。

表3-1　全宗卷文件目录

件　号	责任者	题　　名	日期	备注

⑥装盒。全宗卷文件材料按照分类编号顺序装盒。文件材料较多，一盒装不下时，可按分类编号顺序装入数盒。

(五)全宗卷的管理

①档案馆和保管全宗较多的机关、单位档案室，宜将全部室藏档案的全宗卷集中保管，按全宗编号顺序组织排列。

②保管单一全宗的档案室，全宗卷宜与档案一并保管，将全宗卷置于该全宗档案卷首。也可将全宗卷与书本式检索工具放在一起管理。

③档案室建立全宗卷，宜采用双套制。机关、单位档案室向档案馆移交档案时，应同时移交与该批移交档案相关的全宗卷文件材料。

三、整理工作概述

档案整理工作是一种依据档案形成的自然规律和独特属性，运用科学原理和技术手段，将档案组织成一种便利存储与检索的系统化结构的专业过程。档案整理构成了档案管理的核心，为整个档案管理工作的实施奠定了标准化和条理化的基石。

(一)整理工作内容

档案整理工作的主要内容包含建立全宗，对全宗内档案进行分类、组合、排列、编号、编目等工作。一般来说，全宗相对稳定，因而档案整理工作主要是对全宗内的档案进行整理。整理工作包含组件(卷)、分类、排列、编号、编目等5项一般性整理要求。其中，组件(卷)是为了确定整理单位；分类是为了揭示档案之间的内在联系，使全宗成为一个有机整体；排列是为了确定每个整理单位之间的先后顺序；编号是分类和排列等整理工作的固化，为每一件(卷)档案提供唯一标识；编目是为档案编制检索工具，满足检索需要。此外，还有一些反映不同载体、不同形式档案特点的整理内容，如修整、装订、编页等，这些整理要求与上述档案整理的一般要求一起，共同构成了完整的档案整理工作内容。

(二)档案整理原则

①遵循文件材料的形成规律。将整理视为文件办理的自然延续过程，充分利用原有的整理基础，对于系统整理过的档案材料应维持现状，减少人工干预，提升整理质量。

②保持文件材料之间的有机联系。文件材料在其形成和流转的各个环节中，会自然形成多种相互连接的关系，这些关系通常从来源、时间、主题内容以及形式等维度得以体现，整理时尽量全面保持其联系，为档案的鉴定、利用创造良好条件。

③区分不同价值，便于保管利用。档案整理时要注意区分不同价值，划定不同保管期限，对不同价值的档案采取不同的保管策略，以提高利用工作效率。

第二节 文书文件材料的整理

一、机关文书文件材料的整理

档案整理工作是将归档的文件材料以"件"为基本单位进行组合、划分类别、排列顺序、赋予索引号以及编制目录，以此达到系统化和条理化的目的。机关文书文件材料整理的步骤包括：分类、确定"件"、修整、装订、排列、编号、盖章、编目、装盒、上架，如图3-3所示。

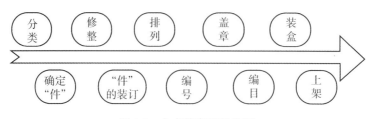

图 3-3 文书档案整理步骤

（一）分类

单位应根据其内部组织结构和档案体量，选取适合其需求的文书档案分类方式，例如：年度—问题—保管期限、年度—机构—保管期限、年度—保管期限等分类方法。

对每份归档文件进行分类时要注意以下几点：

①按年度分类。将文件按其形成年度分类。跨年度一般应以文件签发日期为准。对于计划、总结、预算、统计报表、表彰先进以及法规性文件等内容涉及不同年度的文件，统一按文件签发日期判定所属年度。跨年度形成的会议文件归入闭幕年。跨年度办理的文件归入办结年。形成年度无法考证时，年度为其归档年度，并在附注项加以说明。

注意：年度通常是指文件形成的年份，而非整理归档的年份。例如，若一份文件在 2021 年产生并处理完成，哪怕直到 2023 年才进行整理，它在存放时一般应该归类到 2021 年，而不是 2023 年。

②按机构（问题）分类。将文件按其形成或承办机构（问题）分类。机构分类法与问题分类法应选择其一，不能同时采用。按机构分类的，由哪个机构（处室）产生或经办的文件就归到哪个机构类别中，涉及多部门形成的归档文件，归入文件主办部门。按问题分类的，一般分为党群管理、行政管理、业务管理等类。

③按保管期限分类。归档文件的保管期限划分应与本单位"三合一"制度中具体条款规定一致。

档案分类是档案整理中最重要的一步，通过仔细查看每份归档文件内容来确定该文件归属与保存年限，为档案科学管理与利用奠定基础。

（二）"件"的确定

归档文件的分类通常以"件"为单位，一份文件即为一"件"。然而，实际工作中，文件存在多种多样的形式，需根据以下标准合理地界定"件"。

①自发文：文件正本连同文件处理签（或拟办单、发文拟稿纸）以及最终定稿为一件，若最终定稿不适宜被订在一起，也可以单独地作为一件。文件处理签载有各领导签批的意见，能体现文件处理的完整轨迹，因此应当与相关文件一并归档。计算机及其网络环境中形成的文件，打印出最后定稿，同发文拟稿纸和文件正本一并归档。通过办公自动化系统产生的文件，打印出最后定稿和经各领导签批的有文件处理流程记录的发文拟稿纸，与文件正本一并归档。

②收文：正文与收文处理签一并归档，合为一件。

③正文与附件为一件——如附件数量较多的也可单独成为一件。

④原件与复制件为一件——对不耐久的制作材料（如热敏传真纸）、不耐久的字迹材料（圆珠笔、铅笔、彩色笔书写等），以及破损的文件材料，需复制后与原件一起归档。

⑤转发文与被转发文为一件。

⑥复文与来文（请示与批复、报告与批示、函与复函等）一般可作为一件——这样可保持事件的完整性。

⑦对于经过多个步骤和级别处理的来文及复文，如果数量超过2件，或仅有请示、报告、函而没有相应处理结果的文件材料，可各自独立作为一件，这种做法有助于文件材料及时归档和日后检索。但在后期编目时需在题名后用括号注明对应请示、报告、函的标题（或批复、批示、复函的标题），并在备注项互相注明互见号。

⑧会议记录、会议纪要等一次为一件（如董事会会议记录、股东会会议记录等）——如果是记录在同一本上且不便拆开的会议记录可做一件。推荐采用专门为会议记录设计的纸张，每场会议的记录应单独进行并分别储存，这样做有助于记录的检索和利用。

⑨一整套会议资料或由特定活动产生的文件集合可分别构成一件或多件档案。通常情况下，单次会议的材料或单个专项活动的材料不能仅仅归为一件来处理，而是需要根据具体内容细分并分别按件归档。例如，在一个专题会议中，应根据不同的内容如会议通知、日程安排、参会者名单、关键人物的发言、通过的文件材料、未获通过的文件材料、会议总结等，分别进行组件划分。一个专项活动可按照会议通知、日程安排、活动流程、参加人员名单、主报告（原文及译文）、辅助报告（原文及译文），领导人贺词、题词、讲话，活动会徽设计、简报、新闻报道等不同内容分别归档。

⑩存根联的介绍信、简报、出版物、报表、名册、图册等，应保持其原有的装订形态，以每一册(本、期)为单位单独构成一件。

(三)文件的修整

确定了"件"及分类后，需对文件进行修整。

在整理和归档文件时所用的笔墨、纸张、装订物料等都必须满足档案保存的标准。对于已损坏的归档文件需进行修补，字迹不清或容易褪色的文件应复制或接受字迹强化处理。在进行文件修补和复制时，须保持文件的原始外观。

在归档文件时，应依照保存期限的规定，移除那些容易生锈或氧化的金属和塑料装订用品。对于尺寸过大的文件，在不影响其未来使用效果的情况下，应适当折叠处理。

①去除金属物或塑料制品：除去文件上的订书钉、回形针、大头针、拉杆夹、塑料壳、塑料边、铆钉等，防止生锈或脆变，影响档案纸张寿命。

②修裱：当文件出现残缺、薄弱、破损、断裂等情况应对纸张进行补缺、接边或托裱。修裱材质应添加防虫防霉药剂，避免档案产生虫害或霉菌。

③复制：对于那些制作材料(如热敏传真纸)或书写材料(例如使用圆珠笔、铅笔、彩色笔等书写)不具备耐久性、字迹容易变得模糊或容易褪色和扩散的文件，不利于长期保存，应进行复制。复制的方法包括复印、缩微摄影、电脑扫描、摄影或手工抄写等。

④折叠或放大：文书档案盒尺寸一般为 A4 纸张幅面，超出 A4 尺寸的文件需经过折叠才能放入。在折叠过程中应尽可能减少折痕数量，并确保文件的标题可见。若文件页数较多，建议逐页折叠，并保留左侧的装订边缘。对于那些小于 A4 尺寸但仍能正常装订且不易散落的文件，可保持其原有形状；然而，如果这样的文件无法正常装订并且存在散落风险，就需要进行边缘接合处理，并确保左侧装订边缘留出。

(四)装订

①装订方式：归档文件通常以件为单位进行装订。在进行归档文件装订时，应确保装订工作稳固、安全且易于操作，保证归档文件的完整性，避免页码错乱、文字被遮盖或压痕损坏，并确保装订后的文件表面平整，这有利于档案的长期保存和有效管理。在装订过程中，应尽可能减少对归档文件本身的影响，如原有的装订方式已满足要求，则应保持原状。

用于装订的材料，不能包含或产生可能损害归档文件的物质。不使用回形针、大头针、燕尾夹、热熔胶、办公胶水、装订夹条、塑料封等装订材料装订。

一般使用"三孔一线"装订。定期保管的、不需要向综合档案馆移交的归档文件，可使用不锈钢夹或封套装订，如图 3-4 所示。

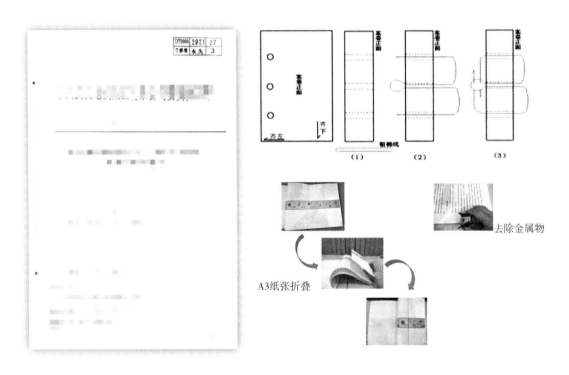

图 3-4　装订

②装订时注意件内文件的排列顺序：正本在前，定稿在后；正文在前，附件在后；原件在前，复制件在后；转发文在前，被转发文在后；复文(结论)与来文(去文)为一件时，复文(结论)在前，来文(或去文)在后；文件处理签随文件一并归档，放在正文之后，定稿之前。不同文字的文本，无特殊规定的，中文文本在前，其他文字文本在后。

（五）排列

在所选分类方案的最低一级内，按事由结合时间、重要程度排列。同一事由中的文件，按文件形成先后顺序排列；不同的事由，按办结时间的先后顺序排列。

未能及时归档的零散文件资料，在整理时可插于相应年份、相同保管期限和机构（或主题）的文件末尾，或者如果它们与某些文件有紧密联系，则可以合并为同一件，并在档案盒内的备考表上进行注明。尽管如此，在实际的归档工作中应尽可能避免这种做法。

如：2023年找到一份尚未归档的2020单位大事记，则应该将这份文件插于2020年行政工作类永久保存的最后一份文件之后。

（六）编号

对每份归档文件进行编号。编号有三层含义，一是对每份文件编制件号；二是对每份文件编制页号；三是对每份文件编制档号。

1. 编件号

件号通常是流水号，是指归档文件在同年度、同机构（问题）、同一保管期限内从"1"开始逐件编制流水号（第五步排列中已简单叙述过）。如：2022年产生的行政管理类需永久保存的文件从"1"号开始编制到"50"号，2023年产生的行政管理类需永久保存的文件又从"1"号开始编制件号。

在给每份归档文件加盖归档章之前，可用铅笔给每份归档文件编制件号以示区别，等加盖归档章之后，再擦除铅笔印迹。

2. 编页号

页码的编排以"件"为单位，在每一页文件的正面右上角以及背面左上角使用打号机或黑色笔连续标注。仅对含有信息的页面进行编号，空白页则不编号。文件处理签与最终定稿应顺着正本的页码连续编号。

3. 编档号

档号是用来反映和固定全宗内案卷及文件的排列顺序的一组符号。文书档案的档号是文书档案实体管理编号的总称，包括全宗号、件号、保管期限、年度、门类及类别号等内容。编制档案编号时，应遵守以下原则：确保每个编号的唯一性、合逻辑性和稳定性，同时允许系统扩展并且保持编号的简洁。

档号编制不能随心所欲，要根据单位档案分类方案编制。文书档案档号结构为：全宗号-档案门类代码·年度-保管期限-机构（问题）-件号。如：XX025·01-WS·2022-Y-BGS-0001。

（七）盖归档章

以"件"为单位，以归档章形式固定归档文件在全宗中位置。一般在文件首页上端空白处加盖归档章并填写相关内容。归档章一般用红色印泥加盖，黑笔填写具体内容。

归档章是通过六格不同内容的排列组合而赋予每份归档文件的唯一一组标识。式样如图 3-5 所示。

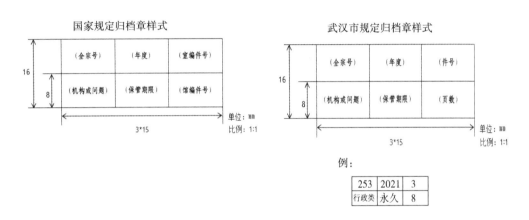

图 3-5 盖归档章

归档章各项目的填写方法如下：

①全宗号：这里应填写同级国家综合档案馆给立档单位编制的代号。部分企事业单位未列入进馆序列的就没有全宗号，可不填写。

②档案门类代码·年度：归档文件档案门类代码由"文书"2 位汉语拼音首字母"WS"标识。年度为文件形成年度，以 4 位阿拉伯数字标注公元纪年，如"2023"。

③保管期限：保管期限分为永久、定期 30 年、定期 10 年，分别以代码"Y""D30""D10"标识。

④机构（问题）：机构（问题）代码采用 3 位汉语拼音字母或阿拉伯数字标识，如办公室代码"BGS"等。归档文件未按照机构（问题）分类的，应省略机构（问题）代码。

⑤件号：件号是单件归档文件在分类方案最低一级类目内的排列顺序号，用 4 位阿拉伯数字标识，不足 4 位的，前面用"0"补足，如"0026"。

⑥页数：以"件"为单位，填写归档文件内所有有图文内容页面的总页数，即每件文件最后一页的页号。

（八）编目

编目依照文件的分类和排序顺序，逐一记录每份文件的内容、形式特征及其相应的编号，创建归档文件的索引，以便日后检索、利用和管理。编目应确保信息的准确性、完整性、详尽性和深入性，以满足现代档案管理需求和计算机化检索系统的要求。归档文件目录项目一般有：序号、档号、文号、责任者、题名、日期、密级、页数和备注。归档文件目录示例如图 3-6 所示。

归档文件目录

序号	档号	文号	责任者	题名	日期	密级	页数	备注
1	XX000303-WS·2023-Y-SCL-0001	武农办〔2023〕14号	武汉农业集团有限公司	武汉农业集团有限公司2023年安全生产工作要点	20230116		13	
2	XX000303-WS·2023-Y-SCL-0002	武农办〔2023〕15号	武汉农业集团有限公司	关于印发《武汉农业集团安全生产主体责任清单》和《武汉农业集团全员安全生产责任清单》的通知	20230118		33	
3	XX000303-WS·2023-Y-SCL-0003	武农办〔2023〕16号	武汉农业集团有限公司	关于印发《武汉农业集团有限公司生产安全事故应急预案》的通知	20230118		105	
4	XX000303-WS·2023-Y-SCL-0004	武农办〔2023〕85号	武汉农业集团有限公司	武汉农业集团有限公司2023年度安全生产工作考核方案[附关于市属企业安全生产目标的考核计分办法]	20231212		25	
5	XX000303-WS·2023-Y-SCL-0005		武汉农业集团有限公司	关于印发《落实市农业农村局与武汉农业集团工作对接会工作方案》的通知	20230207		7	
6	XX000303-WS·2023-Y-SCL-0006		武汉农业集团有限公司	关于同意武汉武湖农业发展有限公司置换采购一台禁捕管护用车的批复[附请示]	20230525		5	
7	XX000303-WS·2023-Y-SCL-0007		武汉农业集团有限公司	关于开展2023年武湖增殖放流工作的报告	20230818		110	
8	XX000303-WS·2023-Y-SCL-0008		武汉农业集团有限公司	武汉农业集团2023年度环境保护工作总结[附报送2023年度环境保护工作情况总结的通知]	20231108		14	
9	XX000303-WS·2023-Y-SCL-0009		武汉农业集团有限公司	武汉农业集团2023年国防动员工作总结及2024年工作谋划[附报送2023年度国防动员工作总结及2024年工作谋划情况的通知]	20231220		6	
10	XX000303-WS·2023-Y-SCL-0010		武汉农业集团有限公司	关于推荐湖北武汉青鱼原种场参加2024年元旦春节鲜活农产品储备及供应的申请	20231221		3	

第1页/共2页

图 3-6　归档文件目录示例图

①序号：填写文件排列顺序号。

②档号：与前面确定的档号保持一致。

③文号：在填写文件发文编号时，如果文件有明确的文号则填写，没有文号的则留空。组合件填写本件第一份文件的文号。在实际中为查询方便，有些会议记录、会议纪

要、内部刊物、简报、图等的编号也可作为文号来填写。

④责任者：填写制发文件的组织或个人，即文件的发文机关或署名者。使用责任者全称或规范化简称，一个单位要保持统一。组合件填写本件第一份文件的责任者。多个单位联合发文的，填写每个单位的规范简称。原文上没有的要经考证后补上。

⑤题名：填写归档文件标题。文件只有一个标题且能反映文件内容的，填写时照实抄录；没有标题、标题不规范，或者标题不能反映文件主要内容、不方便检索的，应全部或部分自拟标题，自拟内容外加方括号"[ ]"。

⑥日期：填写文件的形成时间。用8位阿拉伯数字标注，不足8位的用"0"补足，如2022年7月25日，标注为"20220725"。组合件填写本件第一份文件的日期。文件上没有日期的应加以考证后填写。

⑦密级：填写文件材料的密级，分为秘密、机密、绝密。没有密级的，不用标识。

⑧页数：以"件"为单位，填写归档文件内所有有图文内容页面的总数，即归档章上的页数。空白页不计数。

⑨备注：填写归档文件需要补充和说明的情况，如与其他相关档案的参见号、缺损、复印件、密级、修改、补充、移出、销毁等。

归档文件目录一般一式两份，一份不装订，根据装盒情况将每盒内档案对应的目录打印出来，放在盒内所有档案的首页。另一份作为纸质检索工具，分年度、保管期限、机构(问题)打印出所有目录装订成册并在每年、每类、每个保管期限的目录首页用封面隔开，放在检索柜中。封面有：全宗名称、年度、保管期限、机构(问题)等项目。

检索工具目录格式如图3-7所示。

①全宗名称：形成档案全宗的国家机构、社会组织或个人，也就是立档单位的全称。例如：武汉市水务局。

②年度、保管期限、机构(问题)的填写方法同归档章中的一致。

③归档文件目录装订成册，外封面可用硬壳封面加固。在脊背上贴上标签，标明全宗号、档案门类、年度、保管期限、机构(问题)等，放入检索柜中。贴标签高度没有规定，一个档案室内保持一致即可。

各单位应配备检索柜，放在档案资料阅览室内，用于存放各门类纸质检索工具、全宗卷、索引、档案统计、日常保管利用记录和大事记、组织机构沿革、基础数据汇编等各类编研材料。

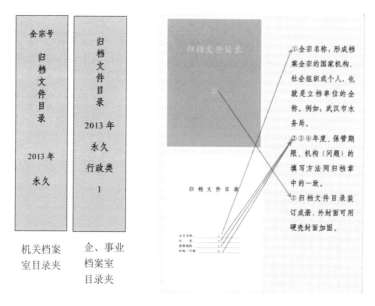

图 3-7 检索工具目录

(九)装盒

编目完成后,应将归档文件在最低一级分类中按件号顺序装入档案盒,并填写档案盒封面、盒脊背及备考表。不同机构(问题)、不同年度、不同保管期限的归档文件不得装在同一盒内。档案盒的厚度一般有 20mm、30mm、40mm 多种规格。

如:2013 年行政永久的文件应单独装一盒或几盒,不能和 2013 年行政 30 年、行政 10 年的文件装入同一盒中,更不能混入其他类别的文件材料。

同一盒内的归档文件按件号顺序装在一起,档案盒仅是保护装具,不是"卷"的概念。

档案盒封面的项目有全宗名称。档案盒脊背或底边的项目有:全宗号、年度、保管期限、机构(问题)、起止件号、盒号等项。档案盒脊背式样如图 3-8 所示。

盒内备考表放置在盒内所有文件之后,要签署完备。备考表的项目有:盒内文件情况说明、整理人、检查人和日期。备考表式样如图 3-9 所示。

①盒内文件情况说明:在正常情况下一般可不填写内容。出现文件收集不完整、破损,文件签署不完整等情况要在此处进行说明,归档文件是复制件要说明原件在何处。档案保管中出现移出、增补、修改、鉴定、销毁等情况时也要在此说明。

②整理人:负责整理本盒归档文件的人员签名或签章。

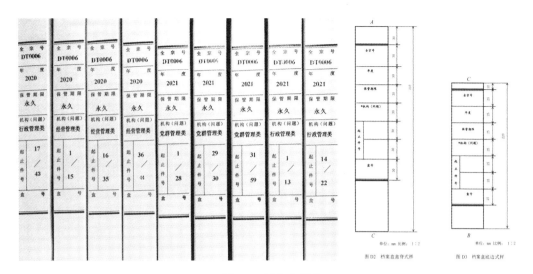

图 3-8　档案盒脊背

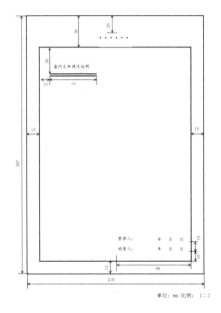

特别提示：纸张中的酸性会使纸张变硬发脆，严重的会导致纸张成粉末，所以长期保存的档案必须要采用无酸纸书写，装具也要用无酸档案盒。

单位：mm　比例：1∶2

图 3-9　档案盒内备考表

③整理日期：归档文件整理完成日期。

④检查人：负责检查归档文件整理质量的人员签名或签章。一般由档案室负责人、办公室负责人、业务部门负责人或项目负责人审核后填写。

⑤检查日期：归档文件检查完毕的日期。

特别提示：不要用错备考表，科技档案、会计档案与文书档案立卷时用的备考表是不同的。

（十）入库排架

归档文件整理完毕装盒后，最后一步是上架排列。排列档案时，应遵循从左侧向右侧，从上方向下方的顺序，以确保排列的整洁和视觉上的协调（见图3-10）。

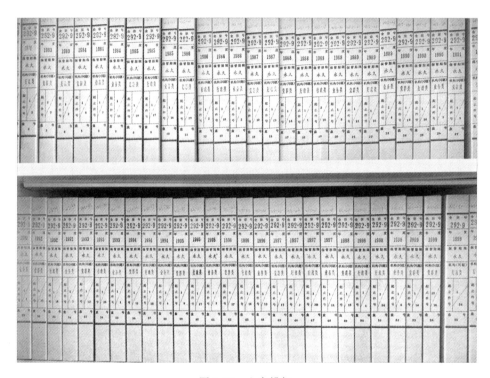

图 3-10　入库排架

一般采用"保管期限—年度—机构（问题）"顺序入库上架。其入库排架方法如下：先将永久的2022年党群管理类排完，再排永久的2022年行政管理类，接着排永久的2022年业务管理类。在2022年的排完后，再排2023年的党群、行政、业务……永久的全部排完后再排30年（长期）的2022年党群、行政、业务……2023年党群、行政、业务……30年（长期）的全部排完最后排10年（短期），方法和上面一致。

二、企业文书文件材料

企业文件材料的整理首先要根据企业制定的《档案分类方案、归档范围、保管期限表》("三合一"制度)将不同性质的文件材料进行分类，不同类别有不同的整理标准。

企业的科研开发、项目建设、设备仪器、产品生产等文件材料参照第三章科技档案的整理要求整理。

会计文件材料(一般包括凭证、账簿、报表、其他类)参照第四章会计档案的整理要求整理。

声像类(一般包括照片、录音带、录像带、光盘)、数字类(一般包括业务数据、公务电子邮件、网页信息、社交媒体等)、实物类(一般包括印章、题词、奖杯、奖牌、奖品、公务礼品、其他等)档案的整理分别按照后面几章所述原则进行整理。

在实行单份文件归档管理后形成的经营管理、生产技术管理、行政管理、党群管理等各类管理性文件材料的整理基本上可以参照第二章文书档案的整理方法进行整理，但略有不同。概括成以下几个步骤，按程序操作就能简便易行。

(一)分类

企业各类管理性文件材料的分类可参考第二章文书档案整理中介绍的几种分类方法。武汉市企业较多采用类目-年度-保管期限法或年度-类目-保管期限法。

①类目-年度-保管期限法是首先将所有文件材料按照不同类目进行分类，接着在各个类目中将不同年度分开，最后给每一份文件材料划分不同保管期限。如：经营管理-2022年-永久等。

②年度-类目-保管期限法是首先将所有文件材料按照年度分开，再在各个年度中区分不同类目，最后给每一份文件材料划分不同保管期限。如：2022年-行政管理-D30等。

每个企业根据自身特点选择不同分类方法。同一企业采用的分类方法应保持前后一致，相对稳定。

每份归档文件进行分类时需要注意以下几点：

①区分年度。将须归档的文件材料按文件形成年度进行分类整理。当年办结的文件归入文件形成年；跨年度的会议文件，归入闭幕年；跨年度的案件处理材料，归入结案年；开展专项活动形成的系列文件，可按活动阶段归入办结年。

这里的年度是文件的形成年度，而不是文件的整理年度，比如2015年形成的文件，到2024年才进行整理，那么放置时文件应放入2015年，而不是2024年。

②区分保管期限。根据《企业档案工作规范》(DA/T 42—2009)和《企业文件材料和

档案保管期限规定》(国家档案局令第 10 号)规定企业档案保管期限分为永久、定期两种，定期最低年限划分为 30 年和 10 年。

企业档案保管期限

1. 永久

2. 定期：30 年、10 年

其中，根据 2009 年《企业档案工作规范》(DA/T 42—2009)和 2012 年《企业文件材料和档案保管期限规定》(国家档案局第 10 号令)规定，2008 年(含 2008 年)之前形成的档案保管期限为永久、长期、短期不变，2009 年(含 2009 年)之后形成的档案保管期限按照规定中的永久、定期(30 年、10 年)执行。

(二)文件的确定、修整、装订、排列、编号、编目、装盒

文件的确定、文件的修整、装订、排列编号、编目、装盒等与机关文书档案的整理方法相同。

(三)盖归档章或填写档号

完成以上各步骤的归档文件材料，可参照机关文书档案的整理方法以"件"为单位在文件首页上端空白处加盖归档章并填写相关内容，或者不盖归档章直接在每件文件首页上端空白处填写档号。

第一种：盖归档章。

归档章是通过六格内容的不同排列组合而赋予每份归档文件的唯一一组标识。

归档章的项目有：全宗号、年度、保管期限、件号、机构(问题)、页数。归档章式样如图 3-11 所示。

归档章一般用红色印泥加盖，黑笔填写具体内容。归档章的位置在文件首页上方空白处即可，没有规定固定位置。因为有的文件上方有领导批注，批注的位置不固定，所以归档章的位置需要根据实际情况进行调整。

归档章各项目的填写方法如下：

①全宗号：由企业根据对所属单位集中统一管理档案的需要和企业产权变更情况自行设定，也可以不填。

②年度：填写文件材料的形成年度。采用公元纪年，用四位阿拉伯数字标注，如"2022"。如在 2023 年整理的是 2022 年形成的应归档文件，填写"2022"。

12	2014	49
经营管理	30年	4

图 3-11　归档章样式

③保管期限：填写归档文件的保管期限简称。如"永久""30 年""10 年"，分别以代码"Y""D30""D10"标识。

④件号：填写归档文件在同年度、同类目、同一保管期限内的排列顺序号。各年度的归档文件在最低一级分类内，从"1"开始逐件编制流水号。如：2022 年产生的经营管理类需永久保存的文件从"1"开始编制到"50"号，2023 年度产生的经营管理类需永久保存的文件又从"1"开始编制件号。

⑤机构(问题)：填写类目名称，如：经营管理、行政管理、生产管理。

⑥页数：以"件"为单位，填写归档文件内所有有图文内容页面的总数。即每件文件最后一页的页号。

第二种：填写档号。

企业管理性单份文件材料的档号结构一般为：全宗号-档案门类代码-年度-保管期限-件号。如：XX025·01-JYL-2014-D30-0001。其中全宗号由企业根据对所属单位集中统一管理档案的需要和企业产权变更情况自行设定，也可不填。一个企业的全部档案构成了一个全宗，然而，当企业的基本生产关系或核心职能发生根本性变化，例如通过重组或改制等重大变革时，应当建立新的全宗。与此同时，原有企业的档案全宗应保持原状。当上级企业接收下级单位档案时，也应为下级符合条件的企业另立全宗。形成多个全宗档案的企业，应先区分全宗，并分别给予全宗号。

（四）入库排架

企业管理类文件材料（即党群、行政、经营、生产管理类）整理完毕装盒后，应按相应次序上架排列。排架遵循从左到右、从上到下的顺序，要求整齐美观。企业管理类档案一般采用"年度-类目-保管期限"或"类目-年度-保管期限"方式入库上架。其他各门类档案单独排架。

第一种：年度-类目-保管期限法上架，亦即同一年度档案集中排列，如：

2012-党群-永久、D30、D10；

2012-行政-永久、D30、D10；

2012-经营-永久、D30、D10；

2013-党群-永久、D30、D10；

2013-行政-永久、D30、D10；

2013-经营-永久、D30、D10；

……以此类推。

如图 3-12 所示。

全宗号	全宗号	全宗号	全宗号	全宗号	全宗号	
18	18	18	18	18	18	
年度	年度	年度	年度	年度	年度	
2012	2012	2012	2012	2012	2012	
保管期限	保管期限	保管期限	保管期限	保管期限	保管期限	
永久	D30	D10	永久	D30	D10	
机构（问题）	机构（问题）	机构（问题）	机构（问题）	机构（问题）	机构（问题）	……
经营管理	经营管理	经营管理	生产管理	生产管理	生产管理	
起止件号 1	起止件号 1	起止件号 1	起止件号 1	起止件号 1	起止件号 1	
45	45	45	45	45	45	
盒号	盒号	盒号	盒号	盒号	盒号	
20	21	22	23	24	25	

图 3-12　入库排架方法（一）

此方法不需预留空间，顺序排架。但所有类目档案、保管期限混合在一起排架，管理、利用有所不便。

第二种：类目-年度-保管期限法上架，即同一类别档案集中排架，如：

党群-2012-永久、D30、D10；

党群-2013-永久、D30、D10；

……以此类推。

行政-2012-永久、D30、D10；

行政-2013-永久、D30、D10；

……以此类推。

经营-2012-永久、D30、D10；

经营-2013-永久、D30、D10；

……以此类推。

如图 3-13 所示。

全宗号 18	全宗号 18	全宗号 18	全宗号 18	全宗号 18	全宗号 18	
年度 2012	年度 2012	年度 2012	年度 2013	年度 2013	年度 2013	
保管期限 永久	保管期限 D30	保管期限 D10	保管期限 永久	保管期限 D30	保管期限 D10	
机构（问题）经营管理	机构（问题）经营管理	机构（问题）经营管理	机构（问题）经营管理	机构（问题）经营管理	机构（问题）经营管理	……
起止件号 1 45	起止件号 1 45	起止件号 1 45	起止件号 1 45	起止件号 1 45	起止件号 1 45	
盒号 20	盒号 21	盒号 22	盒号 23	盒号 24	盒号 25	

图 3-13 入库排架方法(二)

此种方法是将所有一级类目分开排列，档案不会混合排放在一起，管理和利用较为方便，但每类档案都需要预留空间，占用库房面积较大。各企业应根据单位库房情况和利用习惯选择不同排架方法。

第三节 科技文件材料的整理

科技文件材料按照《科学技术档案案卷构成的一般要求》(GB/T11822—2008)等标准进行规范整理后形成科技档案。

科技文件是以卷为单位进行整理,包括如图 3-14 所示的步骤。

图 3-14 科技文件整理步骤

一、科技档案的分类

一般将基建、设备仪器、科研开发、产品生产划分为科技档案,整理科技档案时,首先应将所有科技文件材料进行分类,一般有以下几种分类法。

(一)工程项目分类法

基建以工程项目为基础,结合工程项目的使用性质或专业性质进行分类。这种方法适用于大多数单位。如整理某大型建设单位的基建档案,可首先根据市政工程、建筑工程、园林工程等不同建筑性质将所有项目分类(或根据厂区综合、生产性建筑、辅助生产建筑、办公、生活建筑等使用性质区分),然后在不同性质的档案中区分每个单项工程项目,如图 3-15 所示。

对于每个工程项目,应根据不同建筑面积、复杂程度、工期、形成档案的数量多少等因素,进一步设置工程项目下设的类目,比如性质-工程项目-形成阶段-单项工程-单位工程-专业-问题等。设置多少级类目需根据每项工程的复杂程度来定。

一般机关事业单位或部分企业基建项目不多,只有一两栋办公楼的基建项目,在整理这部分基建档案时可不分项目性质,仅按照工程项目分类,如图 3-16 所示。

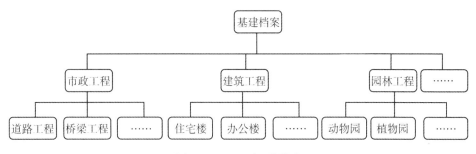

图 3-15　工程项目分类法

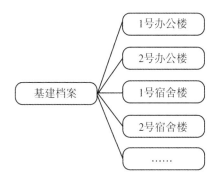

图 3-16　机关事业单位或部分基建项目档案整理

(二)型号分类法

(1)设备仪器档案一般按型号分类

较常用的分类方法有性质-型号分类法。这种方法是以型号为基础,结合设备的不同使用性质或用途进行分类。首先按照设备性质归类,然后在每一个类别中,区分不同设备型号。部分设备仪器特别多的单位,除了按照性质-型号分类,也可增加中间层级,比如性质-类别-型号等进一步细化分类。以医院为例:医院的设备档案可首先按照医疗设备和行政办公设备等不同的使用性质划分,然后再在医疗设备和行政办公设备中根据不同设备类型和型号进行分类,如图 3-17 所示。

对于设备仪器数量很少的单位,可不必区分性质,直接按照设备仪器的型号进行分类,如图 3-18 所示。

(2)产品档案一般按型号分类

较常用的是使用性质-型号分类法,首先将产品档案按照使用性质进行划分,然后再按型号分类。以化妆品企业为例,产品档案可根据不同用途如面霜、眼霜等分类后,

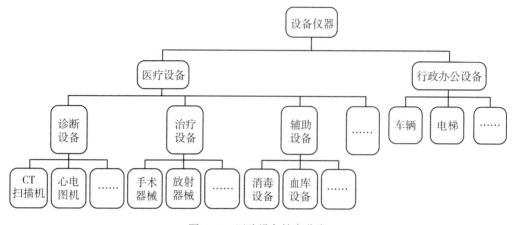

图 3-17　医院设备档案分类

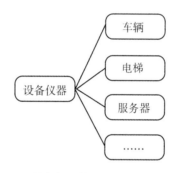

图 3-18　设备仪器数量少的单位档案分类

再在每个类别中按不同定位分类。也可根据不同系列比如年轻肌肤、成熟肌肤等分类后，再将每个系列的产品分类。产品档案一般多见于生产型企业，机关事业单位很少，对于产品数量较少或者类型单一的单位，可直接按型号分类。

(三)课题分类法

科研档案一般以课题作为分类单元。常用的方法是专业-课题分类法。这种方法是以课题为基础，结合研究专业分类。例如医院，进行科研档案分类时可按临床医学、中医学、药学等不同专业领域研究分类，再在不同专业内按课题进行分类。一般机关事业单位或部分企业科研项目很少，整理该档案时，可不必分学科或专业，直接按课题进行分类。

综上所述，四类科技档案的分类均应根据单位自身档案情况或数量，选择不同分类方法，灵活掌握。

二、组卷

一般按照项目、工序或阶段、专业性质等方式组卷。

(一)组卷原则

按照科技文件形成的自然规律，确保案卷内科技文件之间的内在联系，并保持其完整性和系统性，以方便档案的保存和检索利用。根据一个项目文件材料的数量和形成时间情况，按项目形成阶段，结合科技文件的内容、性质，将选择一定数量文件材料组成有机联系案卷。组卷前同文书档案归档一样，对文件材料要区分清楚"件"的概念，图样文件大于 A4 幅面的要折叠成 A4 幅面。

(二)组卷要求

①案卷内科技文件内容必须准确反映生产、科研、基建、设备及其管理活动的真实情况。

②案卷内科技文件要齐全、完整。

③案卷内科技文件的载体和书写材料应符合耐久性要求，不能用热敏纸，不能有用铅笔、圆珠笔、红墨水、纯蓝墨水、复写纸等书写的字迹。

(三)组卷方法

1. 按项目组卷

这种方法主要用于基建工程的科技文件。某一项基建工程全部科技文件是一个有机联系的整体，而这一基建工程中所包括的各个子项工程又是相对独立的整体。对各子项的文件即可分别组卷。如某工厂的一项基建工程包括机加车间、机修车间、理化室、备品库、锅炉房等子项，对这些子项工程所形成的科技文件可分别组卷。

2. 按工序或阶段组卷

按工序或阶段组卷就是根据生产程序或工程过程，把反映同一程序或过程的科技文件组成一个案卷。如科研课题可按研究准备阶段、研究试验阶段、总结鉴定阶段、成果奖励申报阶段、推广应用阶段分别组卷。

3. 按专业性质组卷

按专业性质组卷就是按照科技文件内容涉及的专业分别组卷。如一个机械产品的工艺文件可分别按铸造、锻造、冲压、热处理、电镀、焊接、油漆等不同专业性质进行组卷。基建工程的设计图样页可分别按土建、结构、水暖、电气、通风等不同专业组卷。

上述组卷方法并不是全部方法，由于科技活动的情况复杂，产生的文件种类繁多，在具体的组卷工作中，可根据具体情况采用既能保持文件之间的联系，又便于档案保管和利用的方法。

(四)基建、设备仪器、科研、产品档案的组卷方式

①基建档案按形成阶段结合内容分别组卷。基建档案一般如图 3-19 所示。

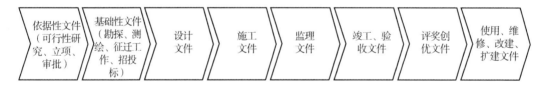

图 3-19 基建档案组卷方式

依据性文件(可行性研究、立项、审批)-基础性文件(勘探、测绘、征迁工作、招投标)-设计文件(初步设计、技术设计、施工图设计)-施工文件-监理文件-竣工、验收文件-评奖创优文件-使用、维修、改建、扩建文件等不同阶段和内容。基建文件材料数量多、规格杂，组卷时可考虑在同一阶段内同一种格式的材料组卷，如竣工图组一卷或若干卷，原材料检测、质保书组一卷或若干卷。

②设备档案按形成阶段和文件种类分别组卷。设备档案一般有：

市场调研-立项审批-商务洽商-购置合同-开箱验收(合格证、说明书、随机图纸、质保书等)-安装调试-验收-使用维护-更新改造等阶段和内容。组卷时按文件形成阶段、文件形式结合数量多少确定组合(见图 3-20)。

③科研档案按课题阶段分别组卷。科研档案一般如图 3-21 所示。

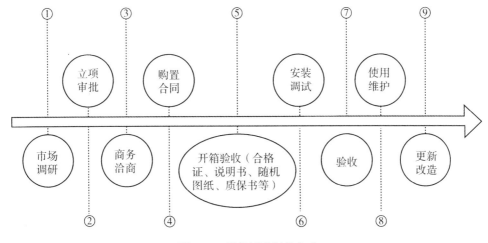

图 3-20 设备档案组卷方式

图 3-21 科研档案组卷方式

调研-申报立项-研究(可行性研究、方案论证)-试验-总结-鉴定-报奖-推广应用等阶段,具体操作可根据文件材料多少进行组卷。

④产品档案按结构或阶段分别组卷。产品档案一般如图 3-22 所示。

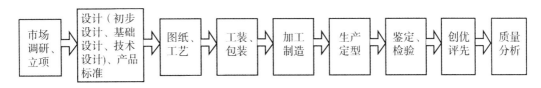

图 3-22 产品档案组卷方式

市场调研、立项-设计(初步设计、基础设计、技术设计)、产品标准-图纸、工艺-工装、包装-加工制造-生产定型-鉴定、检验-创优评优-质量分析等阶段或内容。组卷时可按阶段分别组合,也可几个内容合在一起,图纸按部件分别组卷。

特别注意:

①科技文件材料组卷时，必须注意项目文件材料之间的有机联系，注意成套性。一个案卷内的文件材料保管期限要一致。不同密级的科技文件材料必须分开组卷。

②科技项目前期文件材料要归入科技档案中，不能归入文书档案；直接针对具体项目的管理性科技文件材料放入所针对的项目；基建项目中的设备如不能和项目分开，应并入基建项目；成套的设备以一套为一个项目，不能分拆成一台设备为一个项目。

③引进项目中的成套、成册科技文件材料及设备说明书等可不拆散组卷，保持原有形态。

④一个单位保存一套相关的通用图、标准图，可放入相应的一个项目文件中或单独组卷；在卷内备考表中说明并标注标准图、通用图的图号和档号。

⑤底图以张或套为单位单独保存和管理，另行整理编目。

⑥对于产品的局部或零件的变更，以及建设项目和设备在维修保养过程中产生的科技文件，可以采用插入方法归入原有的案卷中；也可以单独组成新的案卷并排列在原有案卷之后，并在原案卷的备考表上进行相应的说明和标记。

⑦由产品升级换代、建设项目的后评估、扩建或重建等活动所产生的科技文件应当单独整理成案卷并予以排序。同时，外购设备随附的文件资料也可以单独组卷。

三、案卷、卷内文件排列

(一)科技文件的排列

科技档案案卷是一个有机的组合体，案卷及卷内文件排列要遵循其形成规律和文件之间内在的自然联系和逻辑关系排序，排列时可参照如下规则：

①科技文件的整理应依据其系统性和完整性特征，对案卷或案卷内的文件进行排序。通常情况下，文字资料应置于图纸之前；若外文材料附有翻译件，则应将翻译件放在原件之前。

②案卷内管理性文件按问题结合时间(阶段)或重要程度排列。一般影印件在前，定稿在后；正文在前，附件在后；复文在前、来文在后；转发文在前，被转发文在后。

③基建档案按项目，分前期(依据性材料、基础性材料)、项目设计(含初步设计、技术设计、施工图设计)、项目施工、项目监理、项目竣工验收及后期评估等阶段排列。

④设备仪器档案按设备仪器，分审批、外购设备开箱验收(自制设备的设计、制造、验收)、设备仪器安装调试、随机文件材料、设备仪器运行、设备仪器维护等阶段或工

作程序排列。

⑤科研档案按课题，分立项阶段（可行性研究、方案论证）、研究实验阶段、总结鉴定阶段、成果与知识产权申报奖励和推广应用等阶段排列。

⑥产品档案按产品，分开发设计（含初步设计、基础设计、技术设计）、工艺、工装、加工制造、生产定型等工作程序排列，或按其产品系列、结构等排列。

⑦有编号的图纸按图纸的编号排列。

需要强调的是图样文件的排列：对于有图样目录的图纸可按图样目录的顺序排列。对于没有图样目录的图纸可根据其隶属关系、总体和局部关系、时间顺序等来排列。如，机械产品的图纸可按总图-组件图-部件图-分部件图-零件图的隶属关系顺序排列；基建工程图纸可按总平面图-系统图-平面图（立面图、创面图）-大样图等顺序排列。

（二）文字性文件的排列

文字性文件的排列可根据其重要程度、时间、逻辑关系、地区等来排列。

①按重要程度排列。即重要的文件在前面，次要的文件在后面。例如，一个保管单位内，既有成果性材料，又有原始记录和中间性材料，应根据其重要程度按成果性材料-原始记录-中间性材料的顺序排列。

②按时间顺序排列。即按科技文件形成的时间或文件内容所反映的时间顺序依次排列。

③按逻辑关系排列。如来文和复文，则复文在前，来文在后；正文和原稿，则正文在前，原稿在后；主件和附件，则主件在前，附件在后。

④按地区排列。即根据文件所反映的地区特征，按顺序进行系统排列。

（三）图文混合材料的排列

图文混合材料的排列一般要求文本文件在前，图样文件在后。

四、去钉、折叠、装订、装盒

案卷内文字材料组成的案卷可整卷装订或以件为单位装订。装订材质建议使用线绳。装订前需拆除文件材料中的金属物和拉杆夹、铆钉等塑料制品。一般图样文件材料组成的案卷可不装订。

归档的科技文件材料规格大小采用 A4（297mm×210mm）标准。如果图纸尺寸大于标准规格，要根据国家标准《技术制图复制图的折叠方法》（GB/T 10609.3—2009）折叠成标准规格，做到大小统一，标题栏外露。若科技文件材料的尺寸小于标准规格，正常装订会影响阅读使用的情况下，则应采取裱贴方式处理。然而，如果成册的科技文件材料已经小于 A4 尺寸，则维持原有规格，无须进一步加工。

采用整卷装订的：在文件的左边装订边中部采用三孔一线方式，用线绳装订，使文件材料下边齐、右边齐，结头系在整卷背面。

以件为单位装订的：根据排列的顺序，每份文件分别装订。采用三孔一线方式在文件左边装订。

装盒：将卷内目录、卷内文件材料、备考表依次装入科技档案盒内保存。

卷盒外表面规格为：310mm×20mm。卷盒脊背厚度有 10mm、20mm、30mm、40mm、50mm、60mm 六种规格，脊背厚度可根据需要设定。每盒的文件材料数量一般以 50~100 张 A4 幅面的图纸为宜。

卷盒宜采用 220g 以上的单层无酸牛皮纸板双裱压制。

五、编号、编制卷内目录、填写备考表

（一）编制档号

根据《科学技术档案案卷构成的一般要求》（GB/T 11822—2008）规定，为每本案卷编制一个档号：

档号由全宗号-分类号（或项目代号或目录号）-案卷号-件号组成。

全宗号：需向档案馆移交档案的单位，其全宗号应由负责接收档案的档案馆指定；若企业尚未被分配全宗号，则相应栏目可留空。

分类号：应根据本单位分类方案设定的类别号确定。

项目代号：由所反映的产品、课题、项目、设备仪器等的型号、代字或代号确定。

案卷号：应填写科技档案按一定顺序排列后的流水号（即盒号）。

件号：即文件材料在案卷内的排列顺序号，一般在卷盒上标识档号时可不填写，但运用计算机管理档案时每份文件著录档号，件号必须标注。

如：XX025·01-KJ·JJ·02-003，其中 XX025·01 表示某个单位的全宗号，KJ·JJ 是科技档案基建类的代号，02 表示该单位基建类的第二个项目，003 表示是这第二个项目中的第三本案卷。

（二）序号

序号就是案卷中每份文件的排列顺序号，即件号（同文书档案）。每本案卷均用阿拉伯数字从"1"起依次标注卷内科技文件材料的顺序。

①采用整卷装订的：可用黑笔或打号机将序号填写在每份文件首页的右上角。

②以件为单位装订的：在每份文件的第一页空白区域，使用红色印泥盖上科技档案编号章，并填写上档号和序号，无需在其他空白处重复填写序号。

档号章格式及示例如图 3-23 所示。

图 3-23　档号章格式

在档号章中填写该卷档案的档号及每份文件的序号，图 3-23 表示这份文件是档号为 A001-KJ·JJ·02-003 中的第五份文件材料。

注意：一般只有以件为单位装订的文件材料才需要在每份文件首页上方空白处盖科技档号章，整卷装订的不需要盖这个章，只在每份文件首页的右上角标注序号即可。每份科技档案卷内文件材料在计算机中的档号应与每份卷内文件档号章上的内容一致，由全宗号-分类号（或项目代号或目录号）-案卷号-序号组成。

（三）页号

以件为单位编写页号。

①以件为单位装订的：按照国家标准以件为单位编写页号，以有效内容的页面为一页，每件从"1"开始依次逐页标注，空白页不编号。整卷装订的：以卷为单位编制大流水号，以有效内容的页面为一页，从该卷第一份文件起至最后一份文件止，连续编写页号，空白页不编号。

②对于单面书写的科技文件，页码应标注在每页的右下角；双面书写的文件，正面继续在右下角编号，而背面则在左下角进行页码标注。图纸页码应标在标题栏的外侧。

③作为独立案卷的成套图纸或已印刷成册的科技文件材料，可以使用原有目录替代

案卷内部的目录，无须重新编号。若与其他科技文件材料合并为一个案卷时，它们应放置在案卷内材料的末尾，并作为单一文件记录在案卷目录中，同时免于重新编号，总页数可在备注栏说明。

④卷内目录、卷内备考表不编写页号。

⑤页号采用黑笔手写或用号码机敲号，号码取三位数为宜。

（四）编制卷内目录

编制卷内目录排列在卷内文件之前，格式如图 3-24 所示。

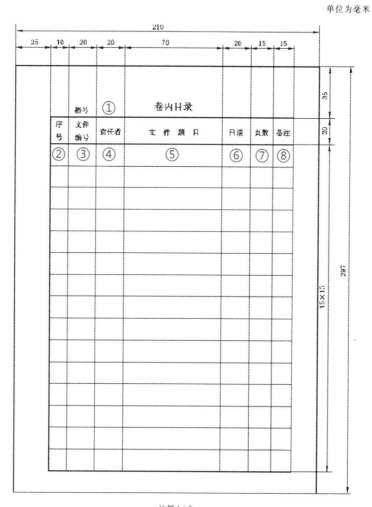

图 3-24　编制卷内目录

卷内文件以卷为单位整体装订的，卷内目录页数项可换成页号项。

①档号：填写该卷科技档案的档号。与卷内科技文件材料归档章上的档号一致。

②序号：依次录入卷内科技文件材料归档章上的序号。

③文件编号：应填写科技文件材料的文号或图纸的图号、设备代号、项目代号、产品型号等。

④责任者：应填写科技文件材料的形成部门或主要责任者，一般指第一责任者，即创造该文件或对该文件负有责任的单位或个人，用全称或规范简称填写，一个单位名称要保持统一。

⑤文件题名：应填写科技文件材料的全称，一般照实抄录。文件没有题名或题名不规范的，应根据文件内容重拟题名，补齐问题、文种等相关内容，使其具有检索意义。

⑥日期：应填写科技文件材料的形成日期，用 8 位阿拉伯数字标注年月日，不足 8 位的用 0 补足，如 20200701。

⑦页数(页号)：单份装订的，应填写每份文件的总页数。整卷装订的，填写每份文件首页的页号。空白页不计数。

⑧备注：可根据实际填写需注明的情况，如与其他相关档案的互见号、缺损、修改、修复、补充、移出、销毁、密级、复印件等补充和说明的内容。

(五)编制备考表

编制备考表即在表格中记录归档过程中需注明的信息，一般指卷内文件材料基本情况和变化情况等内容，立卷人和检查人须在表上签字，以确认卷内文件内容的正确性和完整性(见图 3-25)。

①档号：填写该卷科技档案的档号。与卷内科技文件材料归档章上的档号一致。

②互见号：应填写反映同一内容不同载体档案的档号，并注明其载体类型，用括号括起。如某建设项目隐蔽工程案卷备考表上填写互见号：A001-ZP-y-1-2(照片档案)。

③说明：包括案卷内全部科技文件材料的总件数、总页数以及组卷和案卷提供使用过程中需要说明的问题。包括卷内文件材料缺损、修改、修复、补充、移出、销毁、密级、复印件等补充和说明的内容。

④立卷人：应由立卷责任人签名，一般是档案整理者，即专兼职档案员。

⑤立卷日期：应填写完成立卷的日期。

单位为毫米

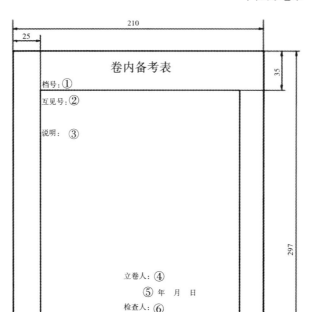

图 3-25　编制备考表

⑥检查人：应由案卷质量审核者签名，一般是科技项目的负责人或档案室主任、鉴定小组组长，分管档案工作的领导。

⑦检查日期：应填写审核的日期。

六、编制案卷封面、脊背

(一)编制案卷封面

编制案卷封面即编制卷盒正面显示内容，包括案卷题名、立卷单位、起止日期、保管期限、密级、档号等(见图 3-26)。

①案卷题名：是该案卷内全部文件材料的总标题，应简明、准确地揭示卷内科技文件的内容。案卷题名一般由立卷人拟写。一般包括以下"三要素"：科技项目(工程、设

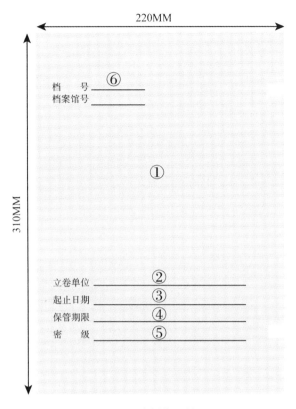

图 3-26　编制案卷封面

备、科研、产品)名称、代字、代号+文件材料的内容特征(如阶段、部件、专业、组件等)+文件名称、文种。

②立卷单位：应填写负责科技文件材料组卷的部门或项目负责部门，一般小单位可写立档单位名称。

③起止日期：应填写该案卷内科技文件材料形成的最早和最晚的时间。用 8 位阿拉伯数字表示，如：20200112-20211212。注意填写文件的形成日期而不是文件的归档日期。

④保管期限：应填写组卷时依照有关规定划定的保管期限，即永久、30 年或10 年。

⑤密级：应依据保密规定填写卷内科技文件材料的最高密级。

⑥档号：填写该卷科技档案的档号。与卷内科技文件材料归档章上的档号一致。

（二）编制脊背

脊背上内容包括保管期限、档号、案卷题名，内容与封面保持一致。案卷脊背可采用手写或打印方式，一般建议采用打印方式。采用手写的需用黑笔，字迹要工整、清晰。一个单位尽量选择一种方式，保持一致。

七、编制案卷目录

科技档案案卷目录的编制要求按照不同分类分别进行，并各自装订成册。具体来说，基建、设备、科研和产品档案需要分别制定各自的案卷目录，而在档案数量较多的单位中，同一大类可以细分为多个案卷目录册。每个类别中以项目为单位分别编制，一个案卷一条目录，如：基建档案是以一个工程项目为单位编制，该项目中有多少案卷（盒）就要编制多少条目录。科技档案案卷目录格式如图 3-27 所示。

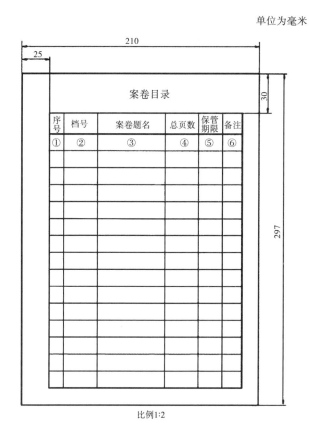

图 3-27　科技档案案卷目录

①序号：应填写本册案卷目录中案卷的流水顺序号。

②档号与封面信息一致。

③案卷题名与封面信息一致。

④总页数填写每本案卷内全部文件的页数之和。

⑤保管期限的填写方法与对应案卷封面上内容相一致。

⑥备注可根据管理需要填写每本案卷的密级、互见号或存放位置等信息。

填写完整的案卷目录之后，应根据主要分类添加对应的案卷目录封面和封底，随后装订成册。

八、入库上架

科技档案排架一般依据分类方案进行排架，首先分开不同大类，再在每个大类中按项目顺序分开，最后根据每个项目中每本案卷号的顺序来排列。因科技档案不是一次完成的，是一个不断积累的过程，所以入库上架时在每个类后面都要空出相应空间，以便存放新增加的档案(见图 3-28)。

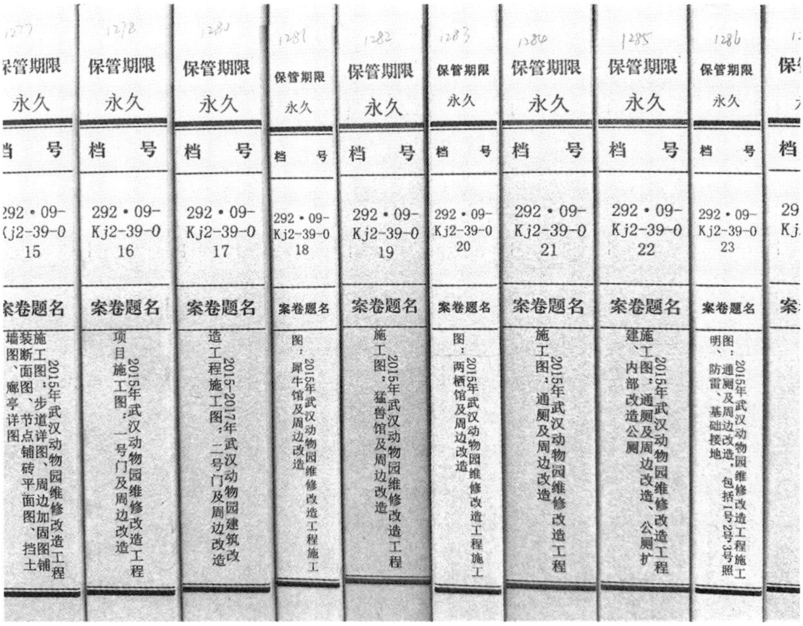

图 3-28 科技档案入库上架

第四节　会计文件材料的整理

会计档案的整理目的是方便保管和利用，主要参考《会计档案管理办法》（财政部、国家档案局令第 79 号）和《会计档案案卷格式》（DA/T 39—2008）。在会计档案整理过程中，我们必须遵循下列原则：

一是遵循会计核算材料本身固有的形成规律。要区别不同的会计年度、不同的会计核算材料的名称、不同的内设机构等类型，同时还要保持会计核算材料的原貌。

二是遵循会计核算材料固有的特点。整理会计档案时，将会计凭证、账簿、财务报告及其他类分别整理。这是由于它们的内容、规格和价值不同而决定的。

三是保持会计事项内容的联系。要保持同一会计核算单位、同一会计类型、同一项目收支等会计内容方面的联系。

四是区别不同档案的保管价值。应根据会计核算材料需利用的时间长短和价值标准来划分其保存期限。

规模较大的机关、单位可能会包含多个独立会计核算的部门，如行政会计、工会会计、食堂会计等独立核算单位，同时也可能存在性质各异的下属单位。每个核算单位生成的会计核算文件构成了一个密切关联的文件集合，这些文件既不能被打散，也不应与其他文件混合。因此，会计档案的整理工作应首先从识别各个核算单位开始，负责档案管理的工作人员需要与财务部门进行沟通，明确各核算单位的界限，并在档案分类整理方案中明确指出各个核算单位（见图 3-29）。

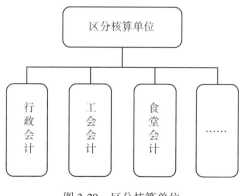

图 3-29　区分核算单位

一、分类

按归档要求的会计凭证类、会计账簿类、财务报告类和其他会计核算材料(余额调节表、银行对账单、会计档案移交清册等)四大类别，凭证、账簿、报告所含内容如图3-30所示。

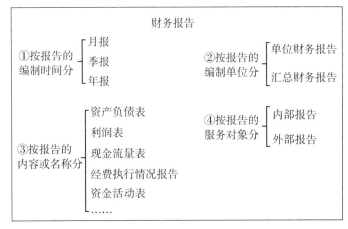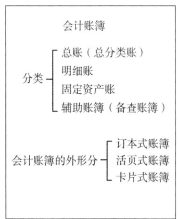

图 3-30　会计核算材料分类

在进行整理时，一般采用三级分类法进行分类，即会计年度、类别、保管期限。在三级分类法中：

①类别指会计凭证类、会计账簿类、财务报告类、其他会计核算材料类。

②年度指会计资料形成的时间。

③保管期限指《会计档案管理办法》规定的各类会计核算材料保管期限。

会计档案整理时，一般采取"类别-会计年度-保管期限"的分类方法。即把全部会计档案按四类分开，每类之下的档案再按会计年度排列，四个类别的档案分别编四个流水号，每年可顺延。

二、会计档案的整理

(一)会计凭证整理

会计凭证是记录本单位经济业务、明确经济责任的凭据，又是登记账簿的依据。会计人员在月份结账完毕后，应根据月份、记账类别和编号的次序进行系统整理，然后附上凭证封面并装订成卷，材料少的可一个月一卷，或几个月一卷，材料多的一个月多卷。

整理装订会计凭证应注意以下几个问题：

1. 凭证规范折叠装订

记账凭证所附的各种原始凭证(如收据、发票等)要折叠粘贴整齐、规范，略小于记账凭证的长宽度，并留出左上角装订的位置。

按记账凭证的编号顺序排列，防止漏号、颠倒；装订时，拆除金属物，采用棉线装订，牛皮纸包角，并在封角骑缝位置上加盖经手人员章或财务专用章。

凭证的厚度一般在 1~2cm，不超过 2.5cm 为宜。

如图 3-31 所示。

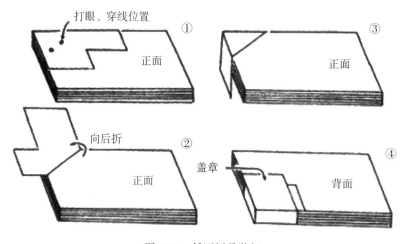

图 3-31 凭证折叠装订

2. 封面内容填写

填写凭证封面内容如单位名称、凭证名称、凭证编号、起止号码、册数、附件张数、起止时间、会计主管、装订人等要齐全完整、规范清楚，在凭证名称上方空白处留出档号填写的位置，可依据凭证的具体尺寸选用格式。

3. 卷内目录编制

当每份凭证封面填写清楚后，需要编制会计凭证卷内目录，以备查找利用和管理统计。

卷内目录项目一般有：单位名称、类别、起止日期、数量、保管期限、归档日期、档号、经办会计。

4. 案卷装盒编号

会计凭证档案盒，有两种方式，一为较小型凭证档案盒，其外形尺寸采用275mm×155mm（长×宽），一般一本装一盒；另一为可保存多本的会计档案盒，其外形尺寸采用310mm×220mm 或 310mm×260mm（长×宽），盒脊厚度可根据需要设置 20mm、30mm、40mm 等。

案卷号根据分类方案进行编制，以册为单位在最下位类编制流水号。一般有两种方式：一是案卷数量少的单位，编制跨年度流水号；二是案卷数量特别多的单位可区分形成年度后，在每年度内编制流水号。案卷号应填写在每本凭证封面的右上角处。

如图 3-32 所示。

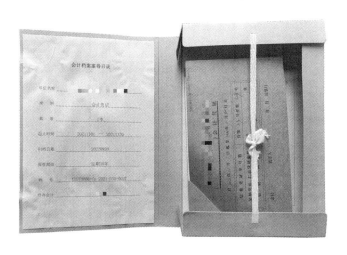

图 3-32　案卷装盒

（二）会计账簿整理

会计账簿是以会计凭证为依据，全面、系统、连续地记录和监督经济业务的各种账簿的总称。按照账簿的不同种类整理组卷。各个单位的账簿可能呈现出多种形式，而不同形式的账簿需要采取相对应的整理方式。

1. 订本账簿

整本装订在一起的账簿，在原装订本正面贴上"会计账簿封面"，并完整填写各个栏目。

①填写单位全称或规范简称，如："武汉市审计局"。

②填写案卷题名，分别填写单位名称、年度、核算单位名称、账簿名称（现金日记账、银行日记账、总账、明细账）。如："武汉市保密局 2019 年预算会计现金日记账"。

③填写账簿内实际年月（八位数，如 20200515）。

④填写保管期限：总账 30 年，明细账 30 年。

⑤填写件数：一般是一个会计科目（如总账、银行账、现金账等）装订一册，件栏内填"1"件。

⑥填写页数：账簿内有内容的每页计数。

⑦填写全宗号：立档单位的全宗编号，没有全宗号的可不填写。

⑧填写核算单位代号：核算单位代号是一个立档单位在制定分类方案时给多个核算单位的编号，如：预算会计为 1、工会会计为 4。若未区分代号，直接用不同核算单位的汉字名称填写。

⑨填写目录号：目录号为档案室统一编制的目录号，未编目录号的可不填。

2. 活页或卡片账簿

首先剔除空白页，并按顺序编排页码，随后使用账簿卷皮或牛皮纸进行装订以成册，并贴上"会计账簿封面"的标题。

（三）财务报告整理

财务报告是以会计账簿为依据，按规定的表格形式和指标体系，反映一定时期内经济活动过程和结果的一种报告文件。对财务报告的整理，按不同的保管期限组卷，即按月报、季报和年报分别组卷。

年度决算、年度报告为永久，其他报告为 10 年。年度决算报告要单独整理组卷，季报和月报可依据内容的多少，组成一卷或多卷。

（1）编页码

在年度财务报告有内容的页面右上角依次编页码，月报和季报可以编页码，也可不编页码。

（2）填写卷内目录。

图 3-33 为会计档案卷内目录。

会计档案卷内目录

单位名称	武汉市XXXXXXXX
类　　别	会计凭证
数　　量	共 2 本，共 41 张
起止时间	20190101 — 20190130
归档日期	20230323
保管期限	定期30年
档　　号	XX292·13-KU·PZ·2019-D30-001 XX292·13-KU·PZ·2019-D30-002
经办会计	XXX

图 3-33　会计档案卷内目录

（3）填写备考表

整理人、检查人、时间要完整。

（4）装订

封面采用财务报告专用卷皮、三孔一线方法装订。卷内顺序为：卷内目录-卷内文件-备考表。封面有单位名称、类别名称、题名、保管期限、年度、案卷号、件数、页数等项目。

①单位名称：要填写全称或规范简称。

②核算材料的类别名称：财务报告类。

③案卷题名有以下要素：单位名称、年度、核算单位名称、财务报告名称。如："武汉市文化和旅游局 2023 年预算会计年度财务报告"。

④卷内文件的起止年月（八位数，如 20230515）。

⑤保管期限填写该财务报告的保管期限：永久或 10 年。

⑥件数填写卷内材料实际的件数。

（四）其他会计文件材料的整理

其他会计核算资料由于与会计核算、会计监督紧密相关，也要由会计部门统一整理立卷。这部分资料按其内容（如银行对账单、会计移交清册、保管清册、销毁清册等）一般分年度按类别立卷，一年一卷或数卷，卷内材料按时间顺序排列，另加封面、封底进行装订成册，封面填写清晰规范。

三、编制案卷号及档号

（一）编制案卷号

各门类会计档案应以册为单位，分类编写案卷号及档号。案卷号写在每册档案封面的右上角。

凭证案卷号根据分类方案进行编制，以册为单位在最下位类编制流水号。一般有两种方式：一是案卷数量少的单位，从 1 开始编制跨年度流水号，一般流水号不超过1000，当案卷号达到999后，需要重新从 1 开始逐一编制，用目录号区分（如目录 1、目录 2、目录 3……）。二是案卷数量特别多的单位可区分形成年度后，在每年度内从 1 开始编制流水号。财务账簿、财务报告、其他类案卷号编制方法同上。

（二）编制档号

依照《湖北省机关档案工作业务建设规范》要求，会计档案的档号由"全宗号-分类号-年度-保管期限-案卷号"组成。

凭证分类号用 KU·PZ 表示，档号示例如下：XX025·01-KU·PZ-2022-D30-001。

账簿分类号用 KU·ZB 表示，档号示例如下：XX025·01-KU·ZB-2022-D30-001。

财务报告分类号用 KU·BG 表示，档号示例如下：XX025·01-KU·BG-2022-Y-001。

其他类分类号用 KU·QT 表示，档号示例如下：XX025·01-KU·QT-2022-Y-001。

四、会计档案案卷目录及脊背的编制

会计档案案卷目录要与会计档案的排列、编号保持一致；对于具有不同保管期限的案卷，通常应当分别制订案卷目录，特别是那些需要永久保存的会计档案，更应独立编制案卷目录。案卷目录及脊背的各项目要著录齐全，字迹清晰（见图3-34）。

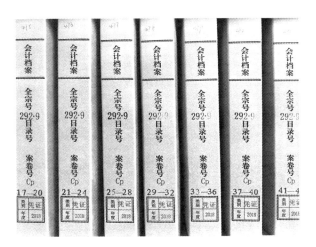

图 3-34 会计档案盒及脊背

会计档案案卷目录中所列各项内容如表3-2所示。

表 3-2 会计档案案卷目录

案卷号	类别	题 名	起止时间	保管期限	卷内张数	备注
			8 位数 上下排列			

注：A4 纸横向排。

①案卷号：根据整理会计档案时会计档案盒上的对应项目填写。

②类别：填写该卷会计档案所属的类别，如"会计凭证""会计账簿""财务报告""其他类"。

③题名：即案卷题名，填写要求与会计档案盒上的"案卷题名"相同。

④起止时间：填写该卷档案中最早与最晚的时间，年月日用8位阿拉伯数字，如20220101。

⑤保管期限：根据整理会计档案时确定的会计凭证盒或会计档案盒上的保管期限填写。

⑥卷内张数：指每本会计凭证总数、账页总数或财务报告的总张数，根据该卷会计档案的具体张数填写。

⑦备注：其他需要说明的事项。

五、入库上架

通常采用"类别-会计年度-保管期限"顺序入库上架，并遵循从上到下、从左至右的顺序，要求整齐美观。首先放置凭证，按照年度逐一排列，待凭证放置完毕，再放置账簿，同样按照年度逐一排列，第三类放置财务报告，同前所述，按照年度逐一排列，最后放置其他类，按照年度依次放置。

涉及多个核算单位的会计档案，如果每个核算单位的会计档案较少，可遵循上述排列原则。

第五节 照片、录音录像材料的整理

一、照片的整理

主要依据《照片档案管理规范》(GB/T 11821—2002)，照片档案整理步骤如下：

(一)照片分类

一般按照保管期限-年度-专题分类。先区分不同保管期限，再将一个年度内归档的全部照片按不同专题依次排列组卷。一个年度内的照片档案可形成一卷或若干卷。

(二)照片排列

先排组、后排张。

一组照片：是指有密切联系的若干张照片。组与组的排列是按该组产生的时间顺序而定。

每组顺序确定后，就要进行组内每张照片的排列。可采取按图像所反映的重要程度结合照片形成的时间顺序来排列。

（三）照片编号

照片归档应编制档号。它是反映每张照片分类与排列顺序的一组字符代码，用以固定每张照片在照片册中的位置。档号内容及书写格式为：全宗号-分类号·年度-保管期限代码-张号。如：XX025·01-ZP·2022-Y-0001，表示 XX025·01 号全宗照片类档案 2022 年度永久保管期限第 1 张。

注意：每卷从"1"开始，号码不重、不空、不漏。

（四）照片装册

选用标准照片档案册。照片册一般由 297mm×210mm 大小的若干芯页和封面、封底组成。芯页以 30 页左右为宜，有活页式和定页式两种。

照片入册时，按照片号顺序插入芯页（见图 3-35）。

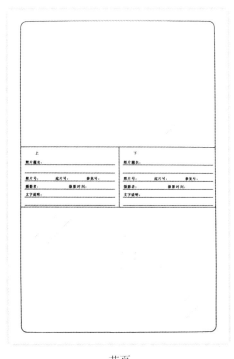

芯页

图 3-35　照片芯页

　　大幅照片若无法收入照片册(见图 3-36)，则应存放进特制的档案袋或档案盒内，并按照片编号的次序进行排序。

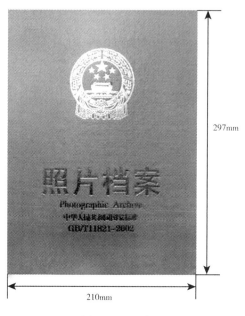

图 3-36　照片册

(五)编写文字说明

　　总说明：一组照片的说明，含起止张号和数量。总说明应综合运用事由、时间、地点、人物、背景、摄影者等要素，概括提示照片影像所反映的全部信息。一般不超过 200 字，用阿拉伯数字表示时间。总说明写在一组照片的前面。总说明中指出所含照片的起止张号和数量。

　　分说明：每张照片的说明。单张照片的说明文字可根据照片在相册中的定位，在照片右侧、左侧或者正下方进行书写(见图 3-37)。

　　说明的编写有题名、照片号、底片号、参见号、时间、摄影者、文字说明七个栏目。

　　题名：应简明概括、准确反映照片的基本内容、人物、时间、地点、事由等要素，尽可能齐全。

　　照片号：固定和反映每张照片在全宗内分类与排列顺序的一组字符代码，由全宗号、保管期限代码、册号、张号或全宗号、保管期限代码、张号组成。

图 3-37　照片档案编写文字说明

底片号：固定和反映底片在全宗内排列顺序的一组字符代码，由全宗号、保管期限代码、张号组成。

参见号：指与本张照片有密切联系的其他载体档案的档号。

时间：照片的拍摄时间。用 8 位阿拉伯数字表示，第 1~4 位表示年，第 5~6 位表示月，第 7~8 位表示日。示例：2008 年 5 月 16 日写作 20080516。

摄影者：一般填写个人，必要时可加写单位。

文字说明：应综合运用事由、时间、地点、人物、背景、摄影者等要素，概括提示照片影像所反映的全部信息；或仅对题名未及内容作出补充。

大幅照片的说明可另纸书写，与照片一同保存。

一组联系密切的照片中的大幅照片，应随该组照片一同在册内编号，填写单张照片说明，并注明其存放地址。

注意：在日常工作中，一般由照片拍摄者撰写说明，因为拍摄者是照片形成的当事人，了解照片的七要素，能保证说明的准确性和完整性。

文字说明要分别填写或粘贴在该照片的背面以及照片册芯页中该张照片存放位置处，并保持一致。

(六)编制卷内目录

卷内目录包括照片号、题名、时间、页号、底片号、备注。卷内目录的条目应按照片号排序。卷内目录位于册内最前面(见表3-3)。

表3-3　照片档案卷内目录

照片号	照片题名	拍摄时间	照片所在页号	底 片 号	备注

(七)填写照片册内容

照片册内容有内封、备考表和册脊(见图3-38)。

图3-38　照片册

内封项目包含：单位名称、类目名称、案卷标题、案卷号、保管期限、卷内照片张数、卷内照片产生时间、全宗号、类目号、案卷号。

册内备考表项目包括：本册情况说明、立卷人、检查人、立卷时间。册内备考表应放在册内最后位置。

照片册册脊的项目包括：全宗号、保管期限、册号(案卷号)、年度。

(八)编制案卷目录

栏目有：案卷号、题名、起止日期、张数、保管期限、备注(见表3-4)。

表3-4 照片档案案卷目录

案卷号	题 名	起止年月	照片张数	保管期限	备注

二、录音录像材料的整理

录音、录像档案按《录音录像档案管理规范》(DA/T 78)规定分别整理，具体方法可参照照片整理方法。一般按"年度-机构(问题)-保管期限"分类。"问题"可分为上级检查、重要会议、其他活动等。录音、录像档案少的单位可不设"问题"类。保管期限参照文书档案确定。录音、录像档案以件(盒、盘)为单位在保管期限内编制大流水档号，编制音像档案目录。模拟信号录音、录像文件应转换为录音、录像电子文件保存。

第六节 实物的整理

一、实物档案的分类

《湖北省机关档案工作业务建设规范》将实物档案分为印章、题词、奖品、公务礼品、其他几类，实物档案数量特别少的单位可不分类。

①印章。印章档案指的是机关、单位以及个人在参与政治、军事、经济、科学技术、文化艺术、宗教等各种社会活动过程中产生和使用的印章。这些印章作为独特的实物证据，承载着特殊的历史和文化价值，对于历史研究、档案验证、文物保护以及艺术赏析等领域具有重要的意义。印章档案包括使用过已废止的发文印章、法人印章及办事机构印章，还有其他内设机构印章、业务工作印章等（不包括未使用或正在使用的印章）。

②题词。题词类包括从国内外领导人、著名书画家、社会知名人士和有关单位获赠或购买所得的题词、题字等作品。

③奖品。奖品一般包括各类奖状、奖杯、奖章、奖励证书、锦旗等物品。

④公务礼品。公务礼品包括在公务活动中获赠的各种不同载体、不同形态的物品。

⑤其他实物。其他类包括本机关、单位制作的各类宣传文创品、纪念册、吉祥物、产品等类型实物。

二、实物档案的整理

实物档案的整理以"件"为基本单位，如一枚印章为一件，一块奖牌为一件，成套的实物以一件计。

整理实物档案前需要对实物清洁修整。字画、奖状、证书破损的要修裱，奖牌污损的要清洁、抛光、保养，尽量恢复原状，其他类实物可根据不同要求进行修复。

（一）印章的整理

印章档案的整理依据《印章档案整理规则》（DA/T 40—2008）规定，具体方法如下：

1. 清洗

（1）一般清洗方法

将印章的刻印面朝下放置进含有清洗液的器皿中进行浸泡，直至污渍软化，然后采用刷子对印章进行清洁。对于印刻深处不易清除的油脂污渍，可用竹制工具小心剔除。清洗干净后，应将印章放置在有通风的地方自然风干。

（2）清洗剂的选择

根据印章的不同材料特性，选择适合的清洁剂进行清洗。竹、木等木质材料的印章适宜使用 95% 的医用酒精；铜、钢、铁以及合成金属等金属类印章宜用煤油清洁；橡胶、塑料和有机玻璃等非金属材料的印章，更适合使用洗洁精。

（3）清洗要求

①在清洁印章的过程中，应彻底清除印章表面的油污、污渍、霉迹和锈迹。

②清洗完毕的印章必须确保其完好无损、干净无瑕，并且不发生变形，同时保持印章面和侧面文字或图案的完整性与清晰度。

③在使用酒精、煤油等易燃气液体进行印章清洗时，必须注意预防火灾风险。

④当使用竹制工具轻轻挑除印章面上的污点时，动作要轻柔以避免损伤印章面。

⑤对于印面由橡皮制作并附着在木质或有机玻璃（塑料）材质的印章柄上的印章，在清洗过程中要避免长时间的浸泡和粗暴操作，防止印面老化或脱落。

2. 编号

依据《印章档案整理规则》，档号由"印章档案代号-保管期限代号-分类号-印章枚号"组成，在实际工作中，为区分各立档单位的印章档案，一般将全宗号代入档号中。

印章档案的保管期限分为永久（代号 Y）和定期（15 年，代号 D15）。对外行文使用的机构和组织法人及其办事机构印章保管期限为永久；其他内设机构和业务工作印章保管期限为 15 年。

印章档案根据保管期限在最低一级分类中按形成时间顺序编制流水号，如：XX025·01-SW·YZ-D15-10、……

档号可用标签贴在印章柄上。

3. 装盒

装盒前应将整盒印章的印文统一盖在一张表格上，制作成印模目录，每枚印章的印模旁对应标明该枚印章的档号、印文内容、印章的起用和废止时间、保管期限等内容。然后将印章装在特制的印章档案盒内（一般用硬纸板制作，内有 20 个小格，印章面积过大可占用 2 格；钢印等应单独存放），并将印模目录纸粘贴在印章盒内封处。

4. 编制目录

印章可按照顺序排列，编制分类目录，每个印章为一个登记单元，分别编写印章档号、印文、起止时间、材质、保管期限、备注等内容（见表 3-5）。

表 3-5　实物档案（印章）分类目录

档号	印　文	起止时间	材质	保管期限	备注

（二）题词的整理

1. 组卷

题词一般幅面较大，经装裱后，将其卷起，放在特制的长盒子中，或用衬纸包住。卷着的字画需定期展开或挂出一段时间再放回盒内。尽量不用原件展览。

2. 编号

用"SW·TC"表示题词类。量少的单位可不再分类。档号由"全宗号-分类号-件号"组成。

字画在最低一级分类中按时间顺序编制流水号，如：XX025·01-SW·TC-3、……

3. 题词目录

题词可编分类目录，每件一条目录。目录表项目包括：档号、题名、类型、形成时间、规格、作者、保管期限、备注。各条目按编号顺序排列。

保管期限的划分根据题词的重要程度而定（见表 3-6）。

表 3-6　实物档案（题词）分类目录

档号	题　名	字画类型	形成时间	规格	作者	保管期限	备注

（三）奖品的整理

1. 编号

奖品分类后，按类给每一件奖品编制一个档号，设置为：全宗号-分类号-件号。
分类号由"SW·JP"表示。
档号示例如下：XX025·01-SW·JP-1、……
每件奖品档案的档号可写在标签上，贴于奖品背面。

2. 编目

奖品可编制分类目录，包括：档号、获奖单位及部门、授予单位、荣誉称号、奖品种类、获奖时间、保管期限、备注。各条目按编号顺序排列。保管期限的划分根据奖品的重要程度而定(见表3-7)。

表 3-7　实物档案(奖品)分类目录

档号	获奖单位及部门	授予单位	荣誉称号	奖品种类	获奖时间	保管期限	备注

（四）公务礼品的整理

1. 编号

用"SW·LP"表示公务礼品类。档号由"全宗号-分类号-件号"组成。
公务礼品在最低一级分类中按时间顺序编制流水号，如：XX025·01-SW·LP-1、……档号可写在标签上，贴在赠品不显眼处。

2. 编制目录

每件赠品一条目录。目录项主要有档号、赠品名称、赠送单位、赠送时间、备注等。各条目按赠品的顺序排列。

保管期限的划分根据公务礼品的重要程度而定(见表 3-8)。

表 3-8　实物档案(礼品)保管单位目录

档号	赠品名称	赠送单位	赠送时间	备注

(五)其他实物的整理

1. 编号

用"SW·QT"表示其他类。档号由"全宗号-分类号-件号"组成。如:XX025·01-SW·QT-12,档号可写在标签上,贴在实物不显眼处。

2. 编制目录

目录项目主要有保管单位号、题名、日期、保管期限、备注等。其他类可以采用《湖北省机关档案工作业务建设规范》(鄂档规〔2022〕5 号)中的实物档案保管单位目录。保管期限的划分根据重要程度而定(见表 3-8)。

第七节　专业文件材料的整理

一、专业档案概念

专业档案是指在特定行业或领域内,具有固定格式和命名的档案类型,这些档案记录了该领域的专业活动,且不属于文书档案和科技档案类别。各单位应结合单位工作实际,参考《国家基本专业档案目录》(两批共 100 种)合理设置专业档案,无专业文件材料的可不设此类。

二、专业档案特点

①专业性：专业档案是机关在履行行业特有职责时形成的档案，一般专业性比较强。

②固定性：对于各机关来讲，专业档案一般比较固定，每年都会产生。

③成套性：专业文件材料一般量比较大，且形成的文件材料具有成套性，如果某一专业领域形成的档案数量较少，可按照文书档案进行管理，不单设专业档案门类，以免增加档案管理的复杂性。

注意：

专业档案与文书档案中的业务类的区别在于，两者都能反映出本单位主要职能和业务活动，但表现形式不一样。专业档案是开展具体业务活动后形成的产物，代表了某个具体执行结果，针对某项具体事项、某个单位某个个人。文书档案业务类档案主要是该单位制定的政策性、法规性、普发性较强的业务文件材料，如条例、意见、通知等；相关业务问题的请示、批复、函、回函、报告等；行政许可、执法检查等专项活动后的情况汇总或通报等；召开的业务工作会议等各类具有管理性质的文件材料。

国家对相关行业专业档案设置与管理有规定的，从其规定。国家没有作出具体规定要求的，各单位应与同级档案主管部门协商明确相关专业档案要求，如武汉市档案局曾与市教育、民政、退役军人事务管理等部门共同制定过有关中小学、民政、退役军人事务管理等专业档案管理规范，加强对相关领域专业档案的规范化管理。

三、专业档案整理方式

专业档案一般以卷为单位进行整理。专业文件材料一般按年度、保管期限等分类项进行分类，以项目为单位组卷，以件为单位排列、编号，编制案卷目录。按管理对象建立的专业档案，一般按照一人(户、项目、案件等)一档、一档一号的原则立卷整理。

专业档案档号由全宗号-分类号(或专业代号)-年度-保管期限-案卷号组成。如：XX025·01-ZY·XJ-2022-Y-001，其中XX025·01表示某单位的全宗号，ZY·XJ是学籍类专业档案的代号，2022表示该专业档案产生的年度，Y代表的保管期限，001表示第一本案卷。

以学籍类专业档案为例：一般按类进行整理，如：名册类、成绩类、异动类等区分不同类学籍档案，然后在每一类中分年度、分班级整理。给每份文件盖档号章或书写档号(档号章样式见图3-39)。各整理步骤可参考科技档案整理步骤，档号章、目录编制示例如表3-9。

档号	序号
XX025·01-ZY·XJ·2-2015-Y-001	1

图 3-39　档号章示例

表 3-9(1)　　学籍档案目录样式

序号	档号	题　名	年度	季度	页数	备注

表 3-9(2)　　学籍档案目录样式

序号	档号	班级	姓名	性别	出生年月	身份证号	民族	学籍号	学籍辅号	籍贯	备注

第八节　业务数据、公务电子邮件、网页信息、社交媒体等电子文件材料的整理

《中华人民共和国档案法》要求，"各级人民政府应当将档案信息化纳入信息化发展规划，保障电子档案、传统载体档案数字化成果等档案数字资源的安全保存和有效利用"。随着信息技术的发展和电子政务的广泛应用，相关电子文件材料归档管理方式发生了巨大变化，业务数据、公务电子邮件、网页信息、社交媒体作为具有代表性的新兴

电子文件材料的归档管理日趋重要。

一、业务数据的整理

《中华人民共和国档案法》要求："机关、团体、企业事业单位和其他组织应当积极推进电子档案管理信息系统建设，与办公自动化系统、业务系统等相互衔接。"电子政务全面进入政府行政审批和社会公共服务等领域，业务和系统在日常工作中一直结伴而行，系统的基本功能来源于业务的需求，为实现各项业务互联网全程办理的需求，全国各机关、团体、企业事业单位和其他组织纷纷开发建设电子业务系统，业务数据正是由这些系统在日常的业务操作中生成。各部门(单位)电子业务系统办理业务量的增长，形成海量的业务数据。如武汉市政府官网"武汉市公共数据开放平台"截至 2023 年已开放 61 个市级部门(区)的业务数据，形成 1390 个数据目录、1339 个数据集、1023 个数据接口、11761 个数据项、4711 万条数据，这些业务数据真实记录了业务办理过程的信息与结果，需要进行有效地归档管理。

业务数据的归档在实际工作中依赖系统的设计，部分城市开发了专门的业务数据归档系统，例如杭州市针对电子业务数据开发了电子业务数据归档系统(Electronic Data Archive System，EDAS)，该系统能够实现对政务服务网行政事项电子数据进行归档。业务数据归档的相关管理规范可以参考《电子办公环境中文件管理原则与功能要求 第 3 部分：业务系统中文件管理指南与功能要求》。

(一)业务数据获取

各级政府部门以及重要行业的业务数据是收集归档的重点，包括农、林、牧、渔业、制造业、餐饮业、批发和零售业、金融业、房地产业等行业。较常见、应归档的重要业务数据主要包括政法、监察、对外事务、劳动人事、民政等领域。

业务数据的获取是指将符合归档要求的业务数据对象识别出后，从业务系统中提取分离出来并确定保存内容和方式。归档价值的评判应当在业务部门协调配合下，通过对自身业务活动的全面分析，制定科学具体的业务数据归档表，依据业务数据归档表指导数据筛选工作。这种筛选工作通常需要坚持成本与效益原则，考虑业务数据的访问速度、容量、安全性等因素，划分合理的归档范围，对业务数据进行有效的存储和管理。对满足条件的业务数据，应结合数据归档表，及时、准确、全面、安全地抓取业务数据。

（二）业务数据分类

业务数据的分类应基于业务部门的业务职能和管理需求，体现业务数据的业务属性、业务价值与业务之间的关联，反映业务数据的来源、产生、使用和归属情况。同时，业务数据的分类应具有明确的分类标准、分类方法、分类依据和分类结果，以便有效指导业务数据的分类整理工作。分类的基本方法应该嵌入归档系统中形成业务规则，以便系统实现符合分类要求的自动化归档，在通常情况下，可以按照业务编码、业务类型、业务关联等方式进行分类。

（三）业务数据封装

业务数据的封装指建立语义关联，使数据固化、可理解后收集保管。业务数据封装一般有两种形式，一是中间服务器数据库合成封装。中间服务器的数据库根据前期嵌入的归档规则和归档方法，将接收到的归档数据源进行自动组合，形成包含业务数据基本信息、内容信息和元数据信息的归档数据集合。二是业务数据库自动合成封装。通过运用业务系统中内嵌的数据库归档功能，可以依照既定规则将待输出的数据编排成符合归档要求的结构，这通常包括 PDF 格式或是国产 OFD 格式。在业务系统内部对需归档的数据进行封装，有助于保障业务数据的原始状态和精确性，而档案部门的职责则是明确归档的数据范围和建立数据归档的标准。

不同的业务过程产生的业务数据有巨大差别，在实际工作中需要设计一个统一的归档数据标准，例如杭州市在其电子业务数据归档系统中参考 OAIS 的数据包模型设计了一种统一的归档数据模型（UDM）。

二、公务电子邮件的整理

公务电子邮件涉及机关、单位或个体在执行官方职务过程中产生的、通过电子邮件系统发送和接收的电子信息，是各种公务活动得以顺利开展的重要办事工具，也是业务工作思想、数据和信息得以有效沟通的手段之一，反映了公务机构的职能、业务、决策、管理等方面的情况，是公务机构的重要档案资源。2021 年 5 月 26 日发布的《公务电子邮件归档管理规则》（DA/T 32—2021）对 2005 年的版本进行了修订，公务电子邮件归档前的整理工作应按该规则执行，同时基本上也遵循《归档文件整理规则》（DA/T 22—2015）的有关要求。

（一）公务电子邮件组件（卷）

首先需要确定整理单位，电子邮件的归档以事由或单次发出（接收）电子邮件为一件；邮件正文及其附件视为一件；转发的邮件与原邮件合并计算为一件；一次发出或收到的报表、名册、图册等为一件；针对同一事件的收发邮件通常单独计件，但也可以合并。其次，对需归入档案的文件进行排序：正文内容置于附件之前；最终版本置于草稿之前；转发的公文排在被转发文之前；原件排在副本之前；如无特殊规定，中文文本排先于少数民族语言文本；中文版置前，随后是其他语言版本；回复和接收的文书作为同一件时，回复文在前，接收文在后。

（二）公务电子邮件分类

公务电子邮件可结合本单位邮件处理信息种类和体量，选取合适的分类方式，一般可按"年度-机构（问题）-保管期限"或"年度-保管期限-机构（问题）"分类。例如按问题分类，可将邮件分为：会议通知类、公文交换类、政策发布类、业务沟通类等。

（三）公务电子邮件排列

在完成电子邮件分类后，应在最低一级类目中按照时间和主题进行排序。对于涉及同一主题的邮件，应根据邮件产生的时间顺序进行整理。

（四）公务电子邮件编号与编目

公务电子邮件的档号结构为：全宗号-档案门类代码·年度-保管期限代码-机构（问题）代码-件号，或者采用另一种格式：全宗号-档案门类代码·年度-机构（问题）代码-保管期限代码-件号。例如：XX000025-YJ·2022-HYL（或001）-Y-0001，表示XX000025号全宗公务邮件类档案2022年度会议通知类永久保管期限第1件。

在编号完成后，应按照这些编号顺序自动生成一份电子档案目录，根据机构对归档电子文件的整理标准，添加电子档案目录的封面，并将目录转换成适合长期保存的文件格式。

三、网页信息的整理

网页归档是指将网站中对国家和社会具有保存价值的网页信息进行收集、整理、移交接收的过程。网页档案是指对国家和社会具有保存价值并归档保存的网页信息。在机关、单位网站的建设、运行与维护过程中，会形成大量的网页文件，它们真实记录了网站自身的管理依据和发展资料，应该进行归档保存。

国务院办公厅于 2017 年印发了《政府网站发展指引》，这是我国首个针对政府网站建设和管理的综合性指导文件，它提出了网页归档的基本原则和要求，即政府网站遇到整合迁移、改版等情况，需要对有价值的原网页进行归档处理，归档后的页面要能正常访问，并在显著位置清晰注明"已归档"和"归档时间"。2019 年国家档案局发布了《政府网站网页归档指南》（DA/T 80—2019），网页信息归档前的整理工作可以依据此标准执行，该标准适用于各级人民政府及其部门、派出机构和承担公共服务职能的事业单位在互联网上开办的网站，其他单位的网页归档工作也可参照执行。

（一）网页信息采集

网页信息的采集可分为主动和被动两种方式。主动采集是通过目标网站的内置归档功能模块完成网页信息的采集；被动采集是通过外置程序进行采集，例如使用 Python 等脚本语言编写的爬虫程序。

采集的内容包括网页电子文件及其元数据，网页电子文件应以符合 GB/T33190—2016 或 DA/T47—2009 要求的版式文件格式保存页面，格式一般为：OFD、WARC、html、mhtml。网页元数据可以将网站名称、网站域名、标题、副标题、栏目、发布时间、来源、关键词、作者、摘要、网址、采集时间、采集人等基本元数据进行保存，元数据格式建议为 xml 或 json。

在采集过程中，需要特别注意国家安全、个人隐私、商业秘密、知识产权等多方面的问题，这些问题涉及网页信息的合法性、合规性、合理性。

（二）网页信息分类

各个单位需根据实际工作需求，拟定并实施一套适用于自身需求的网页档案分类体系，并确保该分类体系的连贯性与稳定性。对于单位管理的不同网站，应分别进行归档分类。在对同一网站的网页内容进行分类时，可以采取"年度-保管期限-类别"或"年度-类别-保管期限"等分类方法。

（三）网页信息档号编制

档号可采用如"全宗号-档案门类代码·年度-网站代码-保管期限代码-类别代码-顺序号"或"全宗号-档案门类代码·年度-网站代码-类别代码-保管期限代码-顺序号"。例如：XX000025-WY·2022-01-FBL-Y-0001，表示 XX000025 号全宗网页信息类档案 2022年度门户网站信息发布类永久保管期限第 1 件。

档号中"类别代码"的编制，可以根据网站的板块划分或者针对本单位网站内容的实际类型来设定网页档案的分类，并为每个分类指定一个代码以及用汉字明确标明分类的名称。在每一个分类下，按照网页创建的时间先后进行排序。

（四）网页信息数据组织

网页档案可采用层级文件夹的形式进行存储，在"网页档案"文件夹下，依次按不同的网站、"年度-保管期限-类别"或者"年度-类别-保管期限"建立层级文件夹。可以采用档号或其他唯一标识符作为组成要素为网页档案的计算机文件命名，并保持网页档案各组成部分之间的联系。

四、社交媒体信息的整理

社交媒体是移动互联网时代人们进行信息获取和传播的主要工具，也是政府和各类机构公示信息、提供服务的重要渠道。保存社交媒体文件的主要目的有三类：科学研究、网络信息资源保存、法律取证。在"2023 年第一季度政务微博影响力排行榜"中，中国警方在线、共青团中央等政务微博纷纷上榜，说明有越来越多的政务机构利用新媒体平台，回应公众关切、为民排忧解难办实事。

目前还未出台社交媒体信息归档相关标准规范，但工作实践与学术研究中已进行大量探讨与尝试，河南省档案局制定下发了《关于规范网站等新媒体信息管理的通知》，要求省档案局主办的网站、微博、微信公众号等新媒体要统一管理要求，明确采、编、发工作流程，确保信息报道真实、客观、公正。

（一）社交媒体信息采集

社交媒体信息采集与网页信息采集有相通之处，均是通过网络采集而形成的电子文件。

社交媒体的采集方式也可分为主动和被动两种方式。主动采集是通过社交媒体的内置归档功能模块完成社交媒体信息的采集；被动采集通过外置程序进行采集。

采集的内容包括社交媒体电子文件及其元数据。社交媒体元数据拥有多种标准和格式，如 MARC、DC、EAD、MODS 等。其中常用的网络资源描述性元数据标准是都柏林核心元数据集（DC），DC 只有较为通用的 15 个元素，包括题名、创建者、主题、描述、出版者、其他责任者、日期、类型、格式、标识符、语种、来源、关联、覆盖范围、权限。

具体实践中，可以采取人工采集方法获取元数据，即通过人工对社交媒体信息的各种数据元素及其关系、属性、定义、描述、使用等内容进行收集、整理、分析和认证。同时也可以采用元数据自动化采集方法，即通过专门的软件、元数据管理系统或数据库管理系统（DBMS）等技术手段自动采集社交媒体信息的元数据。在自动采集的基础上还可以将手工采集和自动化采集相结合，以人工形式对自动采集的元数据进行补充、整理和管理，保证了对特殊情况能够进行有效处理。社交媒体元数据的标准可以参考电子文件元数据标准和《信息与文献文件管理过程文件元数据》（GB/T 26163.1—2010）等标准规范。

（二）社交媒体信息分类

社交媒体的分类可参照网页信息相关分类方式，结合板块划分和内容进行分类。对于单位管理的不同社交媒体平台，应分别进行归档分类。在对同一社交媒体平台的内容进行分类时，可以采取"年度-保管期限-类别"或"年度-类别-保管期限"等分类方法。

（三）社交媒体信息档号编制

档号可采用如"全宗号-档案门类代码·年度-社交媒体平台代码-保管期限代码-类别代码-顺序号"或"全宗号-档案门类代码·年度-社交媒体平台代码-类别代码-保管期限代码-顺序号"。例如：XX000025-WY·2022-01-FBL-Y-0001，表示 XX000025 号全宗社交媒体类档案 2022 年度微博平台信息发布类永久保管期限第 1 件。

（四）社交媒体信息数据组织

社交媒体信息档案可采用层级文件夹的形式进行存储，在"社交媒体"文件夹下，依次按不同的社交媒体平台、"年度-保管期限-类别"或者"年度-类别-保管期限"建立层级文件夹。可以采用档号或其他唯一标识符作为组成要素为社交媒体信息档案的计算机文件命名，并保持社交媒体信息档案各组成部分之间的联系。

第四章
档案保管、鉴定与销毁、移交与统计

第一节 档 案 保 管

　　档案保管是根据档案的成分和状况，采取的存放和安全防护档案措施，是在充分掌握档案形成规律和现行状况的基础上，运用科技工具或实施管理策略，确保档案的完整性与安全性以及长期保存的一系列管理性工作任务。

　　做好档案保管工作，一是要了解人为因素对档案长期保存的危害性，避免因工作人员和其他人员的疏忽、不履行职责、操作不规范或对管理工作缺乏了解造成档案毁损或丢失；二是要了解自然因素对档案长期保存的危害性，减少自然环境、有害生物等对档案和档案保管场所的影响和危害。鉴于此，档案保管工作需从维护秩序和实体保护两个层面加以重视，主要内容包括：

　　①改善档案保管的物质条件。提供符合要求的专门库房、档案柜架和温度湿度监控、消防安防等设施设备，做好日常检查和定期维护，确保档案安全所需基本物质条件。

　　②保持档案科学有序地存放。已归档的档案按照一定次序编号排列、上架存放，使其在库房内、档案柜架上保持相对稳定的合理秩序。调阅利用完毕的档案应及时归还于原存放保管的位置。

③维护档案的完整与安全。一方面要保证档案实体载体的稳定性和安全存放；另一方面要保证档案信息的真实、完整、可用与安全，保证档案信息内容不泄露。

④防止档案受损与破坏。一方面改善档案保护条件，减少人为因素和自然因素的损害，最大限度延长档案寿命；另一方面要制定应急预案、开展容灾备份等措施，预防并及时处置重大自然灾害和突发性事故造成的档案损害，最大限度保护档案的安全。

各机关单位档案室档案日常保管工作，主要是对已归档入库的档案进行有序存放、日常维护和安全防护。

一、档案保管的基本条件

(一)档案用房

档案用房指档案库房、档案阅览室、档案人员办公室，做到三室分开，相对集中，自成一区，降低档案管理风险。成立满 20 年或实物档案多的机关单位，还应建立实物档案陈列室。形成档案特别多的单位，应根据工作需要设置档案整理、数字化等技术工作用房。

各级各类档案馆、各机关企事业单位应建有适宜保管档案的专门库房，机关、单位没有条件兴建独立档案库房时，可以附设在单位办公楼内。档案库房选址应注意防潮、防火、防光等问题，不应设置在办公楼底层或顶层，不得毗邻水房、卫生间、食堂(厨房)、变配电室、车库等可能危及档案安全的用房。档案库房的面积应满足档案法定存放年限需要，一般使用面积按(档案存量+年增长量×存放年限)×60m²/万卷(或 10 万件)测算。库房承重结构应按档案密集架库房设计，楼面均布活荷载标准值不应小于 8kN/m² 或按档案装载情况相应增加(大型档案室和档案馆建设按照 12kN/m² 标准执行)。库房内不得设置其他用房和明火设施，不应设置除消防外的给水点，其他给水排水管道不应穿越库房。库房内应加固门窗及设施设备(一般为甲级防火门、防盗网及遮光阻燃窗帘、防有害生物设施且防护效果良好)，确保档案库房符合防盗、防火、防水、防潮、防虫、防光、防高温、防尘、防有害气体、防有害生物等专业要求，窗户尽可能少而小。

档案阅览室是为方便档案查询利用者查阅不同形式、不同载体档案而设置的专门场所。阅览室面积应考虑到不同类型档案的阅览需求，同时兼顾对涉密档案和非涉密档案进行分区阅览的要求。采用单间时，室内使用面积不应小于 12m²，设置防盗监控系统。

档案人员办公室应邻近档案库房、档案阅览室，便于存取档案和日常管理，保证档案安全。

（二）设施设备

档案设施设备是为了保障档案员日常工作以及档案整理、阅览、保管等管理需求而配置的管理工具。根据档案保管工作实际，一般应配置适宜的温度湿度监测调控系统、消防系统、安防系统、环境智能管理系统。

1. 温度湿度监测调控系统

（1）温度湿度监测设备。主要有普通液体及双金属式温度计、伸缩式湿度计、通风干湿球温度计、日记（周记）温湿度记录仪、智能温湿度记录仪、多路温湿度自动测控仪等，可根据库房实际需求配置。随着信息技术发展，计算机温度湿度管理系统开始常用，能对库房温度湿度进行 24 小时自动检测、记录、储存，温湿度数据即时显示，同时可根据不同需求设定温度、湿度标准并自动调控，打印任意时间内的温度湿度值数据，有效提高档案库房温湿度管理水平。

（2）温度湿度调控设备。包括温度调控设备、湿度调控设备和恒温恒湿设备等。温度调控设备主要是空调系统，对库房进行温度调节，单位档案库房建议优先使用本单位统一布设的集中式、半集中式空调系统，未集中布设的应当针对档案库房单独布设有冷剂系统的局部空调系统，不得使用电阻丝加热、电热油汀及以水、汽为热媒的采暖系统。湿度调控设备主要有加湿机、去湿机、加湿去湿一体机。各单位应根据库房实际温湿度情况、库房面积等配备适宜的温湿度调控设备。

2. 消防系统

《机关档案管理规定》要求，"档案库房应当配备消防系统。根据档案重要程度和载体类型的不同，可以选择采用洁净气体、惰性气体或高压细水雾灭火设备。档案库房应当安装甲级防火门，配备火灾自动报警设备"。各单位档案室常用的消防系统为气体灭火系统、高压细水雾系统灭火等。

（1）气体灭火系统。以气体为灭火介质的灭火系统，是传统四大灭火系统（水、气体、泡沫和干粉）之一，具有灭火效率高、灭火速度快、保护对象受损小等优点。发生火灾时，火灾探测器将火警信号传送到报警控制器启动报警装置，灭火控制盘启动开闭口、通风等联动设备，将灭火剂储存装置和选择阀同时打开释放气体灭火。

惰性气体：一般是指 IG-541 混合气体灭火剂，由氮气、氩气和二氧化碳气体混合而成，无毒、无色、无味、无腐蚀、不导电、不支持燃烧、不与其他物质发生物理化学反应，维护方便，是目前较为理想的环保灭火剂，其灭火机理为物理灭火方式。

二氧化碳气体：是一种不导电、惰性、低毒性的灭火剂，且其来源广泛、价格低廉，以物理窒息灭火为主，少量冷却降温为辅，是目前局部保护较有效、成本较低、维护较方便的气体灭火系统，但灭火浓度高，抗复燃能力略差。

七氟丙烷(HFC-227ea)：是一种以化学灭火为主、兼具物理灭火性质的洁净气体灭火剂，符合环保要求。其在常温下为气态，无色、无味、低毒、不导电、不污染，多适用于抢救性保护精密电子设备及贵重资料。

(2)高压细水雾系统。以水为灭火剂，采用特殊的压力细水雾滴产生冷却、隔绝热辐射、扑灭或控制火灾效果，阻止固体挥发可燃气体的持续产生，且穿透力强，可以实现立体灭火，不易复燃。其性能稳定可靠、安全环保，安装、维护、操作简便，有标准化生产程序和质量保证体系，是理想的档案库房消防系统。

综上，在档案库房设置时，应对消防设计全面规划，确保消防设施、设备、通道等符合国家有关标准和规定。设置足够数量的消防器材或专业消防系统，并定期维护保养，确保消防设施、设备处于良好状态，能有效防止火灾事故的发生。档案库房内不得存放易燃、易爆、有毒、有害、放射性等危险物质，严禁使用明火和其他可能引起火灾的物品。设置多个疏散通道及明显的疏散标志、指示灯等，按照库房应急预案和演练计划，不定期演练，确保最大限度减少人员伤亡和档案损失。

3. 安防系统

《机关档案管理规定》中要求，"档案库房应安装全封闭防盗门窗、遮光阻燃窗帘、防护栏等防护设施，可以选择设置智能门禁识别、红外线报警、视频监控、出入口控制、电子巡查等安全防范系统"。"档案整理用房、阅览用房、数字化用房应当设置视频监控设备，库房根据需要也可以设置视频监控设备。"各单位档案室常用的安防系统为全封闭防盗门窗、遮光阻燃窗帘、防护栏、智能门禁、视频监控等。

全封闭防盗门窗、遮光阻燃窗帘、防护栏是基础的防护设施，造价不高，但效果明显，是库房必备的防护设施。全封闭防盗门窗是通过隐形防盗网、内推栅栏、编织网等构造的全封闭结构，可以与防护栏一并安装，增强防护效果。遮光阻燃窗帘能够阻隔阳光直射且有阻燃效果，其选用面料一般为永久性阻燃面料，其阻燃功能不低于《建筑内部装饰设计防火规范》(GB 50222—2001)规定 B1 级阻燃标准。

智能门禁是独立运行的主动防范型安防系统，分为密码识别、人像识别、卡片识别等类型，可以结合实际选定合适的识别方式，必要时可以与红外线报警、视频监控等有效联动安装。档案库房设置报警器，可根据实际情况选用或综合运用红外线报警器、开关报警等。如库房档案采用了射频识别(RFID)等技术系统进行管理的，也可采用系统对应的报警方式。

视频监控应安装在合适的方位，保证 24 小时不间断对档案库房、档案整理用房、阅览用房、数字化用房等室门、窗和通道进行实时监控。监控角度应避免泄露密码文件柜、防盗安全门密码，以及办公区、整理区、阅览区的文件和涉密计算机显示的内容。视频图像记录内容应包括日期、时间、图像内容等信息，监控图像的浏览与回放应设置不同权限，监控记录的硬盘存储时间应不少于 6 个月。

4. 环境智能管理系统

通过集中环境智能控制设施实现通风换气、消毒灭菌、库房灯光照明及强电电源控制管理功能。档案库房如未整体设置环境智能管理设施，可采用净化设备与中央空调机组合，实现大面积除尘、灭菌、去异味等空气净化功能，采用有过滤紫外线措施的荧光灯保障灯光照明。

除以上设施设备以外，档案室还应根据工作需要配备其他设备。如防磁柜(防磁库)、刻录机、扫描仪、复印机、计算机、数码照相机、录像机、档案裱糊修复设备等。

(三) 档案装具

档案装具是存储和保护档案的基本工具，包括存放档案的各类柜、架、箱以及各种档案卷盒、卷皮等。结合各单位档案工作实际，一般将档案装具分为档案柜架、档案卷盒和档案存放转移用具等。

1. 档案柜架

档案库房应当根据需要配备符合国家规定的密闭五节柜、密集架、防磁柜、光盘柜、底图柜等标准档案装具。档案柜架一般采用金属材质，保证良好的防火、防潮、防磁性能，安装柜架要根据档案库房面积、高度、楼板荷载等条件综合选择，确保安全装置。

考虑到涉密档案的保管需求，档案库房内应配置足够数量的密码保密柜(箱)，用于存放涉密档案并定期进行清查、核对。集中存放保管涉密档案的库房应确定为保密要害部位，按照国家保密规定和标准配备、使用必要的技术防护设施、设备，严防失泄密事件发生。

(1)五节档案柜。传统的档案保存柜架，一般由五个独立的档案柜组合而成，每单元的柜门左、右启闭，可以按照需要进行组合和拆分，分节搬运，方便转移。通常由铁质材料制成，漆面为喷漆、烘漆和喷塑等，单节长宽高尺寸一般为 900mm×390mm×400mm。除五节档案柜外，还存在部分铁皮文件柜，如图 4-1 所示。

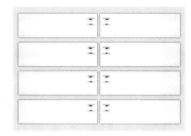

图 4-1　档案柜

(2)档案架。存放档案、图书的通用架，一般一架为一单位，可以多架连接组合成密集架使用。档案架结构简单，其主要部件支柱、搁板、侧板、底脚等均为标准件，方便组合和维修。一般由钢质型材和板材制成，长宽高尺寸一般为 900mm×450mm×2000mm，如图 4-2 所示。

图 4-2　档案架

（3）档案密集架。通过轨道将多个档案架体密集排列在一起，利用传动装置、防倒装置、密封装置等操控各档案架体分离与合拢的档案装具。按照操控方式不同，分为手动密集架、电动密集架和智能密集架。手动密集架应用最广泛，电动密集架和智能密集架可根据实际需求配置。密集架对库房地面荷载承受要求及库房温湿度条件要求较高，但能极大提高库房空间利用率，如图4-3所示。

图4-3　档案密集架

（4）防磁柜。用以防止外部磁场过强、热源过盛或强烈震源等因素导致的资料消磁现象的档案存储设备，通常由高品质的冷轧钢板制成，并内置专业的防磁结构，以屏蔽磁场和隔绝热源，有效保障录影带、录像带、磁盘、光盘等存储介质的长期保管，如图4-4所示。

图4-4　防磁柜

2. 档案卷盒

用于直接装载档案实体的装置，其设计、大小和填写内容通常会根据档案的类型或整理方法的不同而有所变化。档案室内使用一般分为文书档案盒、科技档案盒、会计档案盒、照片档案册、光盘档案册、印章档案盒等。档案盒应采用无酸牛皮纸制作。

3. 档案存放转移用具

（1）档案整理台。进行档案整理的工作台桌，分为普通台桌和具备除尘净化等功能的专用台桌。档案室可以根据工作实际选择使用，如图4-5所示。

图4-5 档案整理台

（2）移动置物架。移动置物架是一种用于搬运档案的工具，常见的类型包括平板式手推车和V形立式手推车。平板档案手推车一般有两层或三层搁板，用于放置档案。V形书立式手推车一般是两边高、中间凹的隔板，档案斜置于上方。两种工具均采用金属材料制成，底部有万向轮，转向灵活，操作方便，如图4-6所示。

图4-6 移动置物

（3）档案梯。用于存取高层柜架内档案的工具。常见有档案架梯和折叠式架梯，通常制成两步或三步梯，也有配合档案密集架使用的四步梯。一般用金属或木质材料制成，底部装有万向轮，移动方便，架梯踏板和脚撑有楞条和橡胶垫，保持稳定，如图 4-7 所示。

图 4-7 档案梯

二、档案库房管理

档案库房管理是通过控制和协调档案库房内各要素合理发挥效用，确保库房内实体档案有序、安全的一系列举措。

(一) 库房管理制度

1. 安全保密制度

档案库房管理应树立安全保密整体观，健全安全保密制度，明确出入库房人员范围、查阅档案的范围和各项要求，细化门窗、门禁的层级管理要求和措施，加强对各种设施设备电源、易燃易爆物品的管理，落实防水、防火的要求和措施，强化涉密文件保管、信息系统保密等工作。

2. 库房管理人员岗位责任制

规定各个岗位的工作范围、工作职责与权限，明确考核评价标准以及工作任务落实的措施等。

3. 档案出入库房登记制度

规定档案出入库、日常调阅使用、移交和销毁等工作的登记要求及相关措施等。

4. 设施设备管理制度

对档案库房内所使用的空调、除湿机、自动灭火、防盗报警、温湿度监测调控等设施设备进行日常维护、维修与管理等方面的规定或章程。

5. 库房检查制度

对检查的频率、方法、内容和要求，以及在检查中发现的问题如何处理等方面的规定，如检查档案库房清洁卫生要求、设施设备运行完好与否等内容。

(二) 库房编号和排架

1. 库房编号

档案库房的编号应遵循唯一性、稳定性、易识别和易使用的原则。如库房数量较少，可为所有库房编一个总顺序号。如库房分散且数量较多，也可使用建筑物号、楼层号和房间号等元素进行编号。可绘制库房存放平面图，方便查找。

2. 柜架排列

柜架排列是指档案库房内的各档案柜架摆放应按顺序排列，并编号以固定案卷的摆放位置。

柜架排列应符合下列要求：

(1) 整齐有序。不同规格、不同式样的装具应按类排列，横竖成行。

(2) 空间适度。在排列档案柜架时，在充分考虑最大化利用库房空间的同时，确保便于档案的搬运和存取。柜架之间的过道宽度应便于档案手推车通行，一般在 0.8 ~ 1.2m，柜架端部与墙之间的走道不小于 0.6m，柜架背面与墙的间隔不小于 0.8m。所有柜架均不应紧靠墙壁。

(3) 避光通风。在有窗户的档案库房中，档案柜架的排列应与窗户成垂直方向，以避免强光直接照射；无窗库房柜架的排列，纵横均可。但无论有无窗户，库房的柜架排列都应当注意不要妨碍通风。

(4) 统一编号。为了便于库房内的档案管理，保证档案存取时一目了然，库房内的所有档案柜架应进行统一编号。编号方法是从进门开始依次为每个柜架编制号码，每个柜架的栏位从左至右编号，而每栏的格子则自上而下编号。没有栏则从上而下编号。

(三) 档案上架与存放

1. 上架与存放要求

档案上架是根据档案分类的排序，将档案放置在相应的柜架上进行定位管理。排架是档案进入存储状态的具体步骤，也是确保正常存储秩序的关键条件。档案排架应与本机关、单位的分类方案一致，排架方法应避免频繁倒架。具体而言，就是根据档案的门类、年度、机构(问题)、保管期限等分类要求，按照档案柜架及其栏、格等的编号顺序，以"从上到下，从左到右"的方式依次放置。在摆放档案时，要保持适当的饱和度，避免摆放过紧或过松。

在档案存放方式上，通常采用竖放方式，以便于存取档案。然而，对于一些珍贵或不适宜竖放的档案，可以选择平放方式进行存放。在平放档案时，为避免文件承受过重压力，建议堆叠高度不超过40cm。永久、长期或30年保管期限的档案可接续排列；短期或10年保管期限的档案宜单独排列。

2. 位置索引

为方便档案工作人员准确了解档案的存放位置并能够快速存取档案，应该为已排列好的档案创建存放位置索引。一般是以库房、柜架为单位，采用图表形式制作统一标识或标牌张贴在柜架侧面和正面，标明档案门类及类别、起止年度、保管期限等内容。采用电子密集架或智能密集架的，可在显示屏上展示相关信息，便于档案人员参考存取档案。

(四) 档案出入库管理

档案保管过程中，要严格档案出入库管理手续，做好清点和登记工作，并将相关登记材料存入全宗卷管理盒内。

1. 档案出入库房登记

在每一次档案利用、修复、数字化使用时，都应当严格清点、检查，进行档案出入库登记，写明调档原因、调档人员、出库日期、入库日期、档号、题名等内容，采用登记本的方式，将其放置在库房入口处或库房内的固定位置，以便随时进行记录。档案的出入库登记内容应与档案的交接单据和档案统计总表的内容相一致，如表4-1所示。

表4-1 档案出入库房登记簿

序号	档号	题名	页数	调档原因	调档人员	出库日期	入库日期	档案工作人员

2. 档案代理卡

档案拟借出库时，应填写档案代理卡，放在档案原存放位置上，以提示档案流动情况且方便归还案卷。档案代理卡内容包括档号、移出日期、移往何处、档案人员签字等，可采用红色、黄色、蓝色等醒目颜色作为区别，便于档案人员直观查找。档案代理卡应在档案移出时及时放置，档案归还时及时撤除。

（五）档案保管情况检查

档案部门应定期安排人员对档案数量进行盘点、检查保管状况和电子档案的读取情况等，一旦发现问题应及时处理，并建立检查和处理情况的台账记录。

1. 检查内容

档案保管的检查包括档案数量、排架次序、损坏情况、借还出入库情况等。档案数量检查是核对现有档案数量和登记数量是否相符，如发现差错，及时清查档案的去向和来源，及时归还或追还。档案排架次序检查是核对经常取出和归库上架的档案是否出现差错。档案损坏情况检查是查找有无出现虫蛀、鼠咬、霉变、脆化、字迹褪色等档案损毁情况，发现问题做好记录并及时上报并处理，并将处理经过和结果进行记录。档案借还出入库检查是不定期对借阅归还的登记本与档案数量和状况进行核对，检查数量是否相符，卷内文件是否有缺页少附件，以及圈划、涂改、污损等痕迹。

2. 检查方式和检查记录

档案保管的检查，可结合重大节假日或其他重要检查工作前一同进行，可一年检查一次，一般在年底检查较适宜。档案人员调换工作岗位时应及时进行交接检查。每次检查完毕后填写检查记录，内容包括检查时间、检查方式、检查人、检查范围、档案状况或发现问题、采取措施、处理结果、备注等，存入全宗卷管理盒内。

三、档案的保护

档案保管应做好防火、防盗、防紫外线、防有害生物、防水、防潮、防尘、防高温、防污染等基础性防护工作，对不同档案载体应按照其特点合理保护和存储。

1. 档案日常防护

档案保管过程中，应进行 24 小时不间断环境温度湿度控制，综合采用密闭与通风、温湿度调控、空气净化系统等多种方式，避免高温加速纸张老化、档案霉菌及害虫生长、载体及记录材料氧化反应等问题。加强防光措施，控制档案利用和保存中的光照强度与时间。在库房中选用天然的防霉、防虫制品，如樟木片、灵香草等植物性防虫剂等，防治有害生物的同时不能造成环境污染和人体伤害。定期清扫库房，除去门窗、地板、柜架和档案的灰尘，不得存放与档案保管、保护无关的物品。对受损、易损档案及时进行修复、复制或采取其他技术措施予以保护。

2. 档案应急情况处置

在档案保管过程中，应制订档案管理的应急预案并定期进行演练，以便应对突发事件和自然灾害。档案工作的突发事件应急处置预案应被纳入单位的整体安全应急预案中，并向有关主管单位备案。应急预案包括具体的应急处置目标、措施、机构和人员组成、协调机制、抢救顺序、档案用房位置信息等内容。定期对突发事件应急处置人员进行相关知识的培训学习，对相关防灾设备定期进行检查，提高对档案工作突发事件的防范意识和应对能力。

第四章 档案保管、鉴定与销毁、移交与统计

第二节 档案鉴定与销毁

档案鉴定销毁工作是一项极具专业性、技术性、政策性和实践性的工作，它基于档案实体自身的特点和其利用价值，既要根据当前的作用体现，也要顾及将来的价值需求，为库藏档案去粗取精、确保重点，提高档案管理水平和档案资源保管质量。

一、档案鉴定工作

鉴定工作包括档案真伪鉴定和档案价值鉴定两个方面。在实际工作中，档案鉴定一般是指对档案的价值进行鉴定，即按照一定的原则、标准和方法，鉴别判定档案的价值。对有保存价值的档案妥善保管，对确实已失去保存价值的档案，依程序予以剔除或销毁。

（一）鉴定工作原则和标准

1. 档案鉴定工作原则

档案价值鉴定原则是开展鉴定工作的主要依据，是鉴定工作总的指导思想。档案鉴定要全面联系分析各历史形成阶段、时代背景、长远价值以及关联文件的各种因素，结合本单位和社会利用需求，具体判别它的保存价值。同时做档案鉴定工作要综合考虑长期保管与经济效益、社会效益的关系，保证档案发挥作用大于保管所付出的代价。

2. 档案鉴定工作标准

档案鉴定工作是对档案价值的认知和评估，带有明显的主观性。为确保鉴定工作质量，必须在遵循鉴定原则的基础上明确具体标准，提高鉴定结论的准确性、客观性、可靠性。一是尊重来源。即在判定文件价值时应当突出"以我为主"，将本机关、单位及本系统形成的重要文件作为保存的重点，进而通过文件形成时间及时效、文件形成部门级别及文本形式等分级确定其重要性程度。二是考量社会需求。即留存档案要站在广大利用者利用档案的社会需求高度，既要充分考虑形成机关、单位的利用需求，又要兼顾满足各研究领域长远的、潜在地对历史研究、维护权益、丰富知识等多方面、多层次的

136

利用需求。三是注重档案的相对价值。即分析档案价值时，不能孤立地从单份文件或单个案卷出发，应从整个全宗或整个业务系统的角度着眼，全面考察文件的价值，同时也适当考虑现有保管条件和设备的承受能力。

(二)鉴定工作的实施

通过从档案鉴定的主体、时间和内容进行对比分析，鉴定工作可以被划分为 5 个类别，分别是归档鉴定、进馆鉴定、等级鉴定、开放鉴定和存毁鉴定。进馆鉴定、等级鉴定、开放鉴定和存毁鉴定主要由档案馆组织实施，档案室主要实施对本单位档案归档鉴定、档案移交前提出划控与开放意见、涉密文件处置意见、存毁鉴定意见等工作。

归档鉴定在第二章和第三章有较多表述，这里不再赘述。

1. 划控与开放意见

开放鉴定依据档案的生成时间和详细内容来决定是否允许对外公开使用，要求最大限度满足社会利用需要，对形成已满规定年限的档案和可以提前开放的档案，及时进行鉴定和对社会开放。《中华人民共和国政府信息公开条例》明确了"谁制定谁公开"的原则，即各单位在参与和执行政府信息公开工作的同时，也承担了向社会提供公共档案信息公开审核的责任。因而档案移交各单位则成为档案划控与开放的初审主体，需在移交进馆前直接鉴定每份文件的内容，作出开放与否的判断，防止泄露秘密或公开个人隐私，保障档案安全有序开放、共建共享。

移交档案进馆前，档案形成或保管单位应按规定组织本单位档案鉴定工作小组，完成待移交档案的开放鉴定审核工作。对开放鉴定审核后，认定为延期开放类档案，应单独成表，汇总列明延期开放档案目录及出处等信息，并拟写档案开放审核情况说明。对废止、失效的党内法规和规范性文件进行清理标注，分别在纸质目录和电子目录上标注清楚。档案原件上加盖"废止"或"失效"蓝色印章。

2. 涉密文件处置意见

《中华人民共和国保守国家秘密法实施条例》规定："已经依法移交各级国家档案馆的属于国家秘密的档案，由原定密机关、单位按照国家有关规定进行解密审核。"机关、单位被撤销或者合并的，该机关、单位所确定国家秘密的变更和解除，由承担其职能的机关、单位负责，也可以由其上级机关、单位或者保密行政管理部门指定的机关、单位负责。

在解密审核组织管理上，各档案形成或保管单位应成立解密审查小组，制定审查标准或指南，在审查过程中对有争议的疑难问题，可向保密行政管理部门寻求指导。

移交进馆的文书档案，涉及密级文件，应单独成表，汇总列明涉密文件目录及出处等信息，并对涉密文件开展密级鉴定，拟写鉴定后存留处理情况说明。禁止拆开原卷剔除密件，保持原卷完整统一。仅提取案卷中涉密文件目录相关电子信息，单列一份涉密文件目录。已解密文件应进行数字化扫描，并在档案原件空白处加盖解降密印章，目录备注清楚"已解密"字样。

3. 存毁鉴定

存毁鉴定，又称期满鉴定，指对保管期限届满待移交的档案进行价值鉴别，确定档案价值的变化并调整保管期限或予以销毁的鉴定方式。存毁鉴定工作由本单位综合部门组织实施，档案部门会同业务部门相关人员组建鉴定销毁小组开展工作，必要时可邀请相关领域专家指导或参与。在缺乏特定的存毁鉴定规范或标准的情况下，实际操作中可以参照已有的归档鉴定依据，以及普遍适用的档案鉴定原则和标准来进行。

存毁鉴定由鉴定小组按照鉴定依据实施，对于那些需要延长保存期限的档案，应该重新分类、划定新保管期限并做出相应标记；而对于那些确实没有保留价值的档案，应当根据既定规定进行销毁处理。存毁鉴定的结果应当记录在档案鉴定工作表中，这份工作表按照卷宗、单件或批次来编制，它是档案鉴定过程的直接记录文件，通常包含鉴定编号、档案门类、年度、原先划定的保管期限、数量、档案内容、鉴定意见、鉴定小组成员的签名以及鉴定日期等信息，其中编号一般以年度、批次编制。鉴定意见应反映档案形成的背景情况、档案的现实及历史利用价值、利用情况的分析和预测、鉴定小组对档案保管期限和存毁的建议等。

二、档案销毁工作

经过本单位鉴定销毁小组的鉴定，对确实已失去保存价值的档案，可进行销毁。档案的销毁工作主要按照"鉴定—登记—审批—备案—销毁—签字—清册归档"的程序实施销毁工作，涵盖了编制销毁清册、执行销毁工作以及对销毁过程进行后续处理等任务内容。

(一)销毁清册的填写与审查

《机关档案管理规定》要求,"机关分管档案工作的单位负责人、办公厅(室)负责人、档案部门负责人、相关业务部门负责人、档案部门经办人、相关业务部门经办人在档案销毁清册上签署意见"。其中,相关业务部门负责人、办公厅(室)负责人、分管档案工作的单位负责人需要明确提供审核意见并签字确认,档案部门负责人、档案部门经办人、相关业务部门经办人根据在档案销毁工作中具体承担的职责在经办人、监销人处签字,以确保责任明确。

在进行销毁工作时,鉴定销毁小组负责撰写一份正式的鉴定工作报告,并据此制作出档案销毁清册,经机关主要领导审批签署最终意见后,按规定程序予以销毁。销毁清册和鉴定报告一般一式两份,经单位审查同意后,一份退回档案部门保存,另外一份根据要求报送档案行政管理部门。档案销毁清册图样如表 4-2、表 4-3。

表 4-2 档案销毁清册(封面)

拟销毁档案情况	档案门类		年度		
	原定保管期限		数量		
	档案内容	见档案销毁清册第	页至第	页	
鉴定小组鉴定意见	鉴定小组负责人:			年 月 日	
业务部门审查意见	业务部门负责人:			年 月 日	
办公厅(室)审查意见	办公厅(室)负责人:			年 月 日	
单位审查意见	分管档案工作单位负责人:			年 月 日	
	主要负责人:			年 月 日	
销毁人		销毁时间		年 月 日	
经办人:				年 月 日	
监销人:				年 月 日	

表 4-3　档案销毁清册(内页)

序号	档号	文号	责任者	题名	形成时间	应保管期限	已保管期限	鉴定编号

(二)销毁工作的实施

按照《机关档案管理规定》,"档案的销毁工作由机关档案部门组织,并与相关业务部门共同派员监销。监销人在档案销毁前,应当按照档案销毁清册所列内容进行清点核对;在档案销毁后,应当在档案销毁清册上签名或盖章"。

销毁档案应在指定场所进行,采取不可逆的方式销毁档案载体。档案销毁清册永久保存。机关销毁会计档案应报请同级财政和审计部门派人监销。已达到保管期限但涉及未结清债权债务和其他未了事项的原始凭证不得销毁。

1. 销毁方法

纸质档案销毁的常用方法主要包括焚烧、机械破碎和熔浆重制三种。焚烧是通过使用专门设计的炉子对纸张文件进行烧毁处理,机械破碎则涉及使用特定的设备把档案纸张撕成条状或碎片,而熔浆重制是把文档纸张转化回纸浆,进而生产新的纸张。纸质档案销毁应当充分考虑信息安全、销毁成本和环保等因素,选定合适的销毁方式。

销毁电子档案及其数字复制件涉及两个主要步骤:信息擦除和存储介质的实体破坏。信息擦除可以通过执行删除命令、进行格式化(包括高级和低级格式化)、数据重写、使用紫外线照射等技术来实现。而存储介质的销毁则可以采用物理手段或化学腐蚀的方式进行,物理销毁方法包括去磁、水浸、焚烧、机械拆分、研磨以及电脉冲破坏等策略,化学腐蚀则利用盐酸、醋酸、硫酸等强腐蚀性化学品的喷涂或浸泡来摧毁存储介质。电子档案和档案数字复制件的销毁，应当充分考虑待销毁信息的敏感程度等因素，选择恰当的信息消除和介质销毁方法。

2. 销毁要求

指定场所。档案销毁活动应在专门区域进行。当涉及电子档案和数字复制件的销毁时，应当在该指定区域对脱机的存储设备执行销毁。无论是涉密还是非涉密档案，为安全要求，建议在由保密行政管理部门设立的文件专业销毁机构或指定的场所进行销毁，不宜自行处理。

彻底销毁。传统载体档案需销毁的应彻底销毁，不得私自留存或作为废品出售。对于电子档案和档案数字复制件销毁工作，《机关档案管理规定》要求，"电子档案和档案数字复制件需要销毁的，应当确保电子档案和档案数字复制件从系统中彻底删除"。涉密档案的销毁，应符合国家秘密载体销毁管理规定，在保密行政管理部门设立的文件专业销毁机构销毁。销毁档案完成后，应永久保留销毁清册。在销毁电子档案及其数字复制件时，应保存这些档案的元数据，并在管理过程的元数据和审计日志中自动记录下销毁全过程。

(三)销毁善后处理

档案完成鉴定销毁后，对相关联档案应做好善后处理，确保档案间连续性、完整性。

一是注销销毁档案内容。在档案检索工具(实体检索目录及电子检索目录)中将已销毁档案内容予以注销登记，并在单位档案总登记簿上修改室藏档案数量，注明已销毁内容及时间等变动情况。

二是变更保管期限。将鉴定后未销毁的档案，重新划分保管期限、制作检索目录，归入对应的档案门类中集中保管，检索工具中注明其修改保管期限及时间等变动情况。

三是调整档案存放顺序。对鉴定后未销毁的档案内容，继续保管影响到档案存放排列的，需要根据实际变动情况调整档案存放位置及排列顺序，做到无缝对接。

四是保存鉴定销毁记录。档案鉴定销毁环节所产生的档案鉴定工作表、档案销毁清册、档案鉴定工作报告等内容，应按照工作程序排列装订，纳入本单位全宗卷管理中。

第三节　档案移交

本节所称档案移交特指将机关、单位保管的档案依法移交给相关档案馆保存的过程，是丰富档案馆资源的一项重要工作。做好档案移交工作的主要依据是相关法律法规和规范标准，同时遵循各档案馆关于档案移交的操作要求和技术规程。

一、档案移交范围和时限

(一)档案移交范围

①市属各党政机关、企事业单位、人民团体和其他组织形成的，反映其主要职能活动和基本历史面貌、对国家和社会具有永久、长期保存利用价值的各种门类及各种载体的档案。

②有关职能终止、合并或撤销的市属机关、企事业单位、人民团体和其他组织原先形成和保管的档案。

③有关市属重大活动、重要事件形成的档案和全市经济、科技、文化以及涉及民生工程的专业档案。

④中华人民共和国成立以前各个历史时期政权机构、社会组织、著名人物等各门类档案。

⑤其他对国家和社会有保存价值的各门类档案。

经协商同意，相关家庭(家族)和个人形成的、对国家和社会有保存利用价值的档案也可移交档案馆。

(二)档案移交时限

①市直机关、单位一般为档案形成期满 20 年，区直机关、单位一般为档案形成期满 10 年。

②相关单位撤销或合并、企业改制、破产等，应于撤销、合并或清算工作结束后 1 年内完成档案移交。

③重大活动、突发事件形成的档案应在活动、事件结束之日起 6 个月内完成档案

移交。

④相关单位档案保管条件恶劣可能导致不安全或严重损毁、社会民生利用需求迫切等原因需要提前移交进馆的，由移交单位提出申请，经有关档案馆研究同意后，可提前移交进馆。

二、移交质量标准

(一)文书档案

①保持案卷齐全完整。纸质文书档案移交，一般为保管期限为永久、长期或定期30年的档案内容，确保有保存价值的、反映本单位职能活动的材料收集齐全、完整。

②区分案卷和文件。立卷改革前文件材料的分类、组卷、编目、装订、案卷封面、脊背项目填写，应符合《机关档案工作业务建设规范》(国档发〔1987〕27号)、《文书档案案卷格式》(GB/T 9705)要求，传统案卷一本为一卷(以下简称"传统案卷")；立卷改革后归档文件的装订、分类、排列、编号、编目、装盒等，应符合《归档文件整理规则》(DA/T 22—2015)要求，简化文件一份为一件(以下简称"简化文件")。移交时有对应检索工具。

③传统案卷著录、脊背封面规范填写。已装订成卷的档案尽量不拆卷。因数字化需要临时拆卷的，不能破坏原始档案案卷。未编目的文书档案按照武汉市档案局《关于印发武汉市文书类电子档案著录与数据格式规范的通知》(武档〔2016〕4号文)的要求著录。

传统案卷分为全引目录、案卷目录和卷内目录。案卷目录格式项目为：档号、案卷题名、起止日期、保管期限、控制标识、页数、内目张号、备注。卷内文件目录格式项目为：案卷级档案号、保管期限、件号、文件编号(文号)、责任者、题名、日期、密级、控制标识、页号、备注。项目填写应完整、准确，项目内容不明确的应考证清楚后再填写。

档号格式为：全宗号-门类代码+目录号-案卷号-件号；每本案卷的卷内文件目录左上方须标注案卷级档号，如：XX000099-WS03-0150。

传统案卷脊背内容为：全宗号、目录号、案卷号、年度。封面格式内容为：全宗名称、文书门类、案卷题名、起止年月、保管期限、案卷内文件数量、归档号(此项可不填)。以上各项内容须全部填写清楚，标识清晰，不可涂改。其中目录号一项，因各单位目录号设置不同，在整理前需与档案馆对接核对目录号编制情况。

案卷(盒)内备考表中文件说明情况和整理人、检查人、日期等内容应注明清楚，无备考表或备考表记录满幅、破损，应加置新备考表。

④简化文件著录、脊背封面填写。区分正文、处理签、底稿等内容，确定数字化扫描范围。未编制页码或编制不规范的，需重新编制页号。

简化文件目录格式项目为：序号、档号、文号(文件编号)、责任者、题名、日期、密级、控制标识、页数、备注。

档号格式为：全宗号-门类代码+年度-保管期限-类别-件号。如：XX000099-WS·2006-D30-DQL-0150。

简化文件脊背内容为：全宗号、年度、保管期限、机构(问题)、起止件号、盒号。

(二)科技档案

科技档案整理标准执行《科学技术档案案卷构成的一般要求》(GB/T 11822)，移交时有对应检索工具。

(三)会计档案

会计档案整理标准执行财政部国家档案局令第 79 号《会计档案管理办法》，以及《会计档案案卷格式》(DA/T 39—2008)，移交时有对应检索工具。

(四)照片档案

按照《照片档案管理规范》等有关要求整理编目，移交时有对应检索工具。

(五)实物档案

①分类。一般分为印章、题词、奖品、公务礼品、其他(宣传册、纪念品)等内容。

②编号。每一类实物按时间先后顺序排列，分别从"1"开始编制流水件号。在实物的统一位置粘贴档号标签，使用耐久书写材料填写。档号格式为"全宗号-分类号[类别号或年度代号]-件号"。

③编制实物档案保管单位目录，移交时有对应检索工具。按照保管单位号，题名，实物类型，日期，保管期限，备注等内容编写。印章档案盒内除有文字目录，需另附印模目录。每枚印章须有印模，并填写对应档号、保管期限、名称及印章的起止时间

信息。

（六）专业档案

按专门档案管理规范及国家相关要求进行整理，移交时有对应检索工具。

①专门档案一般以"卷"为单位整理，特殊档案也可以"件"为单位整理。

②专门档案的装具应符合规范要求。

③档号的编制应符合规范要求。

（七）电子档案

电子档案包括办公自动化系统、业务系统归档生成的电子文件，应归档的数码照片、数字录音、数字录像以及业务数据、公务电子邮件、网页信息、社交媒体等电子数据。一般自形成之日起5年内向国家综合档案馆移交，可采用在线或离线方式移交，移交时有对应检索工具。

①电子文件按《电子文件归档与管理规范》（GB/T 18894）的规定整理。电子文本文件应按国家规定的通用格式存储。归档电子文件应进行真实性、完整性、可用性、安全性检验。

②电子文件可采用在线或离线方式归档。离线备份介质按载体类型分类，按年度排列、编号，编制目录。档号格式为"全宗号-分类号［类别号或年度代号］-案卷号"。

③离线备份介质（如光盘）应编制标签，注明存储数据的对象、内容、时间、数据库名称、文件格式和软硬件应用环境等元数据。按归档时间排列，分别从"1"开始编写流水盘号。封面题名填写格式为"全宗名称+关于+问题+的光盘"。

④上述档案进馆单位应向档案馆移交一式两套。

各门类档案移交时的具体整理质量要求详见第三章。

（八）纸质档案数字化标准和要求

1. 目录建库

已有目录数据库的使用原目录数据库；未建立目录数据库的应按规范确定著录项，人工录入建立数据库，不符合要求的应对数据库结构和目录数据进行清理修改。

①案卷级目录应包含档案门类代码、全宗名称、全宗号、目录号、案卷号、档号、

题名、文件起始时间、文件终止时间、页数、总件数、保管期限、控制标识、档案所属历史时期共 14 项著录项，也可根据单位实际增加著录项。

②案卷文件级目录应包含档案门类代码、全宗名称、全宗号、目录号、案卷号、案卷级档号、件号、页号、档号、题名、责任者、成文时间、保管期限、控制标识、档案所属历史时期共 15 项著录项，也可根据单位实际增加著录项。

③归档文件目录应包含档案门类代码、全宗名称、全宗号、年度、保管期限、件号、档号、题名、责任者、文件形成时间、页数、控制标识共 12 项著录项，也可根据单位实际增加著录项。

2. 档案扫描

选择对档案实体破坏小的设备进行数字化。根据档案实体大小（A4、A3、A0 等）选择相应规格的扫描仪器扫描。全部采用彩色模式扫描，扫描分辨率不小于 300dpi，并做旋转、修边、去噪等图像处理。纸质档案数字图像长期保存格式为单页 TIFF、JPEG 或 JPEG2000 等通用格式。图像储存应以档号命名，按照"档号.页号"的形式命名，以在线或离线方式加载挂接到数据服务器中，在存储器中存储时，应建立有逻辑层级关系的文件路径。

为适应不同利用需求，按每页图像在档案中所属的稿本划分成 A、B 两部分并相应标注，A 为正文（含无正文定稿）及附件，B 为其他（包括处理签、定稿、草稿）。

3. 元数据获取

数字化系统应自动记录数字副本生成环境的元数据，元数据同著录项一起保存在目录数据库中。不具备自动捕获元数据功能或捕获元数据不规范的数字化系统应进行升级完善。数据项不便于自动捕获的，可采取手工著录与系统批量赋值相结合的方式。

捕获元数据的基本单位为每幅面图像进行捕获。捕获方式为在图像扫描修图后挂接之前，通过捕获程序读取图像文件的 EXIF 信息获取。元数据采集应当符合《数字档案室建设指南》、《电子文件归档与电子档案管理规范》(GB/T 18894)、《文书类电子文件元数据方案》(DA/T 46)、《录音录像类电子档案元数据方案》(DA/T 63)、《照片类电子档案元数据方案》(DA/T 54)、《武汉市纸质档案数字化实施细则》(武档〔2016〕13 号)等规定。

4. 国家格式包封装

即按照国家档案局关于《电子档案移交与接收办法》(档发〔2012〕7号)要求,将案卷目录、文件目录、电子档案、元数据、电子全文等信息内容作为一个整体,依指定结构封装打包的过程。

三、移交工作内容

①档案实体。包括文书档案,科技档案,会计档案,专业档案,照片、录音、录像等声像档案,印章、题词、奖章、奖牌、书画、证书、公务礼品等实物档案和业务数据、网页信息等各门类、载体的档案。

②档案检索工具。包括与档案实体相对应的纸质目录2套(目录统一用A4纸打印,打印封面,封面注明目录种类、保管期限、起止年度,并按保管期限、年度分别装订成册)。传统方式整理的文书档案移交全引目录和案卷目录,简化方式整理的文书档案移交归档文件目录。其他档案需移交案卷级目录或其他检索必需的目录。

③全宗卷。移交进馆的档案应按《全宗卷规范》(DA/T 12—2012)标准撰写并整理符合规范的全宗卷,内容含全宗介绍、大事记、组织沿革、分类方案和立卷说明、交接文据、保管利用、鉴定销毁、数字化工作情况等材料,随档案实体同步移交。

④资料汇编。移交单位公开出版或内部发行的各种文件(史料)汇编、史志、年鉴、报刊、专业书籍等有助于了解档案内容和立档单位历史的资料,随档案实体同步移交。资料内容应分类整理,编制资料移交目录。

⑤数字化成果。包括传统纸质档案数字复制件、元数据和机读目录。涉密文件、会议记录和按规定未进行数字化扫描的档案,只需提供机读目录。移交机读目录数据以光盘或硬盘形式,目录数据须转换成Excel格式。

四、移交工作流程及手续(以武汉市档案馆为例)

①提交进馆申请。依照每年年初档案馆印发的档案接收工作通知要求,做好移交档案内容梳理,填写《武汉市档案馆档案进馆申请表》,于每年3月底向市档案馆提交移交档案申请。

②开展接收指导。市档案馆根据各单位档案实际,开展一对一接收业务指导,对档案整理过程中出现的问题给出整改建议,并督促整改到位。

③档案数据质检。各单位将档案系统内电子数据拷贝一份至市档案馆，开展初步四性检测（真实性、完整性、可用性、安全性），技术规范和技术指导按照2018年国家档案局印发的《文书类电子档案检测一般要求》（DA/T 70—2018）执行。

④完成涉密档案清理审核。移交进馆的档案应由立档单位开展密级鉴定，对涉密档案和限制使用档案提出明确意见，以正式文件形成处理说明及《涉密文件目录》，各2份同步移交。涉密档案变更密级后，须在档案原件空白处逐份加盖密级变更解密章，并对已解密文件进行数字化扫描。

⑤编制档案移交清册。移交档案须编写移交清册，注明各门类档案的类别或类目、年度、保管期限、密级、数量、盒数、移交时间等相关内容，与交接人员进行清点核对。

⑥分类打包装箱。移交单位应按顺序分类装箱，装箱顺序为：文书永久、长期、定期30年，专业永久、长期、定期30年。装箱完毕后，在四面箱体右上角编写统一流水号，同时注明箱内盒号或案卷号起止数，数量内容与档案交接明细单符合。档案箱尺寸为：长64cm，宽23.5cm，高32cm。

⑦进馆档案质量检查。市档案馆对移交进馆的档案开展质量检查，包括实体检查和电子数据检查两方面。实体检查从案卷或文件整理情况、编目情况、全宗材料等方面质量检查，电子数据检查从电子著录格式、内容完整度等方面质量检查。

⑧办理移交手续。移交档案时，市档案馆与移交单位双方应当认真清点，确保移交档案数量与实际数量一致，并填写《档案移交登记表》，签字盖章。档案交接文据一式3份，市档案馆保存2份，移交单位保存1份，归入双方分别建立的全宗卷。

移交进馆的档案，由移交单位负责安全送至市档案馆。

对不按规定移交或无正当理由拒绝移交档案的单位和个人，依据《中华人民共和国档案法》《武汉市档案管理条例》等有关规定追究其相应责任。

第四节 档 案 统 计

档案统计工作能够为档案主管部门制定档案工作方针、政策、计划提供重要依据，进而进一步提升档案工作水平。

一、档案统计与档案统计工作

1. 档案统计的概念

档案统计是"对反映和说明档案及档案工作现象的数量特征进行搜集、整理和分析的活动"。档案统计工作是依据法规标准，运用科学的统计方法和技术手段，以数字、表册等形式记录和反映档案与档案工作的进程、现状和趋势，从而揭示档案管理现状、问题和发展规律的一项工作。

2. 档案统计的要求

《中华人民共和国统计法》第七条规定："国家机关、企业事业单位和其他组织以及个体工商户和个人等统计调查对象，必须依照本法和国家有关规定，真实、准确、完整、及时地提供统计调查所需的资料，不得提供不真实或者不完整的统计资料，不得迟报、拒报统计资料。"

档案统计的目的是获取真实可靠的档案相关数据和信息，掌握现实的档案管理状态，为科学管理和决策提供准确的数据和信息支撑，档案统计对象应当恰当，统计方法和指标应当科学、合理，档案统计的结果应当真实、准确、完整。因此，档案统计工作应做到准确性、及时性、科学性。

①准确性。档案统计工作必须按照统计、档案等法律法规和国家有关规定，如实、客观地填写统计信息，确保所提供的统计数据的真实性和完整性，不得提供虚假或不全面的统计资料。

②及时性。档案统计工作应以日常档案基本登记记录为依据，根据全国档案事业统计调查制度统一安排，及时报送各项统计数据，不得迟报、拒报，避免给各项档案工作造成不利影响。

③科学性。档案统计应结合统计工作原理，选用科学的调查和统计方法，构建实用性强、层次清晰、标准统一的统计指标体系，统计分析应全面、深刻、严谨，使统计工作更具科学性、系统性。

3. 档案统计的分类

档案统计大致可归为两大类：一是针对档案实体以及其管理状况的统计；二是对档案事业的组织与管理状况的统计。

从统计的主体上来看,档案统计可分为档案主管部门、档案馆、档案室工作情况的统计。

从统计的形式上来看,档案统计可分为基本登记和综合统计。基本登记是对档案实体及档案管理情况的登记,主要在日常工作中进行,包括档案收集整理、借阅利用、库房日常管理和设备维护情况的登记等。综合统计是较宏观的定量描述、定量分析方法,通常以档案基本登记为基础,全面统计档案和档案工作基本情况,主要通过填报全国档案事业统计调查制度的相关报表来完成。

二、档案综合统计与分析

1. 统计内容与范围

(1)档案工作人员构成及数量情况的统计

对立档单位或档案馆历年档案工作人员构成及数量变化情况进行统计,如人员编制数、专职人员数、专职人员性别、年龄、文化程度、专业、接受档案业务培训情况等。

(2)保存档案、资料情况的统计

对立档单位或档案馆历年全部档案保存情况进行统计,如馆(室)藏纸质、电子档案、其他载体档案、资料的总量以及不同保管期限的纸质档案、电子档案、其他载体档案、资料数量等。

(3)档案数字化情况的统计

对保存的传统载体档案数字化成果的总数量及变化情况进行统计,如纸质档案、其他载体档案数字化的数量、幅面、大小等。

(4)档案接收情况的统计

对历年度入库档案数量增加情况进行统计,如纸质档案、实物档案、电子档案、资料接收的数量。

(5)档案销毁情况的统计

对历年档案销毁数量情况进行统计,如纸质档案、电子档案、实物档案、资料销毁的数量。

(6)档案资料利用及编研情况的统计

对历年档案资料利用及编研情况进行统,如档案利用人次、卷(件)次,不同利用目的利用人次、卷(件)次,档案编研成果的种类和字数等。

(7)档案移出情况的统计

对历年档案移出的档案情况进行统计,如移出档案、移交进馆档案的种类、数量等。

2. 统计分析

（1）统计分析的方法

档案统计分析的方法多种多样，常用的分析方法有：

①对比分析法。通过对比两个或多个相关联的统计数据，可以深入理解事物的核心特性和演变规律，这种比较分析构成了档案统计分析的常规方法。

②动态分析法。目的在于探究档案现象随时间演变的进程和未来走向，其操作方式涉及将表征特定档案现象的历际统计资料按时间序列排序，构建一个动态数据系列，进而对这个系列中不同时间点的档案现象进行详细分析。

③指数分析法。即通过运用指数化手段来研究档案现象的发展态势及其各决定性因素的影响力的方法论，它代表了动态分析法的一种深化与进阶。

④综合统计法。综合统计基于广泛领域内大量的档案数据，进行全面的研究和分析，以评估档案工作和管理的现状，并据此预测档案现象将来的演变趋势。

（2）统计分析结果的展示

《机关档案管理规定》要求："统计结果应当真实、准确、完整，支持可视化方式展现。"可视化就是利用计算机图形学和图像处理技术，将数据转换成图形或图像并进行交互处理的理论、方法和技术。数据可视化技术转化统计结果为图形表达，使得档案工作的规律性和潜在问题得以直观识别。档案统计中普遍应用的图表类型包括柱状图表、饼图、折线图和面积图表等。

①柱状图表。以垂直或水平的长条形态表征数据量的图形工具，通过一组不同高度的条纹直观展示数值差异，适用于对比两组或多组数据（例如不同时间点或条件下的数据）。这种图通常用于较小规模数据集的分析，并且可以采用横向或多维的形式来呈现（见图4-8）。

图4-8　2016—2020年文书类电子档案、数码照片档案数量统计图

②饼状图表。它是一个划分为几个扇形的圆形统计图表，用于描述量、频率或百分比之间的相对关系。在饼图中，每个扇区的弧长(以及圆心角和面积)大小为其所表示的数量的比例。这些扇区合在一起刚好是一个完全的圆形(见图 4-9)。

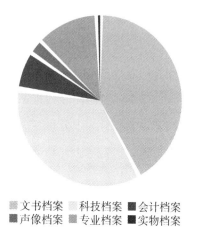

■文书档案　科技档案　■会计档案
■声像档案　■专业档案　■实物档案

图 4-9　2020 年室藏各门类档案情况统计图

③折线图表。又称曲线图，是利用曲线的升降变化来表示统计指标数值变化的一种图形(见图 4-10)。

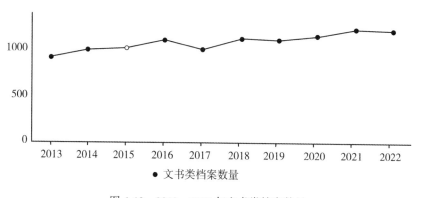

● 文书类档案数量

图 4-10　2013—2022 年文书类档案数量

④面积图表。也称为区域图，是在折线图的基础上发展而来，它通过在线条与横轴之间的空间加入色彩或图案填充，形成一个鲜明的色块区域。这种颜色或图案的填充增强了趋势信息的视觉效果，使得数据走势变得更加醒目和易于分析(见图 4-11)。

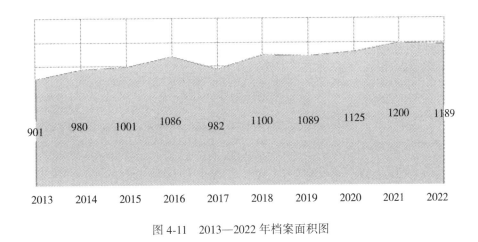

901　980　1001　1086　982　1100　1089　1125　1200　1189

2013　2014　2015　2016　2017　2018　2019　2020　2021　2022

图 4-11　2013—2022 年档案面积图

除了常见的图表，还有一些经过演变互相结合使用的图表，比如散点图、雷达图、股价图、组合图等。

三、全国档案事业统计年报制度

全国档案工作基本情况统计年报制度始于 1983 年，从 1991 年起开始实行《全国档案事业统计调查制度》，有力地支撑档案工作的科学决策和管理，切实履行档案部门的法定职责，建立有序的工作制度。

(一)总说明

1. 组织实施

按照统一组织、分级实施原则，各级档案主管部门负责本行政区域内列入统计范围的各级各类档案部门统计调查项目的组织安排、汇总以及统一上报工作，各填报单位按单位性质分别填报相应报表。

2. 填报对象

各级档案主管部门，各级各类档案馆，县直以上机关、人民团体、民主党派、企业、事业单位档案部门，以及开办档案专业教育的高等学校、中等学校。填报单位按单位性质分别填报相应报表，与本单位无关的表格不用填报(见表 4-4)。

表 4-4　全国档案事业统计年报填表对象

表 号	表 名	报送单位
DA-1 表	档案主管部门基本情况表	各级档案主管部门
DA-2 表	档案馆基本情况表	各级各类档案馆
DA-3 表	档案室基本情况表	县直以上机关、人民团体、民主党派 档案部门，企业、事业单位档案部门

3. 调查内容

①档案主管部门基本情况。包括机构人员情况、档案行政执法情况、档案专业教育情况、档案科技情况和档案部门服务业行政单位财务情况等。

②档案馆基本情况。包括机构人员情况、馆藏档案情况、档案开放情况、档案利用情况、档案宣传情况、档案馆基本建设情况、馆内设施设备情况和档案部门服务业事业单位财务情况等。

③档案室基本情况。包括机构人员情况、室存档案情况、档案利用情况和档案室设施设备情况等。

④调查频率和时间。按报告期别为年度报表，调查的起止时间为统计年度的 1 月 1 日—12 月 31 日。

（二）主要统计调查指标简析

1. 机构情况

《档案馆基本情况表》(DA-2 表)中机构情况指的是档案馆是否与地方志或党史办合并，若与地方志或党史办合并则选择档案方志馆；

《档案室基本情况表》(DA-3 表)中机构情况指的是单位是否独立设置档案室(处、科等)，即是否独立设置了档案管理部门。

2. 人员情况

"定编"指机构编制管理机关核定的本单位人员数额。

"专职人员"指本单位专门从事档案工作的在职职工(主要负责档案工作人员)。

"文化程度"指获得的国家承认的相关学历。

"专业文化程度"特指获得的图书、情报、档案专业的学历。

"档案干部专业技术职务"指专职档案干部评聘的专业技术职务。在档案部门工作聘为其他业务、技术职称的人员，应按级别分别填入与其对应的栏目。例如，技术员相当于"管理员"；助教、助理工程师、助理翻译、助理编辑、助理记者、助理会计师等相当于"助理馆员"；讲师、工程师、翻译、编辑、记者、会计师等相当于"馆员"；副教授、副编审、副译审、主任记者等相当于"副研究馆员"；教授、编审、译审、高级记者等相当于"研究馆员"；高级工程师、高级会计师相当于"副研究馆员"或"研究馆员"。

"兼职人员"指本单位兼做档案工作的在职职工（档案管理网络图中各科室兼职档案工作人员）。

3. 馆（室）藏情况

以卷为保管单位档案，是指由互有联系的若干文件组合成的档案保管单位。

以件为保管单位档案，是指不以案卷为基本保管单位，而以件为基本保管单位的纸质档案。

"总排架长度"指全部纸质档案竖排在柜架上的长度与叠放排列的厚度总和。

"纸质档案"指以纸张为载体的档案。

"电子档案"指机关、团体、企业事业单位和其他组织形成的对国家和社会具有保存价值并归档保存的电子文件，计量单位为 GB。

其他载体档案包括传统的照片档案、录音磁带、录像磁带、影片档案、缩微胶片，主要指以磁性材料、感光材料等为主要载体以模拟信号存储。

实物档案指国家机构、社会组织和个人在社会活动中形成的具有保存价值的牌匾、证书、奖旗、奖状、奖杯、奖章、印章，各种捐赠品、礼品、纪念品、工艺品、产品的模型等实物形式的档案。

"档案数字化成果"指馆藏传统载体档案经扫描仪等数字化转换设备转换得到的数字格式副本。

"资料"指已编目的各种载体形式的图书、期刊、技术资料、编研资料以及不作为档案保管的文件。

4. 档案编目情况

"机读目录"即计算机可读目录，指输入计算机并通过计算机进行编制和检索的档案目录。

"案卷级目录"指以全宗为单位登录案卷的题名及其他特征并按案卷号次序编排而成的一种档案目录。

"文件级目录"指登录文件题名及其他特征并固定文件排列次序的一种档案目录。包括按件整理的文件目录和按卷整理的卷内目录。

5. 档案检索与利用情况

"检索工具"指用于存储、查找和报道档案信息的系统化文字描述工具，是目录、索引、档案馆指南、全宗指南、专题指南等的统称。如，人名索引、地名索引等均为索引，计为1种检索工具。

"利用人次"指当年每日查档人数累计。

"利用卷(件)次"指当年每日提供档案的数量累计。

利用目的中的"工作查考"，指用于行政事务等日常工作等；"学术研究"，指个人用于历史研究或其他学术研究，以及各种地方志、专业志的编修等；"权益维护"，指公民个人用于维护合法权益的方式。

本年编研成果，指本单位利用档案自编或与其他有关部门合编的档案汇集、参考资料等。其中，"公开出版"指当年由各级出版社正式出版的书籍(包括公开发行和内部发行)，"内部参考"指当年编纂完毕未公开出版、留作内部使用的参考资料。

"档案期刊"指定期公开出版的档案刊物。

6. 档案宣传情况

"本年IP访问次数"指使用IP地址登录访问网站的数量。

"档案新媒体平台"指官方认证的档案微信公众号、微博账号以及音频、短视频共享平台(如喜马拉雅、蜻蜓FM、抖音、快手、Bilibili等)账号的数量。

"爱国主义教育基地"指经各级党委、政府或者相关部门批准命名、公开挂牌，由国家档案馆管理，以馆藏档案为主要资源，面向社会开展爱国主义、革命传统教育和国情、省情、市情、区情教育及科技文化知识教育的活动场所。

"档案文献纪录片、微视频"指本单位组织摄制并公开发布的，讲述档案背后故事或者宣传档案工作的纪录片、宣传片、影视作品等。

"档案专题讲座"指本单位面向社会在线上或线下公开举办的用于宣传档案文化、传播档案业务知识、介绍档案工作的讲座。

"档案馆开放体验活动"指档案馆举办的，邀请在校学生到馆参观研学，邀请社会公众到馆参观体验等活动。

7. 设施设备情况

服务器指信息系统中为客户端计算机提供特定应用服务的计算机系统，是信息系统的重要组成部分。按照服务器的外观，可以分为台式服务器和机架式服务器。不能正常使用的服务器不计入本指标。

视频监控系统，利用视频探测技术，监视设防区域并实时显示、记录现场图像的电子系统或网络。

温湿度控制系统，运用现代科技手段，通过传感技术、自动化技术、信息化技术实现对温度和湿度进行实时监测，并控制空气调节设备、通风设备、除湿设备等保持库房温湿度符合标准规范的集成系统。

火灾自动报警系统，指探测火灾早期特征、发出火灾报警信号，为人员疏散、防止火灾蔓延和启动自动灭火设备提供控制与指示的消防系统。

气体灭火系统，指以气体状态进行灭火的物质为灭火剂的灭火系统。包括：二氧化碳、七氟丙烷、三氟甲烷、氮气（IG100）、氩气（IG-01）、氮气与氩气混合气（IG55）、氮、氩、二氧化碳混合气（IG541）。

高压细水雾灭火系统，由一个或多个细水雾喷头、供水管网、加压供水设备及相关控制装置等组成，能在发生火灾时向保护对象或空间喷放细水雾并产生扑灭、抑制火灾效果的自动灭火系统。

8. 数字档案馆(室)

特指按照《数字档案馆建设指南》《数字档案室建设指南》、《数字档案馆系统测试办法》《数字档案室系统测试办法》等规范标准建设并通过省级及以上档案主管部门认证的数字档案馆(室)系统。

（三）统计中常出现问题

1. 逻辑错误

年报中部分指标之间存在一定逻辑关系，而实际填报时未按照数据间的逻辑关系填写，应注意逻辑关系的指标主要有：

①专职人员＝博士研究生＋硕士研究生＋研究生班研究生＋双学士＋大学本科＋大专＋高中（含中专）及以下；

②馆藏档案数量＝中华人民共和国成立前档案＋中华人民共和国成立后档案；

室藏档案数量>室存永久档案数量＋室存 30 年（长期）保管档案数量。

③电子档案大小（GB）≥文书类电子档案大小（GB）＋数码照片大小（GB）＋数字录音、数字录像大小（GB）；文书类电子档案、数码照片、数字录音、数字录像填写了数量（件）未填写大小（GB）或填写了大小（GB）未填写数量（件）。

④本年利用档案数量＝各种利用目的档案数量总和。

⑤档案馆总建筑面积（米²）≥档案库房建筑面积（米²）＋档案业务和技术用房建筑面积（米²）＋对外服务用房建筑面积（米²）；

档案室建筑面积（米²）≥档案库房建筑面积（米²）。

2. 理解性错误

①填写《档案室基本情况表》（DA-3 表）的机构情况时，将单位独立设置了档案库房理解为具备独立设置档案室（处、科等）。

②不理解电子档案的概念，将电子档案错误理解为档案数字化成果，造成填写档案数据重复统计。

电子档案包括文书类电子档案、数码照片、数字录音、数字录像，文书类电子档案主要是指由 OA 系统在线归档的电子文件，数码照片、数字录音、数字录像是指由手机、照相机、录音器、录像机直接生成的数码照片、录音、录像。

档案数字化成果指传统载体档案经扫描仪等数字化转换设备转换得到的数字格式副本。主要是对纸质档案、其他载体档案进行数字化加工转换成计算机可识别的数字格式副本；其他载体档案主要包括胶卷类或纸质照片、录音磁带、录像磁带、胶片等。

③检索工具种类填写过多，存在将不同目录、索引均累加问题。检索工具主要有目

录、索引、档案馆指南、全宗指南、专题指南等的统称。人名索引、地名索引等均为索引，计为1种。

④本年编研成果填写过多，原因是不能正确理解档案编研成果的概念，将不属于编研成果的其他资料纳入统计范围，或者将历年档案编研成果总量均统计在内。

⑤本年移出档案填写错误，将移交档案给综合档案馆理解为移出档案。移出档案指因机构或职能变化导致部分室存档案移交给其他单位。

3. 合理性问题

档案数量与排架长度之间的关系不合理。1m大概为450~500件，1卷约为0.02m。

档案编目目录条数、档案数字化成果幅面数、本年度编研成果种类、字数、平均字数不合理。如将计量单位看错，统计计量单位为万条、万幅、万字。

第五章

档案的利用和开发

第一节　档案的利用

机关、单位应当建立健全档案利用制度，根据档案的密级、内容和利用方式，规定不同的利用权限、范围和审批手续。档案对外提供利用的，需经本单位负责人批准。做好档案查阅登记和利用效果反馈记录，对利用活动及时跟踪和监督。同时，还应积极开发档案信息资源，采取编制全宗介绍、组织沿革、大事记、基础数字汇编、专题文件汇集，以及举办陈列展览、拍摄专题片等多种形式，深化档案利用服务，更大限度地发挥档案价值。

一、档案检索工具

档案检索工具种类很多，根据不同的标准可以分为不同的种类。如按信息处理手段，可分为手工检索工具、机器检索工具；按编制方式，可分为指南、目录、索引等。机关、单位常见的档案检索工具有以下几种。

（一）目录

目录是将档案的著录条目，按照一定次序编排而成的检索工具，主要有案卷及卷内目录、归档文件目录、专题目录等。

1. 案卷目录

以案卷为单位，依照档案整理的逻辑顺序进行编排，确立案卷的固定存放位置，对案卷总量进行清点，并作为监管和维护档案资源的一种管理工具。

2. 卷内目录

卷内文件目录是指某一案卷内的文件依整理顺序排列组织起来，揭示和介绍一个案卷内文件内容和成分的一种检索工具。

3. 全引目录

以卷为单位整理的档案，应当同时编制案卷目录和卷内目录。把案卷目录和卷内文件目录结合起来，可以形成案卷文件目录，又称全引目录。

4. 归档文件目录

归档文件目录是以件为单位，根据分类方案和整理顺序排列组织起来的，揭示和介绍一个全宗或某一部分档案内容和成分的一种检索工具。

5. 专题目录

专题目录的特点是以专门题目为对象，把同一属性的文件条目组织在一起。专题目录一般基于前述两种目录，由计算机索引形成。

(二)指南

指南是以文章叙述的形式，综合介绍档案情况的一种检索工具，主要有全宗指南和专题指南。

1. 全宗指南

全宗指南，亦称作全宗介绍，是一种以文字描述方式展现特定全宗内档案内容、组成及其重要性的工具书。全宗指南的内容主要包括：立档单位历史概况，全宗档案概况，全宗内档案内容与成分的介绍等。

2. 专题指南

专题指南，也称为专题介绍，是根据特定主题，采用叙述性文风综合呈现某机构与此主题相关档案的资料汇编。专题指南一般包括序言、档案内容介绍和附录三个部分，分别介绍题目的含义、意义、选材范围、档案价值和编写方法，介绍档案的来源、起止时间、价值等情况。

(三) 索引

索引是一种检索工具，它通过提炼并记录文件或卷宗中的内在或外在特征，注明来源，并按照既定顺序组织编排。索引分为人名索引、地名索引、档案存放地点索引、文号索引。索引与目录没有严格的界限。一般的区分方法是，目录条目的著录项比较完整，对档案的内容和形式特征有较为全面、系统的描述；索引则是对档案某一部分特征进行著录，多是档案中反映的各种事物名称(如人名、地名、机关名称)，著录项目简单。

(四) 计算机检索

电子计算机强大的处理信息功能，为档案信息的储存和检索提供了广阔的道路。与传统检索方式比，计算机检索具有信息储量大、检索速度快、检索效果好、检索途径多元化、检索灵活方便等特点。

按照计算机检索的深度与精度，可将计算机检索分为案卷级检索、文件级检索和全文检索。

案卷级检索。检索出的只是案卷目录，无法检索出卷内具体文件。在文书档案检索中比较少用，在科技和专业档案检索中经常使用。

文件级检索。按著录项进行单项检索或组合项目检索都可以检索出具体文件，具有一次输入、多次输出的特点，是经常使用的检索手段。

全文检索。全文检索是通过计算机算法为档案文本内的字词创建索引，记录每个字词的出现频率及其在文本中的具体位置。当用户进行搜索时，检索系统利用这些预先构建的索引进行搜索，并将结果返回给用户的一种查询方法。

二、档案利用

档案利用是指档案馆(室)以馆(室)藏档案资料为基础，直接传递档案信息，为党和国家、人民群众各项工作服务的环节，又称档案的"利用服务工作"。

机关、单位保管的档案应积极为本机关和上级机关提供利用服务；涉及社会管理、民生需求的档案，应当按国家的规定，对公民、法人和其他组织提供利用。

(一) 档案利用的方式

档案利用方式多种多样，因划分方式不同而各异。按照服务方法和设施不同可以分为档案阅览、档案外借、制发档案副本、出具档案证明、提供咨询服务、印发档案目录等方式。

1. 档案阅览

档案阅览是指在机关、单位内部开辟档案阅览室，向利用者提供档案原件的一种服务方式。开设阅览室查阅档案，要注意以下几点。

配备必要的设施设备。档案部门要为档案用户提供必要的阅览条件，配备必要的物质设施，并为档案利用者提供必备的检索工具、参考书籍和常用参考资料等辅助查询资源。

配备专门的工作人员。有专人监管和提供咨询，有利于保护档案安全，也为利用者提供便利。

建立健全查阅制度。为便利用户查阅档案，防止档案遭受损失，确保档案安全，必须制定阅览室服务人员和用户共同遵守的规章制度，对接待对象、阅览范围、阅览要求和批准手续及权限等作出明确规定，对于违规行为给予严肃处理。

2. 档案外借

档案外借服务是指为满足利用需要，暂时将档案借出本档案馆或本单位使用。档案一般不外借出档案馆(室)，确因工作需要的，可按规定借出利用。对珍贵的或易损的文件、特殊载体的档案，一般不借出使用。为有效管理档案的外借流程，应构建一套严格的使用管理体系，涵盖借用权限、范围限定、审批程序、归还流程以及借阅者的职责和责任等方面。为确保档案安全，档案借出时间不宜过长，档案工作人员应注意催收。

3. 制发档案副本

档案馆(室)既可提供档案原件，也可根据工作需要制发档案副本。档案副本分为副本、摘录两种类型。制发档案副本具有速度快、效率高、有利于档案原件保护等优点。制发档案副本要注明出处并加盖公章。档案馆（室）制发档案副本有两种情况：一种是将档案原件通过微缩或扫描技术制成微缩胶片或光盘，在阅览室代替原件利用。另一种是利用者需要将复制件带出阅览室阅读或作为凭证，这种情况需要用户提出复制申请，说明复制理由、内容和份数等情况，经批准后方能复制，复制本确认无误后依规定加盖公章。

4. 出具档案证明

出具档案证明是根据机关、单位、个人的询问和申请，结合档案记载的情况，出具书面证明材料的一种服务方式。制发档案证明是一种政治性和政策性都很强的服务方式，档案部门应该严格审核制发档案证明。出具档案证明必须根据正本或者可靠的副本来编写，只有在既无正本又无副本的情况下，才可以根据文件的草案、草稿来编写，并在证明中加以说明。证明要以引述和节录档案原文为主要编写方法，必须客观引述材料，不能擅自对档案进行解释或者作出结论。编写好的证明材料应对照原文仔细校核，注明材料出处并加盖公章。

5. 印发档案目录

印发档案目录是增进档案用户对所藏档案认识，消除用户需求障碍的有效服务方式。机关、单位档案部门可将本单位工作、科研等活动的档案目录，主动印发给领导、业务部门，使他们能够及时了解可利用的档案情况，充分发挥档案的价值和作用。

尽管信息技术环境下的档案利用工作发生了巨大变化，网络成为档案利用的主要媒介，浏览、下载成为档案利用的主要方式，但是传统的档案利用方式依然具有很强的现实意义，尤其是各种利用制度、管理要求应当被继承和发扬。

（二）档案利用的要求

机关、单位应积极开展档案利用工作，建立健全档案利用制度，根据档案的密级、内容和利用方式，规定不同的利用权限、范围和审批手续。机关保管的档案对外提供利用，应当经过该单位负责人的批准。利用档案应当履行查阅手续，进行档案查阅登记和利用效果反馈记录，档案工作人员应对利用活动进行及时跟踪和监督。

《机关档案管理规定》要求档案利用制度根据档案的密级、内容和利用方式规定不同的利用权限、范围和审批手续。一般来说档案利用制度应当明确五项内容：

1. 利用范围

明确提供利用的档案范围和用户范围。具体来说，一是明确规定档案及其加工材料的利用范围和利用方式，哪些可以借阅、哪些不能借阅；二是明确借阅工作为哪些部门、人员或工作服务，比如区分公务与私务，对内利用与对外利用等；三是明确各类用户分别对应的档案借阅范围和方式。

2. 利用凭据

明确对内、对外提供档案利用所需要的审批手续和借阅凭据要求。利用者利用档案信息加工材料应该按照权限向档案部门出示相应的审批手续。机关保管的档案对外提供借阅的，除需要出示审批手续，还应提供利用凭证，用以证明身份、明确利用档案的要求等(见表 5-1)。

表 5-1　档案利用审批表

利用日期		利用单位/部门	
利用人		联系电话	
利用目的	□工作查考　□信息公开　□业务研究　□其他		
利用方式	□阅览　□摘抄　□复制/下载/打印　□外借		
利用内容			
所在部门 意　见	年　月　日	归档部门 意　见	年　月　日
办公室 意　见	年　月　日	单位负责人 意　见	年　月　日

3. 交接手续

明确档案清点交接登记、归还检查与注销手续的要求。对档案及其信息加工材料的外借、阅览及复制等利用，首先要检验相关凭证是否符合要求；其次是清点交接登记，即将交接双方提供利用的档案信息一一清点，并做好相关利用登记；最后归还检查与注销，对于借阅档案或部分复制的档案信息按规定须归还档案部门的，在归还时交接双方应认真检查与清点，并填写档案利用登记表，履行注销手续(见表5-2)。

表5-2 档案利用登记表

序号	所借档案名称	数量	借出日期	归还日期	借阅人签名	备 注

4. 利用期限

明确档案利用者对所利用档案及档案信息加工材料的使用时间限制，档案部门必须对此作出相应的规定，并明确续借方法与催还措施。

5. 利用守则

明确档案借阅者对档案及其信息加工材料利用的方式、方法和注意事项。其目的是既满足用户利用需求，又保证档案的完整安全，防止档案受到涂改、污染、损坏等，同时避免泄密事件发生。

(三)利用审批权限

机关、单位档案部门保管的档案是现行档案，主要供本机关、单位和上级主管机关、单位使用，对外提供利用要履行较为严格的手续。

1. 对内利用审批权限

根据档案的密级、内容和利用方式，规定不同的利用权限、范围和审批手续。一般来说，对内利用应该以"简化手续、方便利用"为原则，在确保档案信息安全和工作要求的基础上，尽量减少利用审批程序，降低审批层次。如各部门借阅"公开级"档案和本部门"内部级"档案，可考虑不经审批直接利用。但是，无论是否经过审批，档案利用都要做好档案利用登记和档案利用效果登记。

2. 对外利用审批权限

机关、单位保管的档案对外提供利用的，一般需经该单位负责人批准。如需报请上级主管机关、单位的，可以按正常程序请示后再予以审批。

3. 档案利用程序

档案的借阅一般包括提出利用需求、履行审批手续、进行查阅登记、进行档案利用、利用效果反馈等程序。各项程序应在档案利用制度中进行明确规定，在这些程序中，履行审批手续、进行利用登记和效果反馈分别形成档案利用审批表、档案利用登记簿、档案利用效果登记簿，以备日后查考(见表5-3)。

表 5-3 档案利用效果登记表

利用日期		利用部门		利用人		归还时间
档号			档案名称			
利用目的	□工作查考　□信息公开　□业务研究　□其他					
利用方式	□阅览　　　□摘抄　　□复制/下载/打印　□外借					
利用内容						
利用效果						

（四）政府信息公开

政府信息公开能够保障公民、法人和其他组织依法获取政府信息，提高政府工作的透明度。充分发挥政府信息对人民群众生产、生活和经济社会活动的服务作用，有利于推动法治政府建设。

对于机关来说，政府信息公开与档案利用一般由不同的部门负责。政府信息与档案没有先后衔接关系，也不存在制度上的冲突，政府信息由机关档案机构或者档案工作人员保管的，应当按照政府信息公开的要求进行办理，而不适用档案利用等相关条件和要求。因此，机关档案部门和档案工作人员应当从两个方面对政府信息公开工作予以协助和配合。

1. 协助做好政府信息公开工作

对于政府信息涉及档案的机关档案部门应当充分发挥管理优势，在查找、提供档案方面给予必要协助，提供档案时需要出库、入库的要做好登记、记录工作，机关档案部门在提供档案时也应明确，政府信息并不完全等于档案，行政机关在履行行政管理职能过程中形成的讨论记录、过程稿、磋商信函、请示报告等过程性信息以及行政执法案卷信息可以不公开。

2. 及时向同级档案馆提供主动公开的政府信息

《中华人民共和国政府信息公开条例》规定："行政机关应当及时向国家档案馆、公共图书馆提供主动公开的政府信息"，主动公开政府信息及档案的，机关档案部门应配合责任部门做好相关工作。

三、档案利用实例

（一）档案利用实例

编写利用实例是指档案馆（室）管理人员选择具有典型性的查档用户，用文字形式将其查档过程及达到的效果记录下来，使社会公众通过实例更加认识、了解档案的价值，从而增强档案意识进一步提高档案的利用率，更好地发挥档案的作用。

（二）档案利用实例收集的原则

真实性。即要写真人、真事、真情节、真效果。实例的收集编写不同于文学作品，不需夸张和修饰，更不能人为编造，情节和效果不得任意虚构和浮夸。一般文书档案利用大多起到凭证和参考作用，因而叙述利用效果时要实事求是。利用档案产生经济效益的，有具体数字的要多利用数据来反映，力求真实、具体。

典型性。即要选择那些体现经济效益和社会效益较显著的事例，如典型人物、典型的过程、典型的结果以及特殊的利用方式等。

科学性。档案利用效果有的可测算效益，有的不能测算效益，尤其对经济效益的测算要有依据，不要为了强调档案的作用而把其他因素也虚算进来，档案起到参考作用就不能描述为决定性作用，档案获得社会效益就不能说成经济效益。

时效性。时间越近的利用效益就越具有宣传效果和指导作用，那些时过境迁的利用效果其作用远不如新近发生的利用效果有说服力。

生动性。利用效果要描述得体，语言要生动，特别是撰写多个事例时要注意表现手法，避免千篇一律。

第二节　档案的开发

档案资源中包含着大量有利用价值的信息，从这些信息中可以了解过去、指导现实、预测未来。档案信息资源的有效利用是档案工作的终极目标。档案的价值体现在其被挖掘和应用的过程中，而其在社会和经济上带来的效益则是评价档案行业进步的关键指标，优化档案资源的利用对档案领域的成长具有显著的激励和推动效应。

档案编研是档案开发的重要途径，是去挖掘、发现那些潜在的信息资源，将过去单一地只为档案保管单位提供服务，变成广泛地为社会各界服务，最大限度地发挥档案的信息功能。"编"：利用档案编写参考资料，编辑出版档案史料和文件汇集，参与编史修志。"研"：研究档案内容，著书立说。

档案编研工作是一项实践性很强的工作，必须根植于馆藏的档案资源，以社会需求作为引领，以档案工作的创新与进步为驱动力，并以提升服务利用为目标，致力于拓展编研的视野和思路，加深研究的深度，编出更多优质成果，从而更好地服务于社会，并以此促进档案事业不断向前发展(见图 5-1)。

图 5-1　档案编研图书

一、档案参考资料

档案参考资料是由档案馆和各机关、单位针对特定主题，对所保管的档案内容进行深入研究、整合和编辑后形成的辅助性文献。机关、单位档案参考资料的种类主要有大事记、组织机构沿革、全宗指南、基础数字汇编、专题概要、会议简介、科技成果简介、图集、手册等。

档案参考资料种类很多，用途广泛，常见参考资料及其编写方法介绍如下：

(一)大事记

大事记是一种记录机关、单位关键业务活动或其管理范围内重大事件的文件类型，它详尽地反映了一个特定区域或部门的关键活动和重大事件，为该地区或部门的工作总结、审查、报告、统计以及上级机构了解全局情况提供系统而概要的记录。此外，大事记作为历史文献具有重要的价值，可作为未来查询的可靠记录。

(二)组织机构沿革

组织沿革是一种详细记述机构、区域或特定领域内组织结构、人员配置和体制演变的参考资料。它涵盖了机构或区域的历史概述、行政划分、结构变化、名称与地址的更改、成立与融合及解散的时间点、职能范围、从属关系、领导层的任命与解职、人员编制的增长以及内部部门设置的历史变动。编写的方法主要有:

①编年法。按年代顺序,逐年列出该机关、单位的机构设置与人员任免等情况。这种方法的优点是能比较清楚地反映出组织机构产生、发展变化的脉络,符合组织沿革的时间性要求。缺点是各年内容连续起来较困难,易产生断档或拼凑问题。

②阶段法。以组织机构阶段性变化为主线,将每个时段机构变动及主要领导成员的变迁等作为一个系列来编写。

(三)全宗介绍(指南)

全宗介绍(指南)是对全宗档案内容数量、成分内容、形式等的揭示和说明,是查阅档案的指南针和金钥匙。

全宗介绍(指南)结构:由全宗介绍(指南)名称、全宗来源简况、档案内容与成分介绍、检索查阅注意事项等四部分组成。

全宗来源简况:全宗背景资料的记载与映射,其结构顺序包括形成全宗的主体及其职能;该主体历史上使用过的所有名称;管理全宗的机构以及档案的总量;全宗档案的收集、征集、接收、移转和寄存的具体数量。

档案内容与成分介绍:档案资料映射出全宗创建者的核心职能与主要活动,展现了全宗创建者在各个时期的关键任务或特殊项目所产生的档案,收录了具有显著历史意义和地域特色的档案,包含了与全国乃至国际知名人物相关的档案。此外,还包括年代久远和采用特殊存储介质的馆藏档案。

示例:××000158 ××市审计局全宗介绍
(2017—2019 年)

××市审计局(简称市审计局)于1981年成立,为市政府组成部门,受市政府和省审计厅双重领导。2019年市委审计委员会设立后,其办公室设在市审计局。市审计局负责全市审计工作,主要职责是对市级财政收支和法律法规规定属于审计监督范围的财务收支的真实、合法和权益进行审计监督,对公共资金、国有资产、国有资源和领导干部履行经济责任情况实行审计全覆盖,对领导干部实行自然资源资产离任审计，对国家有关重大政策措施贯彻落实情况进行跟踪审计等。2019年全市机构改革后，市发展和改革委的重大项目稽查职责，市财政局的预算执行情况和其他财政收支情况的监督检查等职责划入市审计局。市审计局设办公室、综合处、内部审计指导监督处、电子数据审计处、财政审计处等21个处室和机关党委。下辖某某审计中心、某某办公室两个事业单位。

市审计局全宗保管的档案时间跨度为1984—2019年，分为文书、科技、会计、声像、电子、实物、专业7个门类，共计8761卷、13827件，上架总长度285.7米。还保存有光盘198盘、录像磁带182盘、录音磁带18盘、照片2518张及实物598件。各类档案按照永久、30年、10年等期限分别保管。

2017—2019年新增档案2532卷、3984件，光盘38张，照片档案183张，实物档案39件，主要内容分类介绍如下：

（1）文书档案

文书档案分为综合类、审计管理类。综合类文件材料主要是各种重要会议记录、干部任免、机构编制、表彰奖励、计划总结、机关党建、考核培训等。审计管理类材料主要是各种审计项目通知书、审计报告征求意见书、审计报告、审计结果报告、审议移送处理书等相关业务公文。重要的文件材料有2016年市审计局制发的《某某资产审计实施办法》，2017年参与修订的《某某市政府投资项目审计条例》，2019年市委审计委员会成立召开第一次会议材料，及有关审计委员会办公室设立、市审计局党组关于局机关内设机构主要职责及人员编制的规定等。

（2）科技档案

2017—2019年新增科技档案60卷，皆为永久保管期限，其中重要的有2017年某某市数字化工程项目审计文件材料、2018年至2019年市某某大数据审计平台项目文件材料等。

（3）会计档案

会计档案分为凭证、账簿、财务报告及其他4类。1984—2019年会计档案共2457卷，包括凭证1483卷、账簿249卷、财务报告96卷，其他材料408卷。其中，2017—2019年新增会计档案221卷，内有凭证200卷、账簿6卷、财务报告6卷和其他文件材料9卷。

（4）声像档案

声像档案主要包括反映局机关各类会议、公务活动和领导视察的照片、录音、录像。1986 年至 2019 年形成保管照片 2138 张、录音 8 盘、录像 155 盘。其中，2017—2019 年新增照片 180 张，重要的有 2018 年市政府某某市长来局调研照片，2019 年局主要领导主持召开某某工作和某某项目建设审计进点会照片，2019 年审计委员会办公室挂牌仪式照片，市政府某市长来局调研照片，局主要领导在审计署领受全国优秀审计项目奖牌等照片。

（5）实物档案

实物档案包括奖品、字画和印章等。现存 1991 年至 2019 年各类实物 393 件。2017—2019 年新增奖品类 38 件（奖牌 15 件、证书 5 件、奖杯 3 件、锦旗 3 件），如 2017 年度审计署表彰优秀项目奖牌、2018 年全省优秀审计项目特等奖奖牌、2019 年全国审计机关优秀审计项目一等奖奖牌。收存印章 12 件。

（6）专业档案（略）

以上档案中保管期限为永久、长期、30 年的纸质档案制作了数字档案副本，共计扫描 196308 幅面。此外，还有全宗卷档案 12 盒，专题汇集 221 盒。

（四）基础数字汇编

基础数字汇编按其内容可分为综合性和专题性两种。综合性数字汇编是一种涵盖并映射机构、企业、地区或系统全面状况的数据集，它内容广泛，篇幅较长。如《某某区统计数字汇编》，应包括该区土地面积、资源分布、人口、工农业产值、利润、文化教育设施等多方面的数字情况。专题性数字汇编则是记载一个机关、企业、地区或系统某方面基本情况的数据集，如《某某市医药卫生统计数字汇编》。

编写基础数字汇编，最重要的依托档案信息资源，发掘汇集相关数据并确保数据准确可靠。对统计报表，调查的数字要认真核对，征询业务部门的意见，请他们参加核实，最好使用统计部门的统计档案材料。因此，编写基础数字汇编，可由档案部门编，也可与统计部门、有关业务部门合编，以保证各种数字的完整、准确，提高汇编的质量。

（五）专题概要

专题概要，以叙述性文章的形式，简洁地阐述和映射特定领域的工作、生产活动或社会与自然现象的起源、进展及其演变的一种参考材料，如《"十三五"时期武汉市档案利用重大效益汇编》。

（六）会议简介

会议简介，是通过会议档案资料来概述相关重要会议情况的参考资料。鉴于举行会议研究和民主协商是我国党政机构、社会团体以及各类企事业单位管理活动的关键方式，因此，在日常工作中经常需要参考会议档案资料，因而会议简介颇受欢迎。

一般而言，可编简介的会议主要有党代表大会、人民代表大会、政协会议、职代会、团代会、妇代会、董事会、经理办公会和其他重要会议等。会议简介的主要内容应包括会议届次，召开的时间、地点、主持人、参加人（代表名额、分配情况、列席范围），会议议程，讨论与议决事项以及选举结果等。

（七）科技成果简介

科技成果简介，是由科研部门或档案部门将科研档案记载反映的科研成果情况进行精炼摘抄并编辑成册，作为参考资料使用。简介通常包含项目的名称、主要内容、资金投入、关键技术经济指标或技术参数、经济效益、推广及应用情况、评审鉴定、获奖记录以及技术转让的方式和费用等要素。科技成果简介的呈现形式多样，既有简洁的文本叙述，也有采用表格式样。

（八）图集

图集，也称图册，是按照一定主题，选择重要的历史照片（图片）档案为主体，配以必要的文字和数字说明，集中揭示档案中原始信息的编研资料。编辑图集，要密切结合工作的实际，选择应用性较强的题目进行，以便充分发挥图集的作用。

二、文件汇集

文件汇集是按照一定的主题（题目）对档案文献原文材料的收集、挑选、编辑和评价而编制的一种档案编研成果，是档案部门开展编研工作的最基本形式，具有原始性、专题性、系统性、易读性的特点。

档案文件汇编一般由汇编题名、编辑说明、目录和正文（即档案原文）等构成，而正文以全录式转录为主，按一定体例进行编排。根据选题不同可分为以下几种主要类型：

（一）重要文件汇编

重要文件汇编是将具有指导性的、方针政策性的，或反映本机关、本单位主要职能活动的文件汇集成册的档案文献汇编。

重要文件汇编收录的文件范围主要是反映领导与指导活动的，属于方针政策性的，机关、单位日常工作需经常查考的重要文件材料，具体包括：重要的报告、决议、决定、总结、规定、通知、请示、批复、工作意见、计划、领导人的重要讲话等，这些文件可以是上级机关、单位的文件，也可以是本机关、单位形成的文件。编辑重要文件汇编，首先要根据编辑意图和文件状况确定好收录范围，可在综合考虑文件内容的重要性和查阅利用的经常性两个因素的基础上，与业务部门共同制定一个较具体的选材方案，以避免实际选材中的盲目性。重要文件汇编的内容大多是综合性的，编辑时须分门别类后按时间顺序排列。

（二）发文汇编

发文汇编是机关、单位按照一定时间周期（通常为一年），根据发文编号排序，将其制发的全部文件结集成册的文件组合体，便于利用者依据文号检索所需文件内容。发文汇编收录的是本机关、单位一定时期的全部发文，必要时还可收录本机关、单位主要领导的重要报告、讲话、总结，以及与某一发文密切相关的上级批复或下级请示等作为补充。编辑发文汇编时，可视收录文件的文种与数量情况，或按发文代字先分门别类后再按发文顺序号排列，或直截了当按发文顺序号排列。发文汇编一般仅供本机关、单位内部使用，有些文件在形成汇编时是涉密文件，有的涉及工作秘密等不宜公开的内容，因此要加强对发文汇编的管理。

（三）会议文件汇编

会议文件汇编是把一些重大会议产生的、具有研究参考价值的文件结集成册的档案文献集。

会议文件汇编并非要收录一场会议的所有文件，而是应精心挑选那些能够映射会议核心内容和提供研究参考的重要文件进行集成。可考虑收录的文件范围有会议通知、代表名单、会议议程、开幕词、工作报告、领导重要讲话、大会重要发言、提案、提案审查报告、选举办法、选举结果、会议讨论通过的决议、大会闭幕词、代表资格审查报告、大会主席团、正副秘书长、各组正副组长及各委员会名单、会议纪要、会议公报、会议简报及大会照片等，而对于一般贺信、贺电、小组会议记录、参阅文件、会务文件等则不需要收录。

会议文件汇编一般由召开会议的机关、单位编辑，编辑的方法可以是一次会议的文件汇集，也可以是历届会议的文件汇集，编辑时应分门别类后按时间顺序或重要程度排列。

(四)专题文件汇编

专题文件汇编是将集中反映某一专题的文件汇集成册，选材时要注意两点：一是要专，不要把其他问题的文件混杂其中；二是要精，要选择具有较高参考价值的、现实有效的文件。编辑专题文件汇编可按内容特点分类或按时间顺序排列。

三、档案资政报告

档案资政报告多指通过发挥档案存史资政作用，向区(县)级及以上党委、政府及其领导人提供针对特定管理或决策问题的书面分析、意见和建议，资政报告的核心在于以史为鉴和辅助决策。档案的"原始记录性"特质赋予了资政报告高度的可信度、可靠性和不可替代性，使其在辅助决策方面具有独特的优势。档案资政报告属于研究型文档，一方面包含了调查报告的某些通用特点，另一方面也拥有其特有的格式和形式，如：情况综述、案例分析和统计分析等。

示例1：档案中的"大武汉"规划
——民国末年武汉区域规划档案史料综述

2012年湖北省十次党代会上，李鸿忠书记宣告要重振"大武汉雄风。2014年6月，他考察湖北省档案馆时指出："我们先人对大武汉的精心规划，对我们当代建设者更是一种有益的启迪和巨大的鞭策。"省、市档案部门按照省委领导同志要求，结合武汉编制2049长期规划的实际，深度研究挖掘馆藏档案史料，分析民国时期武汉区域规划相关档案，综述武汉区域规划基本情况，提出做好武汉长远规划的参考意见。

要　目

档案中的"大武汉"规划

——民国末年武汉区域规划档案史料综述

一、"大武汉"规划的产生背景

二、"大武汉"规划的阶段成果

三、"大武汉"规划的主要内容

四、"大武汉"规划的总体评价

湖北省档案局（馆）　编印

2014
-2-

（总第2期）

编写档案资政报告时，应积极关注经济与社会进展，并致力于"三个紧密结合"：

一是紧密结合核心任务。党和政府的核心工作是影响该地区整体状况与趋势的关键，也是决策者极为关心和重视的议题，同时是迫切需要推动与解决的问题。档案部门只有紧跟核心工作，才能与领导层的思维保持同步，主动融入其中，及时帮助党委和政府解决问题，提供决策支持。

二是紧密结合民众福祉。解决民生问题不仅是党和政府关注的重点，也符合公众的需求和期望。当档案资政工作紧贴民生，其实效性将得到增强。

三是紧密结合社会焦点。各个时期都有其特定的社会热点和焦点问题，这些问题反映了经济与社会发展的风向标。聚焦这些重点问题，并利用档案信息资源，为领导层提供及时的决策参考资政报告，能够取得更加显著的成效。

示例2：历史上武汉整治户外广告的启示

为"城管革命"定制的档案资政报告(2016年)

四、档案陈列展览

档案陈列展览是档案馆及机关、单位挖掘和运用档案信息资源，向社会提供档案服务并发挥教育作用的重要方式。档案陈列展览围绕特定主题，主要通过展出档案原件或复制品，有组织地呈现与主题相关联的档案信息和其价值，是展示机关、单位文化的一种宣传活动。

档案陈列展览有别于其他展览，重在运用档案元素进行展示，是档案馆和机关、单位档案开发利用的拓展和延伸。在实际工作中，档案陈列展览可分为如下类型：

(一)机关企事业单位档案陈列展示

多以陈列室方式呈现，着重在以档案元素展示机关、单位文化，用实物档案、文件资料、照片图片、编研成果等，展示机关、单位的机构沿革、荣誉奖项、领导关怀、业务建设、文化建设、单位建设、廉政建设、发展展望等内容，以发挥档案存史、资政、育人的作用，如图5-2所示。

图 5-2　档案陈列室

(二) 档案馆举办的档案展览

策划档案展览时，必须严格遵循核心主题。在挑选呈展档案时，首要原则是优先使用馆藏档案，辅以向社会征集的资料。同时，选材应广泛涵盖，除了档案文献，还应包括图片、图表、音视频资料和实物等多种类型的相关档案。此外，要根据展厅的实际条件，综合考虑呈展档案的数量。

组织展览材料的过程也是编制档案展览大纲和脚本的过程。由于档案主题性展览通常结构复杂、内容繁多，这就要求根据档案展览的目的、目标观众、规模和时间等因素，有针对性地进行展览材料的整理和编选，组织展览材料的方式将对后续的展览设计产生直接影响。例如，某些重要材料可能缺乏足够的档案支撑，这要求在编写展览脚本时给予特别关注，准备充足的文字说明、照片、纪录片等，以群组展示的形式来补充和强化关键档案的展示效果。

如果档案资料仅仅以纸质图文展板的传统方式呈现，参观者可能会感到乏味。因此，在设计展览时，应考虑如何激发观众的兴趣，确保每个内容单元都有吸引眼球的焦点和有趣的元素。

传统展览依赖于展板、展示柜和光电技术来呈现档案和图文信息，这使得观众在获取信息时较为被动。然而，现代展览趋向于将研究和互动相结合的展示方式。为了达到这个目标，需要有效地整合内容、空间和实用的展示技术。档案展览可以设计包含音频、视频区域、触摸屏互动等环节，还可以制作比例缩小的模型供观众近距离观察和研究。此外，还可以举办一系列与主题相关的讲座，以满足观众多样化的参观需求。

随着科技信息的进步，档案展览设计得到了日益先进的技术支持。现代展示空间的核心理念是打造一种全方位的"体验"，这种体验触及多种感官，能够给参观者带来心灵上的愉悦和情感的互动。应用科技信息技术的档案展览，可通过动态展示、多媒体展示、交互展示以及声光电技术的综合运用，为参观者创造了一个清晰、简洁且高效的展览环境。

五、专题片和微视频

(一) 专题片

制作档案专题片是通过记录现实或历史的镜头，对档案记载的社会生活特定领域或方面进行集中而深入的展现。档案专题片在内容上通常聚焦于特定的主题，而在形式上则多样化，允许创作者运用各种艺术手段来描绘社会现象，并直接表达自己的观点。档案专题片是新闻纪实和电视艺术交汇的一种电视文化类型，它既追求拍摄内容的真实性，也追求艺术表现的审美价值。

档案专题片的拍摄与画面，摄影和视觉效果至关重要。首先，镜头的移动需流畅有序，避免混乱。电视与动画或静态照片的一个关键区别在于镜头的动态效果，这要求镜头移动要平稳、均匀，并能精确定位，通过这种移动创造新的视觉画面，传达新信息。其次，色彩的忠实再现也是至关重要的。色彩的准确性是制作人员高度关注的问题，也是评价档案专题片质量的关键指标之一。拍摄过程中，影响色彩再现的因素众多，例如：室内外环境、一天中的不同时间、自然光与人工光源的变化等，这就要求制作团队在工作时要格外细致。

专题片的现场与声响。现场录制的声音具有独特的形象感，这与屏幕上的视觉形象截然不同。通过真实捕捉现场声音，档案专题片创造了一种听觉景观，这不仅扩展了画面的空间感，还增强了情感氛围，为画面注入了活力和生命力。这种声音设计使得画面内容更加生动具体，常常能够引发观众的想象，超越画面本身所呈现的空间，营造出一种深远的意境。现场声音的使用还能充分展现画面的时代背景、民族特色和地域文化，因为它始终代表着现场的实际情况和当前时刻。为了达到画面与声音的和谐统一，档案专题片的制作需要精细打磨，解说、音乐和画面应该相得益彰。这就要求配音演员的表演必须更加精湛和严谨，他们需要通过情感的投入来引导声音的表达，通过声音的魅力来传递情感，实现声音与情感的完美融合。

专题片的剪辑与制作。在档案专题片的制作过程中，特效的使用需要慎重考虑。恰当而巧妙的特效运用能提升观众的观赏体验，增强内容的印象，然而，过度依赖特效，不经深思熟虑地频繁使用，可能会引起观众的反感和不信任，尤其是科技类档案专题片，应当忠实于档案内容，过多不必要的特效只会适得其反。因此，档案专题片在选择特效时，应遵循"宁可少，不可滥"的原则。档案专题片在后期编辑时，需要避免画面的"跳跃"现象，这会严重影响观众的观看体验。画面跳跃可能是由于技术问题导致的整幅画面波动，也可能是因为剪辑手法不当导致情节跳跃。因此，后期编辑人员应在充分理解档案专题片创作者的创作意图和节目的核心内容的基础上进行剪辑，避免随意或生硬的镜头切换。

示例 3：专题片《武汉百年建筑》

以城市记忆工程为突破口，选择武汉优秀历史建筑拍摄《武汉百年建筑》，以"一幢建筑、一个故事"形式，请历史学家、城市学家、建筑专家带领观众穿越历史、触摸建筑、走近历史人物，这是武汉市首次大规模的城市建设档案影像制作工程。全片共 180 集，获湖北省优秀编研成果一等奖。通过对武汉近百年来的历史建筑的介绍，观众可随摄像机走进一个个有着丰富故事的建筑了解发生过的人和事，了解建筑物的历史背景、人文文化、建筑风格、结构特点等，这是一部城建档案与人文档案结合的编研精品，社会反响良好。这部专题电视片以其富有表现力的艺术手法，栩栩如生地重现了武汉这座历史文化名城卓越的历史建筑风貌，成为最生动、最具活力的"城市记忆工程"。

(二) 微视频

首先确定微视频的主题，可以是一个故事，也可以是一个纪录片；现场拍摄可以用专业的设备也可以使用手机进行拍摄；将拍摄好的资源放在剪辑软件上进行剪辑，微视频的特效不要过于炫目；在特效、配乐、渲染等细节上要着重注意；观看最后的成片效果，如果不满意再进行调整。

微视频最大的特点就是灵活性，因此可以着重发挥主观能动性，在成本极低的情况下发挥创意的优势。微视频的类型广泛，不局限于电视、电影等类型，还可以是各种短片。随着多媒体技术在现代档案中的广泛应用，档案载体呈现多种方式，在编研工作中要不断拓展思路，打造不同形式的编研作品。

六、档案文化产品

档案文化在人类社会进步中扮演着重要角色。档案作为社会教育中的生动资源，其价值在于其历史本质、原始性质和直观特征。为了迎合时代的需求和文化发展的愿景，档案部门需要精心筛选那些能够促进先进生产力发展、传播优秀文化，并服务于广大民众利益的档案信息，创造高质量的档案文化产品，进而推动社会文化的繁荣。开发档案文化产品应从馆藏档案资料出发，否则就不能称其为档案部门的文化产品。

2023 年 8 月，由中国档案学会主办的首届档案文创作品展示交流会在云南昆明举行。湖北省档案馆以馆藏明清字画档案为主创作开发了"档案文化文房"精品系列，通过提取书画元素设计制作，以册页、毛笔、镇尺等形式来呈现，得到参观者的好评(见图 5-3)。

图 5-3 湖北省"档案文化文房"作品展

第六章

档案信息化与数字档案室建设

第一节　档案信息化

一、信息化与档案工作

(一) 档案信息化的概念

档案信息化是将线下人工管理档案实体和利用为主的传统管理模式逐步转变为以档案数字资源为主、实体档案为辅的，依托信息技术线上线下相结合的现代管理模式，它可有效提高档案信息资源收集、管理与利用的效率和水平，促进档案工作规范化、数字化、智能化。

(二) 档案信息化的意义

当前，档案事业正处于转型发展的关键时期，其中，档案信息化建设成为一项紧迫的任务。随着档案管理、利用的方式和途径的变化，档案人员也应转变观念，加快推进存量档案数字化和增量档案电子化，进一步促进档案管理科学化、规范化。

档案信息化是响应公众对档案信息获取需求的关键举措。档案部门应以公众档案信息需求为导向，加快档案信息化进程，提供"线上+线下"档案信息服务,让"数据多跑路、群众少跑腿",提高群众服务满意度。

近年来,国家高度重视档案信息化工作,各级党委、政府均对档案信息化工作提出了明确要求,档案信息化建设作为专章内容纳入 2020 年新修订的《档案法》,并被列为国家及省、市"十四五"档案事业发展规划重要内容。

(三)档案信息化建设的主要内容

档案信息化建设的主要内容包含基础设施建设、信息资源建设、管理信息系统建设、标准规范建设和人才队伍建设等五个方面的内容。

基础设施建设主要指配备档案信息网络系统、档案数字化设备及辅助档案信息化工作各种终端设备。

档案信息资源建设主要包括馆(室)藏档案的数字化和电子文件的采集与归档,是档案信息化建设的基础和核心,是一项持续性、长期性工作。

档案管理信息系统是对档案信息和档案实体进行辅助管理的计算机应用软件系统,应具备档案信息收集、管理、保管、利用等功能,可实现对各门类数字档案资源的集成管理,应简单易操作、安全性能高。

标准规范建设包含管理型、业务型和技术型等几类。管理型主要包含档案信息化建设、运行、维护等内容;业务型主要包含信息采集、组织、利用与保存等内容;技术型主要包含基础设施设备、网络与传输、软件平台、安全技术等方面。

人才队伍建设是指应引进、培养档案信息化需要的专业型、技术型、复合型的人才。

二、档案信息化基础设施建设

各单位应基于现有的信息化成果,创建一套既独立又稳定、具备兼容性的基础设施,以满足档案管理和利用的需求。档案信息化基础设施一般包括网络、基础软件、硬件及辅助设备等。有条件的单位,在建立以上基础设施的同时可根据信创要求,应用国产化设施设备与软件系统。此外,涉密数字档案资源的管理与利用,应符合国家有关保密工作要求。

(一)网络基础设施

档案网络建设主要是构建三个网络,即局域网、政务专网、互联网。局域网即单位内部办公业务网，是相对独立的网络，一般不与外部网络连通，并与其他网络物理隔绝；政务专网即政府办公业务资源网络，连通并支持各机关部门的办公和决策服务；互联网即因特网，直接面向公众提供相关信息服务，如面向社会公众的档案网站（网页）等。各单位应实行局域网、政务专网、互联网三网隔离，其中局域网、政务内网与互联网需物理隔离，政务外网与互联网需逻辑隔离。各单位应根据武汉市人民政府的统一要求，接入市级政务网，并且通过政务专网访问互联网，局域网需各单位自建。网络应布局合理、可扩展、安全可靠。

(二)软件设施建设

档案信息化所需软件应包含正版操作系统软件、办公系统、数据库系统、数据库集群、中间件以及数据交换、OCR 识别、格式转换、流程配置引擎等相关软件。各类软件的性能应能满足未来 3~5 年档案数字资源管理的需要，并能提供方便、快捷、可靠的更新升级服务。有条件的单位可根据需要配备国产化软件。常见操作系统、数据库管理软件、中间件与应用软件如图 6-1 所示。

图 6-1 档案信息化常见的操作系统、数据库管理软件、中间件与应用软件

(三)硬件设施建设

1. 服务器

服务器是网络环境中的高性能计算机，具有较高的稳定性、安全性、运行速度，它接收其他计算机终端的服务请求，并提供相应服务。常用服务器设备如图 6-2。

刀片式服务器　　　　　　　　　塔式服务器　　　　　　　　　机架式服务器

图 6-2　档案信息化服务器

2. 终端设备

终端设备是用户与网络、服务器打交道的终端计算机，即个人计算机(PC)。各单位应结合工作需要配备满足需求的台式电脑、笔记本电脑、平板电脑等终端设备，用于档案管理、查询。常见终端设备如图 6-3 所示。

台式工作终端　　　　　　　　　便携式工作终端

图 6-3　档案信息化终端设备

3. 辅助设备

一是纸质档案数字化设备。它是指将传统模拟信息转换为数字档案信息的设备，常见的有扫描仪、数码翻拍仪、缩微胶片扫描仪。其中，常见的扫描仪有平板扫描仪、高速扫描仪、宽幅扫描仪、底片扫描仪等。

二是音像档案数字化设备。它是通过播放设备、视频采集设备、音频采集设备对视频和音频数据进行采集的设备仪器，同时借助音、视频采集和编辑软件实现音视频的数字化转化、提取。当前，音、视频采集设备主要为摄影机、数码相机、录音笔等，音、视频编辑设备主要为非线性编辑系统。

三是数据存储设备。它是指专用的数据存储设备，常见的有硬盘、磁带、磁盘阵列、光盘等。数据体量较小的单位可直接采用专用服务器中的硬盘存储档案数据，数据体量较大的单位可采用磁带、磁盘阵列、存储区域网络存储(SAN 存储)、网络附加存储(NAS 存储)、云存储等设备及方式对档案数据进行在线存储、近线存储或离线存储。离线存储设备要定期开展数据检测和数据迁移工作。

四是其他设备。各单位还可结合工作需要配备数码相机、刻录机等辅助设备。常见辅助设备如图 6-4 所示。

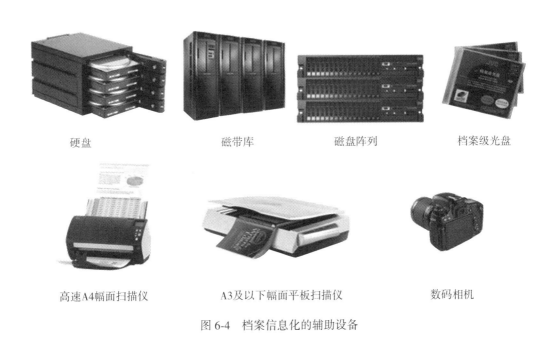

| 硬盘 | 磁带库 | 磁盘阵列 | 档案级光盘 |

| 高速A4幅面扫描仪 | A3及以下幅面平板扫描仪 | 数码相机 |

图 6-4　档案信息化的辅助设备

三、档案信息资源建设

档案数字资源建设是档案信息化工作的基础。根据《湖北省机关档案工作业务建设规范》和《湖北省档案工作目标管理考评办法》要求，各单位在开展档案数字资源建设的过程中，应建立覆盖全部馆(室)藏档案的案卷级和文件级目录数据库；建立全部文书、专业档案(短期或定期 10 年除外)、重要珍贵档案和利用频繁档案(含图纸)

的全文数据库；建立照片、音频、视频档案全文数据库。各单位应积极开展原生电子文件在线归档工作，并按规定向同级国家综合档案馆移交电子档案数据。此外，还应探索并开展业务数据、公务电子邮件、网页信息、社交媒体等类型电子文件材料的归档与管理。

传统载体档案数字化主要完成各门类纸质档案、纸质照片档案、录音带录像带档案、实物档案等目录数据库及全文数据库的建立。随着无纸化办公和电子政务的推进，办公自动化系统、各种业务系统直接生成的具备凭证、查考和保存价值的原生电子文件可按相关规范要求转化为档案数字资源进行管理。

(一)档案数字化

1. 组织与管理

管理制度与组织建设。各单位应制定、实施数字化工作管理制度，提出对工作人员、岗位、场地、设备、安全等方面的管理要求，确保档案数字化工作有序开展。同时，应建立数字化工作小组，对数字化工作进行统筹管理、组织协调和监督检查。

数字化外包服务管理。档案数字化通过外包服务方式组织开展的，发包方(立档单位)、承包方(档案服务企业)、监管方(第三方监管机构)应遵循《档案服务外包工作规范》相关要求。各单位应对数字化人员、场所、加工设备、档案实体、数字化成果交接等进行严格的安全和保密管理(具体要求见表6-1)。

表 6-1　档案数字化外包服务管理项与具体要求

管理事项	具 体 要 求
人员管理	能力要求： 项目管理人员：熟悉档案业务，具备高效的调研分析能力及团队领导才能； 技术人员：对相关标准规范有深入了解，能够在项目各阶段提供专业的技术援助； 操作人员：掌握数字化基础基本概念，对日常工作流程有透彻的了解。 管理要求： 上岗前需接受保密与安全方面的培训，并签订保密协议；保证岗位人员稳定性； 数字化服务机构负责对从事数字化任务的员工进行身份登记及安全保密审核，并向委托单位备案人员信息。

管理事项	具　体　要　求
加工场所安全管理	工作区域：专用加工场地，包含档案存放、数字化前处理、著录、扫描、图像处理、质量检查等工作区域。 安全管理： 配备防火、防水、防有害生物、防盗报警、视频监控等设施设备； 部署监控摄像头和视频录制设备，对加工区进行全时段监控，并保留录像资料至少6个月。委托单位应指派监管人员负责项目监督，并维护完整的监管记录； 严禁在数字化区域内存放任何易燃或易爆物资； 制订消防应急计划，配备适量的便携式消防工具，并安排专人进行定期检查，指定兼职消防安全负责人，并执行消防安全值班制度； 私人物品管理：为工作人员提供专用的储物设施，用于存放私人物品。严禁将手机、智能手表、数码相机、录音笔、便携式电脑等具有拍照、录音、录像等功能的电子设备以及其他信息存储设备带入数字化加工场所。
加工设备管理	加工设备：扫描仪、照相机、计算机及存储等设备，按照有关保密标准和保密要求进行管理。应根据所加工档案的最高密级，确定计算机及其存储介质的密级，并采取相应的保密技术防护措施，加强设备监管。 计算机辅助设备： 数字化加工使用的计算机与相关设备组成专用网络，并采用专用软件或安全装置封闭信息外连接口。禁止接入互联网或其他公共网络，禁止安装具有无线互联功能的硬件模块和无线鼠标、键盘等外围设备； 对于外包加工的计算机、存储设备及介质，在发包方的监督下，将存储有档案数据的硬盘等完整卸下来后，妥善交给发包方并履行交接手续。
档案实体管理	实体借阅：在数字化处理期间，未经授权不得查阅或借出档案实体。 出入库：应详尽记录档案的调取、归还以及数字化处理过程中的每一步操作以供未来查询。数字化完成后的档案应迅速返还至库房，而在数字化场所临时存放的档案需由专人管理。
存储介质管理	管理要点： 建立存储介质台账并实行专人管理； 对数据存储光盘、硬盘等介质进行防护，防止造成弯曲、划伤、破损等。

续表

管理事项	具体要求
成果管理	管理要点： 定期检查备份数据； 数字成果数据的发布、印刷、出版或在线传播必须通过正式审批，并应采用诸如数字水印、电子标签、产品标识以及数据加密等技术手段以确保安全性。

2. 纸质档案数字化

纸质档案数字化是采用扫描仪等设备对纸质档案进行数字化加工，使其转化为存储在磁带、磁盘、硬盘、光盘等载体上的数字图像，并按照纸质档案的内在联系，建立起目录数据与数字图像关联关系的处理过程。根据《纸质档案数字化规范》（DA/T 31—2017）要求，纸质档案数字化主要包括数字化前期准备、数字化前处理、数字化扫描、数字化后处理、项目验收及成果移交等环节，如图 6-5 所示。

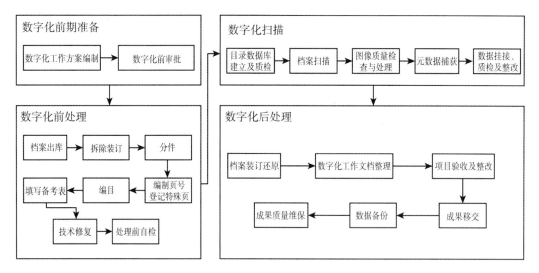

图 6-5 纸质档案数字化流程图

（1）数字化前期准备

①数字化工作方案编制。工作方案涵盖需数字化的档案资料、项目目标、具体工作

内容、成本预算、采用的数字化技术手段与关键技术标准、验收标准、项目管理流程以及安全保护措施等内容。如有必要，应组织专家对方案进行评审，确保其科学性、合规性和合理性。纸质档案的数字化进程须严格依照既定的项目计划进行。

②数字化前审批。纸质档案数字化前须经审批，按数字化加工批次填报《纸质档案数字化审批书》(具体表格样式可参考 DA/T 31—2017 附录表格)，经领导审核同意后进行数字化。

(2)档案数字化前处理

①档案出库。应在数字化项目中对档案调取手续严格要求，根据《纸质档案数字化审批书》按批次调取、清点、登记，并办理档案出库手续，经相关责任人批准后，将档案从库房调出。

②档案整理。数字化前的档案整理主要包含拆除装订、分件、编制页号、编目、填写备考表等环节，整理及恢复具体要求详见本教材"第三章　归档文件材料的整理"。

③技术修复。褶皱、破损档案在数字化前须进行压平、技术修复等处理后再作数字化处理。档案修复应符合《档案修裱技术规范》(DA/T 25—2022)的要求。

④档案处理前自检。逐卷(盒)检查档案前处理完成质量，自检合格的在数字化流程单中签字确认，自检不合格的应进行整改，直到通过自检。

(3)数字化扫描

①目录数据库建立及质检。根据档案实际内容，结合编目要求，建立案卷级和文件级目录数据库，不同门类档案目录数据库设计示例在本章节"档案数据库建设"中详细列出。目录数据库建成后，数字化加工单位应采用计算机自检和人工校对相结合的方式，逐一对每条目录著录项的完整性、规范性、准确性进行质量检查。不符合要求的，退回重新著录。

②档案扫描。在选择扫描设备时，应优先考虑对档案实体造成最小损害的设备来进行数字化工作。根据档案的尺寸(如 A4、A3、A0 等)挑选合适规格的扫描仪或专用扫描设备(例如，工程图纸可使用 0 号图纸扫描仪)，对于大尺寸的档案，可以使用大幅面的数码扫描平台。若档案纸张脆弱，或者太薄、太软、过厚，宜采用平板扫描方法。而纸张条件较好的档案则可使用高速扫描方式，以提升工作效率。

不同载体类型、不同质量原始文件在扫描时应根据实际情况设置不同的扫描参数，具体见表6-2。

表 6-2　纸质档案数字化技术参数要求

	一般要求	宜全部采用彩色模式进行扫描
扫描色彩模式	页面有红头、印章或者插有照片、彩色插图、多色彩文字等	应用彩色模式进行扫描
	页面为黑白两色，且字迹清晰、不带插图	可采用黑白二值模式进行扫描
	页面为黑白两色，但字迹清晰度差或带有插图	可采用灰度模式扫描
扫描分辨率	一般要求	300dpi
	文字偏小、密集、清晰度较差	不小于 300dpi
	需要进行 com 输出的	不小于 300dpi
	需要进行高精度仿真复制的	不小于 600dpi
存储格式	长期保存	TIFF、JPEG、JPEG2000 等通用格式，图像压缩率按应用需求确定
	提供利用	OFD、PDF 等其他格式，有条件的采用双层 OFD、双层 PDF

扫描图像原始格式应为单页 TIFF、JPEG、JPEG2000 等通用格式，扫描图像提供利用时，可置换为 PDF 等其他格式。图像文件应以"档号-页号"的方式进行命名，文书档案须在页号后注明 AB 标。A 为正文（包含无正文的定稿）及附件扫描件，B 为处理签、定稿、草稿等其他类扫描件。

如：XX000025-WS・2023-Y-ZHL-0001.001A.JPEG；

XX000025-WS・2023-Y-ZHL-0001.025B.JPEG。

按档号层级建立合理的图像存储路径，确保后续数据挂接准确无误。

③元数据捕获。通过系统自动记录数字化扫描件生成环境的元数据。不具备自动捕获元数据功能或捕获元数据不规范的数字化系统应进行升级完善。数据项不便于自动捕获的，可采取手工著录与系统批量赋值相结合的方式。纸质档案数字化元数据应参照《关于印发武汉市纸质档案数字化实施细则的通知》（武档〔2016〕13 号）、《关于〈武汉市纸质档案数字化实施细则〉的补充说明》（武档〔2017〕6 号）文件要求进行捕获、命名、存储。元数据采集项目及要求见表 6-3。

表 6-3 纸质档案数字化元数据采集项目要求

序号	元数据项	元数据描述	示例	必填项
1	数字化时间	记录纸质档案数字化的时间	2023-12-19 14:25	是
2	数字化对象描述	记录需要特别说明的案卷物理特征等信息	本件共有 3 份草稿共计 18 页未数字化	否
3	数字化授权描述	记录纸质档案数字化审批信息等，如数字化授权文件编号	档案原件数字化审批书编号 202303001	否
4	格式名称	记录扫描数字化图像存储格式	TIFF	是
5	格式版本	记录扫描数字化图像格式版本号	1	否
6	色彩空间	记录扫描图像所应用的色彩空间	RGB、CMYK	是
7	压缩方案	生成数字图像时所采用的压缩运算法则	JPEG、LZW	否
8	压缩率	生成数字图像时所采用的压缩比率	0.8	否
9	水平分辨率	生成数字图像时所采用的水平分辨率，单位 dpi	300	是
10	垂直分辨率	生成数字图像时所采用的垂直分辨率，单位 dpi	300	是
11	图像宽度	生成数字图像的宽度，单位像素	1654	是
12	图像高度	生成数字图像的高度，单位像素	2339	是
13	位深度	生成数字图像时所采用的位深度	黑白输出位深度 1；灰度输出位深度 8；彩色输出位深度 24	是
14	文件大小	生成数字图像的大小，单位字节（Byte）	4776	是
15	设备类型	数字化生成数字图像时所采用的设备类型，包括扫描仪、数码相机。默认值扫描仪	扫描仪	是
16	设备制造商	记录纸质档案数字化所用扫描设备的制造商	柯达	否
17	设备型号	记录纸质档案数字化扫描设备的型号	I2400	否

序号	元数据项	元数据描述	示例	必填项
18	设备序列号	扫描仪序列号		否
19	设备感光器类型	扫描仪感光部件类型名称	CCD、CMOS	否
20	数字化软件名称	记录纸质档案数字化所用软件的名称	某某数字化加工平台	否
21	数字化软件版本	记录纸质档案数字化所用软件的版本	V2.0	否
22	数字化软件生产商	记录纸质档案数字化所用软件的生产商	某某有限公司	否
23	版权所有者	数字化档案的著作权所有者	某某档案馆	是
24	版权 ID	数字化档案的著作权编号		否
25	版权期限	数字化档案的著作权期限	60 年	否
26	阅读所需硬件条件	记录纸质档案数字化成果阅读所需的软硬件条件	CPU 1G，RAM 2G，DISK 1G，Imaging 2.8	是
27	相对地址	记录纸质档案数字化成果的相对存放位置	\\XX000025\WS・2023\Y\XZL\ XX000025-WS・2023-Y-XZL-0001.001A.JPEG	是
28	离线地址	记录纸质档案数字化成果的离线存放位置	\ 光盘号 \ XX000025 \ WS・2023 \ Y \ XZL \ XX000025-WS・2023-Y-XZL-0001.001A.JPEG	否
29	数字化成果移交接收信息	记录纸质档案数字化成果的移交接收信息，为已移交、未移交	已移交	否

　　捕获的元数据项应存储为 XML 格式文件，XML 文件的命名同对应的扫描原文命名相同，XML 文件同扫描原文保存在相同位置。每个图像文件须对应一个同名的 XML 文件。

　　如下：

XX000025-WS・2023-Y-ZHL-0001.001A.JPEG；

XX000025-WS・2023-Y-ZHL-0001.001A.XML；

XX000025-WS·2023-Y-ZHL-0001.025B.JPEG；

XX000025-WS·2023-Y-ZHL-0001.025B.XML。

捕获的元数据信息同每幅面的头文件(EXIF)一致，元数据文件和对应图像数据作为数字化成果单独保存，不与图像一起挂接到档案管理信息系统。

元数据存储 XML 格式

```
<? xml version="1.0" encoding="utf-8"? >

<root>
    <数字化时间></数字化时间>
    <数字化对象描述></数字化对象描述>
    <数字化授权描述></数字化授权描述>
    <格式名称></格式名称>
    <格式版本></格式版本>
    <色彩空间></色彩空间>
    <压缩方案></压缩方案>
    <压缩率></压缩率>
    <水平分辨率></水平分辨率>
    <垂直分辨率></垂直分辨率>
    <图像宽度></图像宽度>
    <图像高度></图像高度>
    <位深度></位深度>
    <文件大小></文件大小>
    <设备类型></设备类型>
    <设备制造商></设备制造商>
    <设备型号></设备型号>
    <设备序列号></设备序列号>
    <设备感光器></设备感光器>
    <数字化软件名称></数字化软件名称>
    <数字化软件版本></数字化软件版本>
```

```
<数字化软件生产商></数字化软件生产商>
<版权 ID></版权 ID>
<版权期限></版权期限>
<阅读所需软硬件条件></阅读所需软硬件条件>
<相对地址></相对地址>
<离线地址></离线地址>
<数字化成果移交接收信息></数字化成果移交接收信息>
</root>
```

④图像质量检查与处理。应对扫描图像文件进行质检，使用图像处理软件对图像进行旋转、纠斜、剪边、去噪等处理，存在的漏扫、多扫等情况应及时改正，图像排列顺序和文件不一致的应予以调整。

⑤数据挂接、质量检查及整改。应对著录的每份文件级条目和对应扫描的原文图片进行一一挂接，挂接完成后应采用自动或人工检查方式对挂接数据进行质检，发现问题及时整改，确保数据挂接准确性。

(4)数字化后处理

①档案装订还原。纸质档案扫描完成后，应还原装订。装订完成后对档案实体还原情况进行检查，要求档案100%不缺失。如有顺序错误、文件颠倒等情况，须重新进行整理、装订。

②数字化项目验收及整改。各单位应组织验收组对项目产生的数字化成果、目录数据、元数据、扫描图像、数据挂接、工作文件、存储载体等进行验收。验收不合格的，由相关单位整改。验收根据项目规模可分为阶段验收和总体验收。纸质档案数字化项目验收指标如表6-4。

③数字化工作文件整理。纸质档案数字化过程中形成的工作文档应进行归档，应归档的数字化工作文档包括：数字化工作方案、项目招投标文件、中标通知书、项目合同、数字化加工人员名单、设备清单、纸质档案数字化审批书、档案出入库交接单、数字化加工流程单、档案数据质量登记单、档案数据质量验收报告单、档案实体验收证明、安全检查记录及数字化加工现场日志、项目验收报告、数字化成果移交清单等。

表 6-4　纸质档案数字化验收指标表

指标项	具体要求
档案实体	档案整理、装订还原情况，完好率应≥98%，档案原件 100% 不缺失
图像数据	图像质量情况完好率应≥98%，漏扫率≤1%，图像文件的命名差错率≤0.5%
目录数据及元数据	以条目为检查单位，档号、题（人）名、密级、控制标识等关键字段正确率 99.5%（原件字迹潦草、不清的，不计算在内），其余字段录入正确率≥98%
数据挂接	挂接正确率 100%
数字化项目文件	数字化工作档案收集齐全，整理规范，完成归档，便于查阅

④成果移交与备份。项目验收合格的，由数字化加工单位向发包单位移交数字化成果，并履行移交手续，形成数字化成果移交清单。数字化成果包括档案目录数据、数字化全文数据、元数据和整理完毕的数字化工作文档。数字化成果备份应采用在线、离线相结合的方式进行多套、异质备份。离线备份介质主要为档案级光盘、硬盘等。

3. 照片档案数字化

照片档案数字化是使用扫描仪、数码相机等设备，将照片档案转化为数字图片或数字文本的处理过程。照片档案数字化包括数字化项目的组织与管理、档案出库、数字化前处理、构建目录数据库、信息采集、图像处理、数据挂接、数字化成果的验收与移交，以及档案的归还和入库等环节，如图 6-6 所示。数码照片为原生电子文件，可直接按电子文件归档流程进行归档，无须冲印或打印后再扫描。

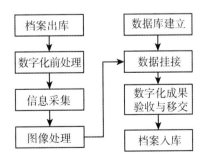

图 6-6　照片档案数字化流程

（1）数字化前处理

应先确定照片档案数字化对象，对照片档案载体进行外观检查，并对照片的破损、变形、污渍、褪色等情况进行登记。在保证不对照片造成损害的前提下，可以对照片进行轻微的清理，如除去尘埃、污渍或霉斑等。照片档案数字化出库应参照纸质档案数字化相关流程执行，并做好出库登记和安全交接工作。

（2）目录数据库建立

参照《照片档案管理规范》（GB/T 11821—2002）中"照片档案目录编制"中"基本著录项"、《数码照片归档与管理规范》（DA/T 50—2014）中"数码照片档案著录项目及说明"确定照片档案著录项，建立照片目录数据库（详见本章节"档案数据库建设"）。

（3）信息采集

在照片档案信息采集过程中，应根据各类载体的特殊性，设置相关技术参数，确保采集的图像清晰、完整且真实反映档案的原貌。采集完成后，应通过对比原件的方式进行质量检查，发现存在图像不清晰等问题，需要重新采集。

照片档案数字化通常采用扫描仪扫描或数码相机翻拍两种方式。采用扫描仪进行数字化的需要根据扫描对象选择合适的扫描设备，如底片（胶片）扫描仪和照片扫描仪。其中，底片扫描仪一般用于底片胶片、对图像品质要求较高的照片扫描。照片档案扫描技术参数如表 6-5 所示。

表 6-5　照片档案扫描技术参数

扫描方式	具 体 要 求
底片扫描	色彩模式：RGB 全彩模式 分辨率：底片小于或等于 120 毫米时，分辨率不小于 2400dpi；底片大于 120 毫米时，分辨率不小于 1200dpi
照片扫描	色彩模式：RGB 全彩模式 分辨率：照片小于或等于 5 英寸时，分辨率不小于 600dpi；照片大于 5 英寸时，分辨率不小于 300dpi
数码相机翻拍	色彩模式：RGB 全彩模式 像素：不少于 1000 万像素

（4）图像格式

为确保照片档案的数字化图像能够长期保存，应优先考虑采用 TIFF、JPEG 或 JPEG2000 等图像格式。至于图像压缩的比例，可基于具体使用场景和要求来设定。对于较珍贵的照片应选择 TIFF 格式存储以确保图像信息无损。照片档案数字图像利用时，可考虑网络浏览速度、操作的便捷性、存储空间等因素，生成缩略图提供利用。

（5）元数据捕获

在照片档案数字化过程中，应自动捕获、记录数字化项目信息、数字化环境信息、电子文件属性、数字化技术参数等元数据信息。

（6）图像处理

在照片档案数字化采集完毕后，需要进行图像旋转及纠偏、去污去线去黑边等杂质、拼接、裁剪多余部分、降噪、清晰度、失真度等技术处理。

（7）文件命名

照片档案数字化文件应以档号进行命名，并建立科学的存储路径，以确保数据挂接的准确性。文件命名如：025-ZP·2023-Y-001-0001. JPEG；存储路径如：\\025\ZP·2023\Y\001\025-ZP·2023-Y-001-0001. JPEG。

（8）数据挂接与质量检查

可通过使用特定的软件工具或人工方式，将照片档案图像文件挂接到对应的目录数据下，确保两者之间的相互对应和联动。挂接之后，应对挂接数据进行逐条检查，主要检查挂接准确性、已挂接文件与实际数字化数量的一致性、图像文件质量和可读性，检查率应为 100%。质检存在问题的应及时整改。

（9）装册还原

图像采集完成后，应将取出的照片还原到相册中，相册如存在破损则需更换，确保照片档案原件的安全、位置准确、无遗漏。

（10）数字化成果验收与移交

可成立数字化成果验收小组开展数字化成果验收工作。可采用计算机自动检验和人工检验相结合的方式对照片档案的数字化成果进行验收检查。验收的主要内容包括图像文件、目录数据、元数据、数据与图像文件关联性、数字化工作文件以及存储载体，具体验收要求见表6-6。

表 6-6　照片数字化成果验收内容与指标

验收内容	具 体 要 求
目录数据	数据条目内容、格式准确性，必填项是否填写。检查率 100%，合格率 100%
元数据	完整性、赋值规范性。检查率 100%，合格率 100%
数字影像文件	技术参数、存储路径、命名、排列顺序的准确性，影像完整性，影像质量；检查率 100%，合格率 100%
数据挂接	挂接准确性。检查率 100%，合格率 100%
工作文件	完整性、规范性，是否完成整理、归档、移交
存储载体	可用性、有无病毒。检查率 100%，合格率 100%

（11）成果移交

经验收合格的数据应按照前期制定的数字化工作方案进行移交，并履行交接手续。

（12）档案恢复与入库

数字化工作完成后，应对照片档案进行处理与清点，并履行档案入库手续。

4. 录音录像档案数字化

录音录像档案数字化是对模拟录音录像档案进行数字化加工，使其转化为数字音频文件和视频文件的处理过程。由数码相机、手机、录音笔、摄像机、笔记本电脑等设备直接采集获取的录音录像电子文件属原生电子文件，按电子文件进行归档。

根据《录音录像档案数字化规范》（DA/T 62—2017）要求，录音录像档案数字化主要包括数字化工作的组织与管理、档案出库、数字化前处理、数据库建立、信息采集、音视频处理、数据挂接、数字化成果验收与移交、档案归还入库等过程，流程如图 6-7 所示。

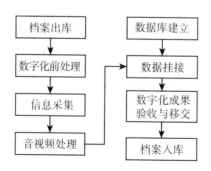

图 6-7　录音录像档案数字化流程

（1）数字化前处理

应确定要进行数字化处理的录音录像档案，并对这些音视频载体进行外观检查，如"档案载体物理形态出现卷曲、变形、划伤、脆裂、粘连、磁粉脱落""档案载体出现可见性微斑、变色、生霉""档案载体出现受潮、灰尘附着"等情况，须进行适度清洗、修复等技术处理。录音录像档案数字化出库过程中应参照纸质档案数字化相关流程执行，并做好出库登记和安全交接工作。

（2）目录数据库建立

参照《录音录像档案管理规范》（DA/T 78—2019）中"基本著录项"确定录音录像档案著录项，建立目录数据库（详见本章节"档案数据库建设"）。

（3）元数据捕获

录音录像档案数字化过程中，应自动采集并记录关于数字化项目的元数据信息，包括音视频文件的创建环境、电子文件的特征以及数字化过程中采用的技术参数等。

（4）信息采集

在录音录像档案信息采集过程中，应根据各类载体的特殊性，设置相关参数，保证采集后的数字音视频信息清晰、完整、不失真、接近档案原貌。录音录像档案数字化技术参数见下表（表6-7、表6-8）。采集完成后，应通过播放、对比原件的方式进行质量检查，发现存在音视频不清晰、不同步等问题，需要重新采集。

表6-7 录音档案数字化技术参数

技术参数	具 体 要 求
采样率	不低于44.1kHz，对于珍贵或有特别用途录音档案，采样率不低于96 kHz
量化位数	24bit
声道	原始声道数记录
文件格式	WAVE 或 MP3

表6-8 录像档案数字化技术参数

技术参数	具 体 要 求
视频编码格式	H.264 或 MPEG-2 IBP，对于珍贵或有特别用途的录像档案，可采用无压缩的方式
帧率	与档案原件相同

续表

技术参数	具体要求
画面宽高比	与档案原件相同
分辨率	采集为标清视频时分辨率为 720×576 或 720×480；采集为高清视频时分辨率为 1920×1080
色度采样率	采集为标清视频时不低于 4:2:0；采集为高清视频时不低于 4:2:2
视频量化位数	不低于 8bit，珍贵或特别用途的，不低于 10bit
视频比特率	采集为标清视频时不低于 8Mbps，采集为高清视频时不低于 16Mbps
音频编码格式	PCM
音频采样率	不低于 48kHz
音频量化位数	不低于 16bit，珍贵或特别用途的，不低于 24bit
声道	原始声道数记录
文件格式	AVI 或 MXF 或 MPG

(5)文件切分

对同一物理载体中记录的多个不同主题信息(如录像带中记录的不同地方方言档案，录音带中记录的不同歌曲等)，应根据每个主题的起止时间进行切分，并对切分后的每一个主题按照规范著录。对于音视频文件中开头和结尾的无声或无画面部分，若长度过长，可以适当剪辑，确保在声音或图像内容开始前和结束后各留有大约 5 秒的空白。

(6)文件命名

录音录像数字化文件应以档号进行命名，一条目录对应采集后的多个音视频文件时可按"档号-顺序号"进行命名，并建立科学的存储路径，确保数据挂接的准确性。文件命名如：025-LY·2023-Y-0001.001.WAV；存储路径如：\\025\LY·2023\Y\001\025-LY·2023-Y-0001.001.WAV。

(7)音视频处理

采集后的音视频文件可根据不同应用场景需要进行格式转换，适当进行去噪音、去爆音、去蒙尘、去划痕、校色、画面稳定等技术处理，以便利用。

(8)数据挂接与质量检查

可通过使用特定的软件工具或人工方法，将录音录像档案的数字音视频文件挂接到对应的目录数据下，挂接之后，应对挂接数据进行逐条检查，主要检查挂接准确性、已挂接文件与实际数字化数量的一致性、音视频文件质量和可读性，检查率应为100%。质检存在问题的应及时整改。

(9)数字化成果验收与移交

可成立数字化成果验收小组开展数字化成果验收。可采用计算机自动检验和人工检验相结合的方式对录音录像档案的数字化成果进行验收检查。验收的主要内容包括音视频文件、目录数据、元数据、数据与音视频文件关联性、数字化工作文件以及存储载体，具体验收要求见表6-9。

表6-9 录音录像档案数字化成果验收内容与指标表

验收内容	具 体 要 求
目录数据	数据条目内容、格式准确性，必填项是否填写。检查率100%，合格率100%
元数据	完整性、赋值规范性。检查率100%，合格率100%
音视频文件	技术参数、存储路径、命名、排列顺序的准确性，音视频文件完整性、清晰度、同步性、是否畸变；对前、中、后三部分分段播放，时长不低于音视频文件总时长的10%；检查率100%，合格率100%
数据挂接	挂接准确性。检查率100%，合格率100%
工作文件	完整性、规范性，是否完成整理、归档、移交
存储载体	可用性、有无病毒。检查率100%，合格率100%

(10)成果移交

经验收合格的数据应按照前期制定的数字化工作方案进行移交，并履行交接手续。

(11)档案恢复与入库

在完成数字化工作后，应对录音录像档案进行恢复和整理工作，对于使用磁带的档案，在数字化处理完毕之后应进行倒带处理。经过修复整理后的录音录像档案，应进行档案实体的验收，并做好相关记录，完成清点入库工作。

5. 实物档案数字化

实物档案主要采用拍摄、扫描等方式对实物档案进行数字化加工。根据《实物档案数字化规范》(DA/T 89—2022)要求，实物档案数字化主要包括数字化的组织与管理、档案出库、数字化前处理、目录数据库建立、数字化采集、影像处理、数据挂接、数字化成果验收与移交、档案归还入库等过程，流程如图 6-8 所示。

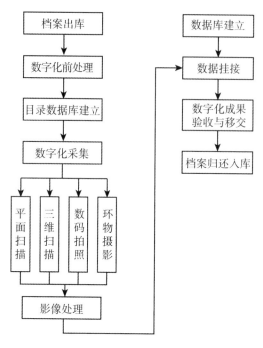

图 6-8 实物档案数字化流程

（1）数字化前处理

根据数字化工作方案开展实物档案数字化工作，先确定实物档案数字化对象，实物档案出库过程中应参照纸质档案数字化相关流程执行，并做好出库登记和安全交接工作。

（2）档案检查

应对拟数字化的实物档案进行外观检查，对损坏严重或有其他情况不利于数字化加工的，应进行适度的加固、清洗等技术处理，技术处理应符合有关档案保护规定。同时，应记录实物档案编号、材质、外形等信息，以及实物的质量与存在的问题。

（3）目录数据库建立

参照《实物档案数字化管理规范》（DA/T 89—2022）中"目录数据库建立"确定实物档案著录项，并建立目录数据库（详见本章节"档案数据库建设"）。

（4）数字化采集方式的选择与技术参数

实物档案数字化采集的方式有数码拍照、平面扫描、三维扫描、环物摄影等几种。

应针对不同类型的实物档案选择不同的数字化采集方式，设置不同的技术参数，如表6-10。

表 6-10　实物档案数码拍照主要技术参数

采集方式	实物类型	技术参数
数码拍照	奖牌、奖杯、锦旗等	分辨率：4928×3280 以上；用于系统浏览、网络浏览的照片，分辨率可设为 1920×1080 或 720×480； 曝光模式：手动曝光/自动曝光
平面扫描	奖状、证书等	分辨率：600dpi 以上 色彩模式：≥32 位，RGB 全彩模式
三维扫描	奖杯、产品、标本、工具设备等	扫描精度：≤0.05mm，500mm（镜头距待扫描物体之间的距离）； 点间距：≤0.254mm； 纹理色彩：≥32 位色； 扫描距离：400mm-600mm； 存储格式： 几何数据：.3DS、.3DMAX、.3DM、.FLT、.OBJ、.WRL、.DAE 等； 纹理数据：.JPG、.TIFF、.PNG、.DDS、.TGA 等
环物摄影	生产工具、设施设备等大型实物档案	相机拍摄模式：手动模式(M 档)/自动模式 像素：≥1600 万 色彩模式：≥32 位，RGB 全彩模式 图片格式：TIFF、JPEG 或 JPEG2000 等通用格式

（5）图像格式

应选择 TIFF、JPEG 或 JPEG2000 等通用格式，图像压缩率的选取应依据实际使用需求来调整。同一种拍摄方式的应采用相同的存储格式。

（6）元数据捕获

实物档案数字化过程中，应自动捕获、记录数字化项目信息、数字化环境、电子文件属性、数字化技术参数等元数据信息。

（7）影像处理

在实物档案数字化采集完毕后，需要进行影像旋转及纠偏、去污去线去黑边等杂质、影像拼接、裁剪多余部分、降噪、清晰度、失真度等技术处理。针对三维扫描结果，还可采用平滑处理，提高轮廓识别度。

（8）文件命名

实物数字化文件应以档号进行命名，并建立科学的存储路径，以确保数据挂接的准确性。文件命名如：025-SW·JP·2023-Y-0001.JPEG；存储路径如：\\025\SW·JP·2023\Y\001\025-SW·JP·2023-Y-0001.JPEG。

（9）数据挂接与质量检查

可参照录音录像档案数字化数据挂接与质量检查方式。

（10）数字化成果验收与移交

验收的主要内容包括数字文件、目录数据、元数据、数据与文件的关联性、数字化过程产生的工作文档以及存储载体。具体验收要求见表6-11。

表6-11 实物档案数字化成果验收内容与指标表

验收内容	具 体 要 求
目录数据	数据条目内容、格式准确性，必填项是否填写。检查率100%，合格率100%
元数据	完整性、赋值规范性。检查率100%，合格率100%
数字影像文件	技术参数、存储路径、命名、排列顺序的准确性，影像完整性，影像质量；检查率100%，合格率100%
数据挂接	挂接准确性。检查率100%，合格率100%
工作文件	完整性、规范性，是否完成整理、归档、移交
存储载体	可用性、有无病毒。检查率100%，合格率100%

（11）成果移交

经验收合格的数据应按照前期制定的数字化工作方案进行移交，并履行交接手续。

（12）档案恢复与入库

数字化工作完成后，应对实物档案进行处理与清点，并履行档案入库手续。

（二）电子文件归档

有条件的单位应将电子文件归档与电子档案管理纳入本单位信息化建设规划，健全管理制度，建立业务部门、档案部门、信息化部门联合协作机制。在电子文件和电子档案的管理过程中，必须保障电子档案的真实性、完整性、可用性以及安全性。

各单位可参照《电子文件归档与电子档案管理规范》(GB/T 18894—2016)、《党政机关电子公文归档规范》(GB/T 39362—2020)、《政务服务事项电子文件归档规范》(DA/T 85—2019)、《电子会计档案管理规范》(DA/T 94—2022)、《数码照片归档与管理规范》(DA/T 50—2014)、《录音录像档案管理规范》(DA/T 78—2019)、《政府网站网页归档指南》(DA/T 80—2019)、《公务电子邮件归档管理规则》(DA/T 32—2021)等标准规范，结合本单位业务工作实际，组织开展电子文件在线归档和电子档案管理。针对不同类型电子文件归档管理要求，下面简要介绍电子文件归档流程和应重点注意的事项。

1. 电子公文归档

开展电子公文归档工作，应建立跨部门联合工作机制：电子公文形成部门完成电子公文收集、整理、移交工作；档案部门负责档案接收并进行必要的业务指导；信息化部门负责对电子公文系统、档案管理信息系统及相关系统进行设计、维护，确保电子公文归档规则在系统中的落实。电子公文归档流程如图6-9所示。

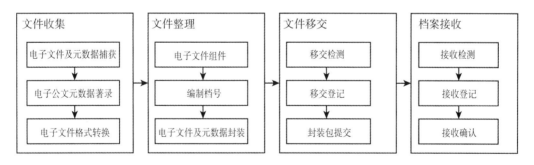

图6-9 电子公文归档流程

公文电子文件的收集应按照电子公文归档范围(电子公文归档范围可参照纸质公文归档范围制定)要求，通过系统自动捕获电子公文及其元数据。电子公文被捕获后，应将电子公文进行格式转换处理，以确保存档的电子公文能够满足保存和利用的需要。电子公文归档格式如表6-12。

表 6-12 电子公文归档格式

文件构成	文件形态	归档格式
文件处理单	纸质(扫描)	双层 OFD
	电子(网页、文本)	OFD
公文主体(含正本、定稿、修改稿等)	纸质(扫描)	双层 OFD
	电子(文本)	OFD
其他附属文件	电子	文本类：OFD 图像类：JPEG、JPEG2000、TIFF 图形类：SVG、STEP 音频类：WAV、MP3 视频类：AVI、MP4、MPG 社交媒体类：HTML、MHT

电子公文一般以件为单位进行整理,件内文件构成及排列顺序应遵守《归档文件整理规则》(DA/T 22—2015)的规定。电子公文档案档号编制应与纸质文书档案档号编制规则保持一致。待归档的电子公文及其元数据应封装成归档信息包,归档信息包结构参照《党政机关电子公文归档规范》(GB/T 39362—2020)执行。

电子公文由公文形成部门进行"四性检测"、清点、核实后移交至档案管理部门,档案管理部门接收后应对归档信息包进行"四性检测"、清点与核实,不符合要求的应退回,符合要求的应完成交接手续,并在档案管理信息系统中完成归档流程。档案管理信息系统应具备自动出具《电子文件归档登记表》(表格样式参照 GB/T 18894—2016)功能。

2. 政务服务事项电子文件归档

有条件的单位应积极开展政务服务事项电子文件归档和电子档案管理工作。该项工作应由政务服务部门、档案部门、信息化部门联合承担。政务服务事项电子文件归档包含文件收集、文件整理、文件封装、归档文件清点、生成验证信息、数据交换、归档检测、接收登记与编目、归档等步骤。政务服务事项电子文件归档步骤如图 6-10 所示。

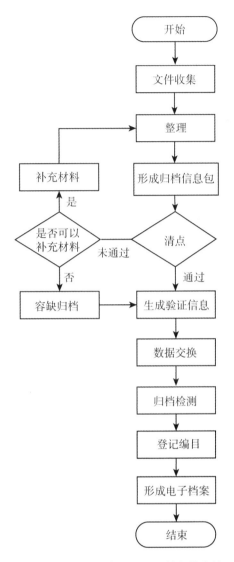

图 6-10　政务服务事项电子文件归档步骤

　　政务服务事项办结后，政务服务系统应根据内嵌"三合一表"，自动将政务服务事项办理过程中形成的电子文件及其元数据采集至归档文件夹中。电子文件格式一般采用 OFD、PDF/A、XML、HTML 等格式，元数据采集应符合 DA/T 85—2019 等标准要求。政务服务事项电子文件的整理、命名、归档信息包结构，也应满足 DA/T 85—2019 要求。归档信息包的清点应通过系统功能实现自动清点，并对元数据进行"四性检测"，同时采用时间戳或数字摘要等技术手段生成归档信息包的验证信息。归档信息包可通过政务服务平台和档案管理信息系统进行在线数据交换、移交。档案管理信息系统应对接收的归档信息包进行"四性检测"，有问题的应退回，确认无问题后，进行接收登记，再由档案管理部门完成归档流程。

3. 电子会计资料归档

有条件的单位可开展电子会计档案管理工作。符合国家有关规定、标准的电子会计资料，可以仅以电子形式归档保存。电子会计档案管理过程包括电子会计资料的形成、收集、整理、归档和电子会计档案的保管、统计、利用、鉴定、处置等。管理流程图如图 6-11 所示。

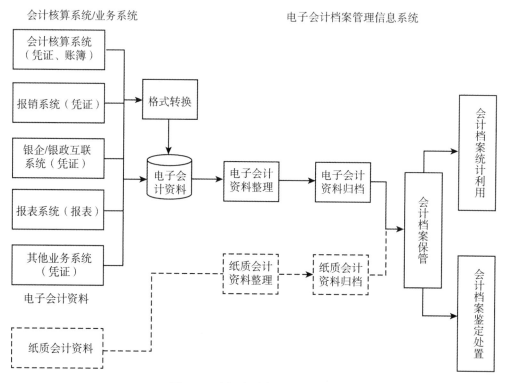

图 6-11 电子会计资料管理流程

电子会计资料应经过经办、审核、审批等必要的审签程序，内容及元数据齐全完整。电子会计资料一般采用 OFD 或 PDF 格式等版式文件格式进行归档，可同步输出类 XML 描述文件一并归档。

电子会计资料的收集、分类、命名、著录、元数据可参照 DA/T 94—2022，其中，分类整理可结合纸质会计资料分类要求执行，详见本书"第三章　归档文件材料的整理"；会计电子档案采用"档案号-顺序号"对电子文件进行命名；其目录数据与纸质会计档案目录数据库一并管理，可在数据库中标记文件生成方式，如"原生"；电子会计档案中电子文件属性、创建环境等元数据应在在线归档时，由档案管理信息系统自动捕获。

4. 数码照片归档

当前，照片档案收集对象主要为数码照片，具有保存和利用价值的数码照片可直接作为电子文件归档。归档的数码照片应当是使用数字成像设备直接捕捉的原始图像文件，并且其内容以及 EXIF 信息应保持未经修改的状态。归档数码照片应为 JPEG、TIFF 或 RAW 格式，一般采用 JPEG 格式。数码照片的分类、命名、著录、元数据可参照（DA/T 50—2014）执行，其中，分类整理详见本书"第三章　归档文件材料的整理"，附加的文字说明应包含事由、时间、地点、人物、背景、摄影者等要素。

数码照片档案应采用档号进行命名，其目录数据与其他载体照片档案目录数据库一并管理，可在数据库中标记文件生成方式，如"原生"；数码照片档案的 EXIF 信息及电子文件属性等元数据应在数据挂接时，由档案管理信息系统自动捕获。

5. 录音录像电子文件归档

可直接将通过录音录像设备生成的具有保存价值的音视频文件作为电子文件归档。录音录像电子文件格式应满足规范格式要求，录音归档格式为 WAV、MP3、ACC 等，录像电子文件归档格式为 MPG、MP4、FLV、AVI 等。录音录像电子文件的分类、命名、著录、元数据可参照 DA/T 78—2019 执行，其中，分类整理详见本书"第三章　归档文件材料的整理"；采用档号进行命名；其目录数据可与数字化录音录像档案目录数据库一并管理，并在数据库中标记文件生成方式，如"原生"。录音录像电子档案的电子文件属性等元数据应在数据挂接时，由档案管理信息系统自动捕获。

6. 网页信息、公务电子邮件、社交媒体电子文件归档

网页信息电子文件归档可参照 DA/T 80—2019 执行。公务电子邮件归档可参照 DA/T 32—2021 执行。社交媒体电子文件归档暂无标准规范可参考。各单位可根据实际情况，积极探索上述门类电子文件归档与电子档案管理路径。

（三）档案数据库建设

各机关、单位应建立馆（室）藏所有门类档案目录数据库，并根据保管和利用需求建立全文数据库。其中，机关应建立全部室藏档案案卷级、文件级目录数据库，党群行政管理档案、重要珍贵档案和利用频繁档案（含图纸）应建立全文数据库；企事业单位应建立全部文书、专业档案（短期或定期 10 年除外）全文数据库。各单位都应建立照片、录音、录像多媒体数据库。

1. 目录数据库建设

档案目录数据库内的数据项被称作"档案机读目录"或"档案电子目录"，它们被存储在计算机里，并通过特定的数据库管理系统进行组织和管理，形成了一套档案目录的数据集。档案目录数据应结合各类档案著录及元数据管理要求进行设计，包含案卷级和文件级目录数据库。数据库结构设计可参考表 6-13。

表 6-13（1）　文书档案案卷级档案目录数据库结构的示例

序号	著录项目	著录项目属性				
		字段名	类型	字段长度（字节）	是否允许为空（NULL）	说明
1	档案馆代码	DAGDM	字符型	6	NULL	
2	档案门类代码	DAMLDM	字符型	2		
3	全宗名称	QZMC	字符型	120		
4	立档单位名称	LDDWMC	字符型	120	NULL	
5	全宗号	QZH	字符型	8		
6	目录号	CATALOGUE_NO	字符型	2		
7	案卷号	AJ_NO	字符型	4		
8	档号	DH	字符型	40		
9	题名	TM	字符型	255		
10	文件起始时间	WJQSSJ	字符型	8		
11	文件终止时间	WJZZSJ	字符型	8		
12	页数	YS	数值型	3		

序号	著录项目	著录项目属性				
		字段名	类型	字段长度（字节）	是否允许为空（NULL）	说明
13	总件数	JS	数值型	3		
14	保管期限	BGQX	字符型	4		
15	控制标识	KZBS	字符型	10		
16	人物(人名)	RW	字符型	255	NULL	
17	政权标识	ZQBZ	字符型	1	NULL	
18	档案所属历史时期	LSSQ	字符型	2		
19	语种	YZ	字符型	12	NULL	
20	实体档案存放位置	CFWZ	字符型	100	NULL	
21	附注(备注)	NOTE	字符型	255	NULL	

表 6-13(2)　文书档案案卷级对应文件目录数据库结构的示例

序号	著录项目	著录项目属性				
		字段名	类型	字段长度（字节）	是否允许为空（NULL）	说明
1	档案馆代码	DAGDM	字符型	6	NULL	
2	档案门类代码	DAMLDM	字符型	2		
3	全宗名称	QZMC	字符型	120		
4	立档单位名称	LDDWMC	字符型	120	NULL	
5	全宗号	QZH	字符型	8		
6	目录号	CATALOGUE_NO	字符型	2		
7	案卷号	AJ_NO	字符型	4		
8	件号	JH	数值型	4		
9	页号	YH	字符型	3		
10	档号	DH	字符型	40		
11	题名	TM	字符型	255		
12	附件题名	FJTM	字符型	255	NULL	

序号	著录项目	著录项目属性				
		字段名	类型	字段长度（字节）	是否允许为空（NULL）	说明
13	文件编号	WJBH	字符型	50	NULL	
14	责任者	ZRZ	字符型	100		
15	成文时间	CWSJ	字符型	8		
16	人物（人名）	RW	字符型	255	NULL	
17	密级	MJ	字符型	8	NULL	
18	保管期限	BGQX	字符型	4		
19	控制标识	KZBS	字符型	10		
20	稿本	GB	字符型	10	NULL	
21	语种	YZ	字符型	12	NULL	
22	政权标识	ZQBZ	字符型	1	NULL	
23	档案所属历史时期	LSSQ	字符型	2		
24	电子档案生成方式	SCFS	字符型	8	NULL	
25	电子档案名	DZDAM	字符型	255	NULL	
26	离线存址	LXCZ	字符型	120	NULL	
27	实体档案存放位置	CFWZ	字符型	100	NULL	
28	附注（备注）	NOTE	字符型	255	NULL	

表 6-13（3） 文书档案文件目录数据库结构的示例

序号	著录项目	著录项目属性				
		字段名	类型	字段长度（字节）	是否允许为空（NULL）	说明
1	档案馆代码	DAGDM	字符型	6	NULL	
2	档案门类代码	DAMLDM	字符型	2		
3	全宗名称	QZMC	字符型	120		
4	立档单位名称	LDDWMC	字符型	120	NULL	

续表

序号	著录项目	著录项目属性				
		字段名	类型	字段长度（字节）	是否允许为空（NULL）	说明
5	全宗号	QZH	字符型	8		
6	机构（问题）	SERIES_CODE	字符型	10	NULL	
7	年度	NIANDU	数值型	4		
8	保管期限	BGQX	字符型	4		
9	件号	JH	字符型	4		
10	盒号	HH	字符型	3	NULL	
11	档号	DH	字符型	40		
12	题名	TM	字符型	255		
13	附件题名	FJTM	字符型	255	NULL	
14	主题词或关键词	ZTC	字符型	60	NULL	
15	责任者	ZRZ	字符型	100		
16	文件编号	WJBH	字符型	50	NULL	
17	文件形成时间	XCSJ	字符型	8		
18	页数	YS	数值型	3		
19	密级	MJ	字符型	8	NULL	
20	控制标识	KZBS	字符型	10		
21	人物（人名）	RW	字符型	255	NULL	
22	稿本	GB	字符型	10	NULL	
23	语种	YZ	字符型	12	NULL	
24	电子档案生成方式	SCFS	字符型	8	NULL	
25	电子档案名	DZDAM	字符型	255	NULL	
26	离线存址	LXCZ	字符型	120	NULL	
27	实体档案存放位置	CFWZ	字符型	100	NULL	
28	附注（备注）	NOTE	字符型	255	NULL	

表 6-13（4）　科技档案案卷级档案目录数据库结构的示例（以基建类为例）

序号	著录项目	著录项目属性				
		字段名	类型	字段长度（字节）	是否允许为空（NULL）	说明
1	全宗号	QZH	字符型	200		
2	档号	DAH	字符型	200		
3	目录号	CATALOGUE_NO	字符型	100		
4	年度	NIANDU	数值型			
5	项目名称	XMMC	字符型	500		
6	项目开始时间	XMKSSJ	日期型			
7	项目竣工时间	XMJGSJ	日期型			
8	建设单位名称	JSDW	字符型	500	NULL	
9	设计单位	SJDW	字符型	500	NULL	
10	施工单位	SGDW	字符型	500	NULL	
11	监理单位	JLDW	字符型	500	NULL	
12	基建项目描述	JJXMMS	字符型	500	NULL	
13	归档部门	FILING_DEPT	字符型	200		
14	保管期限	BGQX	字符型	200		
15	密级	MJ	字符型	200	NULL	
16	归档人	GDR	字符型	200		
17	页数	YS	数值型			
18	件数	JS	数值型			
19	卷数	AMOUNTS	数值型			
20	档案门类代码	DAMLDM	字符型	50		
21	类目代码	SERIES_CODE	字符型	50		
22	备注	NOTES	字符型	500	NULL	

表 6-13(5)　会计档案案卷级档案目录数据库结构的示例(以凭证为例)

序号	著录项目	著录项目属性				
		字段名	类型	字段长度(字节)	是否允许为空(NULL)	说明
1	全宗号	QZH	字符型	200		
2	档号	DH	字符型	200		
3	目录号	CATALOGUE_NO	字符型	100		
4	年度	NIANDU	数值型			
5	凭证编号	PZH	字符型	200		
6	会计主管	KJZG	字符型	100		
7	凭证号起始	PZHQS	字符型	200		
8	凭证号终止	PZHZZ	字符型	200		
9	存放位置	CFWZ	字符型	500	NULL	
10	归档部门	GDBM	字符型	200		
11	保管期限	BGQX	字符型	200		
12	密级	MJ	字符型	200	NULL	
13	归档人	GDR	字符型	200		
14	页数	YS	数值型			
15	件数	JS	数值型			
16	卷数	AMOUNTS	数值型			
17	档案门类代码	DAMLDM	字符型	50		
18	类目代码	SERIES_CODE	字符型	50		
19	备注	NOTES	字符型	500	NULL	

表 6-13(6)　照片档案文件级档案目录数据库结构示例

序号	著录项目	著录项目属性				
		字段名	类型	字段长度(字节)	是否允许为空(NULL)	说明
1	全宗号	QZH	字符型	200		
2	档号	DH	字符型	200		

续表

序号	著录项目	著录项目属性				
		字段名	类型	字段长度 （字节）	是否允许为 空（NULL）	说明
3	案卷号	CATALOGUE_NO	字符型	100		
4	年度	NIANDU	数值型			
5	题名	TM	字符型	500		
6	摄影者	SYZ	字符型	100		
7	摄影时间	SYSJ	日期型			
8	地点	DD	字符型	500		
9	人物	RW	字符型	500		
10	背景	BJ	字符型	500		
11	文字说明	WZSM	字符型	500		
12	版权信息	BQXX	字符型	500	NULL	
13	张数	ZS	数值型			
14	著录者	ZRZ	字符型	100	NULL	
15	存放位置	CFWZ	字符型	500	NULL	
16	归档部门	GDBM	字符型	200		
17	保管期限	BGQX	字符型	200		
18	密级	MJ	字符型	200	NULL	
19	归档人	GDR	字符型	200		
20	页数	YS	数值型			
21	件数	JS	数值型			
22	卷数	AMOUNTS	数值型			
23	档案门类代码	DAMLDM	字符型	50		
24	类目代码	SERIES_CODE	字符型	50		
25	备注	NOTES	字符型	500	NULL	

表 6-13（7） 音像档案文件级档案目录数据库结构示例

序号	著录项目	著录项目属性				
		字段名	类型	字段长度（字节）	是否允许为空（NULL）	说明
1	全宗号	QZH	字符型	200		
2	档号	DH	字符型	200		
3	年度	NIANDU	数值型			
4	题名	TM	字符型	500		
5	录音者	LYZ	字符型			
6	录音时间	LYSJ	日期型			
7	编辑时间	BJSJ	日期型			
8	地点	DD	字符型	500		
9	人物	RW	字符型	500		
10	内容描述	NRMS	字符型		NULL	
11	时间长度	SJCD	字符型			
12	内容起始时间	NRQSSJ	日期型			
13	内容结束时间	NRJSSJ	日期型			
14	编辑者	BJZ	字符型		NULL	
15	主题词	ZT	字符型		NULL	
16	版权信息	BQXX	字符型		NULL	
17	存储载体	CCZT	字符型	100	NULL	
18	著录者	ZRZ	字符型	100	NULL	
19	密级	MJ	字符型	200	NULL	
20	保管期限	BGQX	字符型	200		

表 6-13（8） 专业档案案卷级档案目录数据库结构示例（以政务服务事项为例）

序号	著录项目	著录项目属性				
		字段名	类型	字段长度（字节）	是否允许为空（NULL）	说明
1	全宗号	QZH	字符型	200		
2	档号	DH	字符型	200		

219

续表

序号	著录项目	著录项目属性				
		字段名	类型	字段长度（字节）	是否允许为空（NULL）	说明
3	年度	NIANDU	数值型			
4	题名	TM	字符型	500		
5	事项类型	SXLX	字符型	200		
6	事项编码	SXBM	字符型	500		
7	事项名称	SXMC	字符型	500		
8	行政相对人名称	ApplyName	字符型	500		
9	行政相对人电话	Phone	字符型	500	NULL	
10	行政相对人地址	Address	字符型	500	NULL	
11	证件类型	CardType	字符型	500		
12	证件号码	CardID	字符型	500		
13	法定代表人	LagalName	字符型	500	NULL	
14	受理单位	SLDW	字符型	500		
15	经办人	JBR	字符型	200		
16	受理时间	SLSJ	日期型			
17	受理部门编码	SLDW	字符型	200		
18	办结时间	BJSJ	日期型			
19	办理意见	BLYJ	字符型	500		
20	存放位置	CFWZ	字符型	500	NULL	
21	归档部门	GDBM	字符型	200		
22	保管期限	BGQX	字符型	200		
23	密级	MJ	字符型	200	NULL	
24	归档人	GDR	字符型	200		
25	页数	YS	数值型			
26	件数	JS	数值型			
27	卷数	AMOUNTS	数值型			
28	档案门类代码	DAMLDM	字符型	50		

续表

序号	著录项目	著录项目属性				
		字段名	类型	字段长度（字节）	是否允许为空（NULL）	说明
29	类目代码	SERIES_CODE	字符型	50		
30	备注	NOTES	字符型	500	NULL	

2. 全文数据库建设

档案全文数据库是存储、组织管理数字化档案信息的数据库系统，管理对象包括传统载体的数字化副本、原生电子文件及其对应的元数据、著录数据。其构建一般包括：数据采集、数据预处理、数据检索、数据维护等四个步骤。数据采集指对加载到全文数据库中的数据进行录入、采集、整理等处理，可采用图像扫描录入、键盘键入著录、图像识别（OCR 识别）等方式。数据预处理指对采集后形成的档案数字化成果转换成规范的格式，进行规范化命名、再进行统一标注的著录与标引；数据检索是指档案全文数据库建成之后，可使用全文搜索功能来查找信息。数据维护则是在全文数据库建成后，对数据库内容进行索引编制、更新、追加以及清理，确保数据库的实用性和时效性。档案全文数据浏览如图 6-12 所示。

图 6-12 档案全文数据浏览界面

3. 多媒体数据库建设

多媒体数据库是对文本、图像、图形、声音、视频（及其组合）等媒体数据进行统一管理的数据库系统，其构建一般包括：多媒体数据采集、数据整理、数据挂接。多媒体数据采集主要是通过音频或影像采集设备，将多媒体电子文件转换成数字化的多媒体档案后输入到档案多媒体数据库；数据整理是指对多媒体电子文件进行整理、著录并形成多媒体档案目录数据库；数据挂接是指将多媒体档案电子文件通过档案管理信息系统挂接到多媒体目录数据库中。照片、录音、录像等多媒体档案目录数据及全文数据浏览图如图 6-13、图 6-14、图 6-15、图 6-16、图 6-17 所示。

档号	题名	年度	人物	地点	背景	摄影者	摄影时间	密级	保管期限	归档日期
215-26-ZP-2022-Y-001-0001	2022年1月6日，武汉规划展示馆接…	2022	武汉言信创新房地产…	武汉规划展…		张园	2022-01-06		永久	2024-04-26
215-26-ZP-2022-Y-001-0002	2022年1月7日，武汉规划展示馆接…	2022	武汉元昕房地产有限…	武汉规划展…		张园	2022-01-07		永久	2024-04-26
215-26-ZP-2022-Y-001-0003	2022年1月7日，武汉规划展示馆讲…	2022	武汉元昕房地产有限…	武汉规划展…		张园	2022-01-07		永久	2024-04-26
215-26-ZP-2022-Y-001-0004	2022年1月12日，武汉规划展示馆接…	2022	武汉九州通集团营销…	武汉规划展…		张园	2022-01-12		永久	2024-04-26
215-26-ZP-2022-Y-001-0005	2022年1月14日，武汉规划展示馆接…	2022	成都万华投资公司职工	武汉规划展…		张园	2022-01-14		永久	2024-04-26
215-26-ZP-2022-Y-001-0006	2022年1月15日，武汉规划展示馆接…	2022	武汉市规划局纪检组…	武汉规划展…		张园	2022-01-15		永久	2024-04-26
215-26-ZP-2022-Y-001-0007	2022年1月18日，武汉规划展示馆接…	2022	武汉市规划编制研究…	武汉规划展…		张园	2022-01-18		永久	2024-04-26

图 6-13　照片档案目录数据

图 6-14　照片档案全文数据浏览

题名	年度	录音时间	业务活动描述	密级	保管期限	归档日期
全市机要保密档案工作第七协作工作会	2022	2022.12.27	传达相关文件和要求，交流讨论发...	限制	永久	2023-03-26
2022年度全国国土变更调查工作视频培训	2022	2022.12.9	结合通知、方案、实施要求等方面...	限制	永久	2023-03-26
自然资源法治大讲堂视频培训会	2022	2022.12.8	辅导讲座：以公平助公正，供地公...	限制	永久	2023-03-26
自然资源部关于加快推进国土空间规划实施监测网络和...	2022	2022.12.7	介绍相关工作情况，及相关工作推进	限制	永久	2023-03-26
2022年城市设计及特色化建筑工作通报视频会	2022	2022.12.1	通报2022工作情况及方案征集情况	限制	永久	2023-03-26

图 6-15 录音档案目录数据

档号	题名 ⇕	年度	摄像者	摄像时间	人物	地点	文字说明	密级	保管期限	归档日期
215-26-Sx-2020-Y-026	编展中心2020冬季运动会...	2020						限制	永久	2021-11-12
215-26-Sx-2020-Y-019	武汉规划展示馆"静待重...	2020						限制	永久	2021-11-10
215-26-Sx-2020-Y-018	时空之旅	2020						限制	永久	2021-11-10
215-26-Sx-2021-Y-001	恭贺新禧牛年大吉	2021						限制	永久	2021-11-10
215-26-Sx-2020-Y-020	展馆coming soon	2020						限制	永久	2021-11-10
215-26-Sx-2021-Y-006	其他视频类	2021						限制	永久	2021-11-12
215-26-Sx-2020-Y-021	【诗情画意的规划馆】中...	2020						限制	永久	2021-11-10
215-26-Sx-2021-Y-003	【规划馆 上新了】畅达交...	2021						限制	永久	2021-11-10
215-26-Sx-2021-Y-002	【城市这样生长】武汉城...	2021						限制	永久	2021-11-10

图 6-16 录像档案目录数据

图 6-17 录像档案全文数据浏览

四、档案管理信息系统建设

档案信息化的实现需借助先进、实用的档案管理信息平台，即档案管理信息系统。

各单位应结合自身需要自行建设或购买满足需求的档案管理信息系统软件产品作为档案管理工作的基础平台。

（一）档案管理信息系统的基本概念

档案管理信息系统指的是一系列计算机应用程序，能够辅助用户对档案信息和实体档案进行管理，应满足档案"接收""管理""保存"和"利用"等基本功能。

（二）档案管理信息系统基本功能

档案管理信息系统应具备档案接收、整理、保存、利用、鉴定、统计、审计跟踪和系统管理等关键业务环节和系统管理的通用性功能。根据《电子档案管理信息系统通用功能要求》（GB/T 39784—2021），档案管理信息系统应具备系统结构开放性、功能扩展性、配置灵活性和安全可靠性等基本特征。具体功能点详见上述标准文件，此处不赘述。档案管理信息系统功能框架如图 6-18 所示。

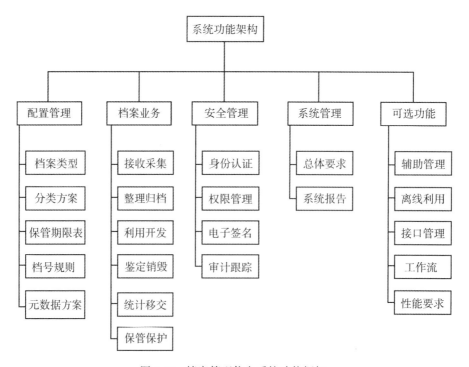

图 6-18　档案管理信息系统功能框架

此外，数字档案室应用系统建设应满足《数字档案室测评指标》中"应用系统建设"，具体建设要求详见本章第二节数字档案室建设中"应用系统建设"内容。

(三)档案管理信息系统一般操作

结合档案"收、管、存、用"管理流程，对常见档案系统功能及操作进行简要介绍，如图 6-19 至图 6-35 所示：

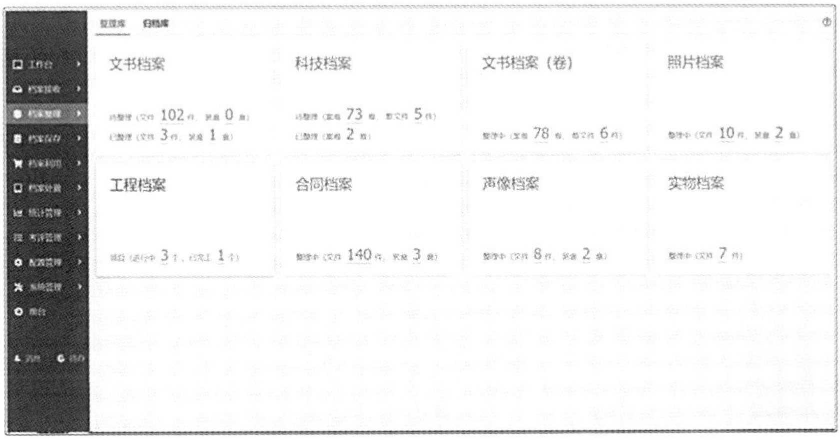

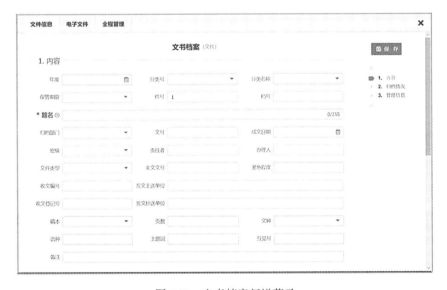

图 6-19　档案整理模块

图 6-20　文书档案新增著录

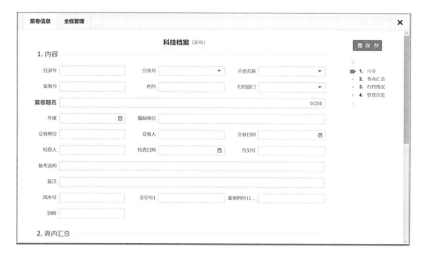

图 6-21 科技档案案卷新增著录

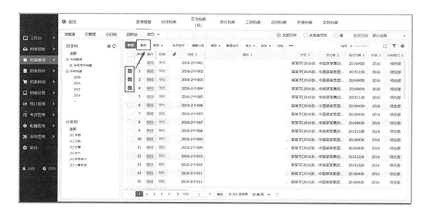

图 6-22 档案条目删除

图 6-23 档案电子文件挂接

图 6-24　电子文件批量挂接

图 6-25　电子文件下载

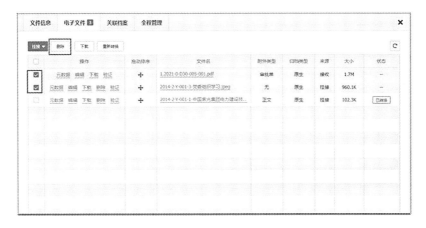

图 6-26　电子文件删除

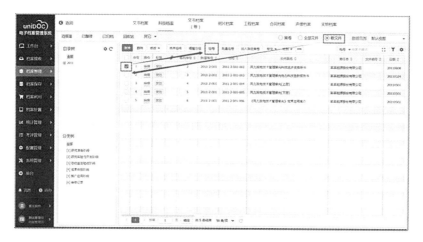

图 6-27　电子文件组卷

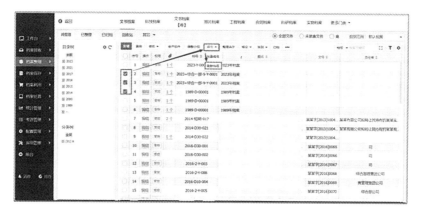

图 6-28　批量编档号

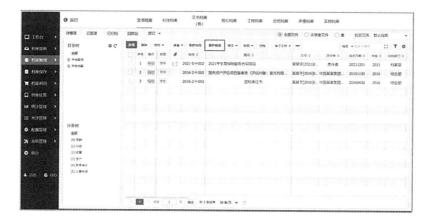

图 6-29　退回整理

228

图 6-30 档案检索

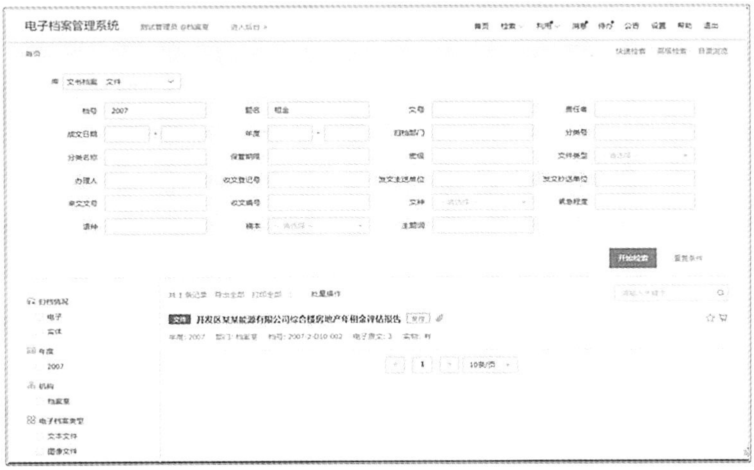

图 6-31 查询条件组合检索

图 6-32 档案鉴定

图 6-33　档案室藏统计

图 6-34　档案利用方式统计

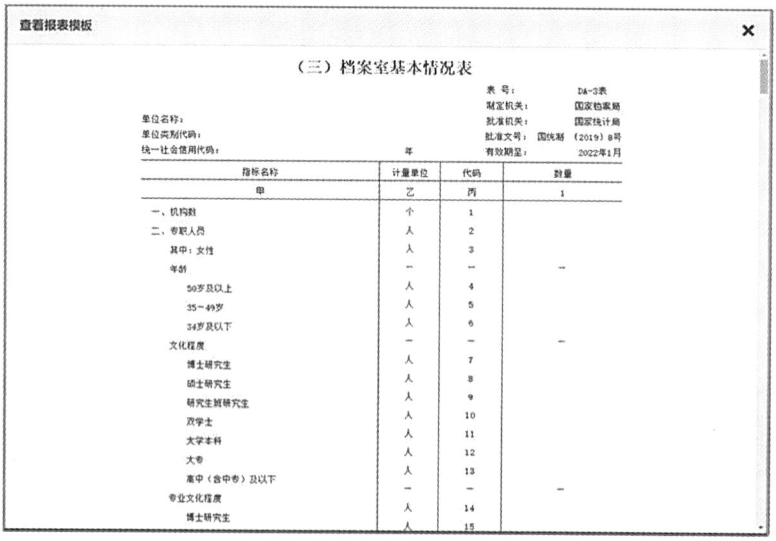

图 6-35　档案室基本情况表

五、档案信息化保障体系建设

档案信息化建设、运行和维护是一项长期的系统工程，需从组织管理、保障制度、安全体系等各方面给予保障。

(一)组织管理

1. 组织与领导

各单位应加强对档案信息化工作的领导，将档案信息化建设纳入本单位总体规划和信息化专项规划，与业务信息化工作同部署、同建设、同发展。各单位应将档案信息化工作纳入领导议事日程，成立信息化工作领导小组，建立工作责任制和工作网络，明确相关部门的职能职责，并纳入相关考核体系。

2. 经费保障

各单位应保障档案信息化工作所需经费。将电子文件归档和电子档案管理、传统载体档案数字化及配套质检、档案应用系统建设、档案信息安全建设等内容建设、运维经费纳入本地区、本部门、本单位财政预算和年度预算，给予经费保障。

(二)保障制度建设

各单位应建立健全档案信息化工作制度并贯彻实施。所建立的保障制度包括但不限于以下内容：人才配备与经费保障、档案管理信息系统运维和安全管理、档案数据备份与恢复管理、设施设备管理、信息化应急处置、电子档案管理、数字化工作与外包管理等。

(三)信息安全保障体系

档案是国家的宝贵财富，是不可再生的重要信息资源，档案信息安全保障体系建设是档案信息化建设中的重要部分。构建动态的档案信息安全体系，可有效确保档案信息的真实性、完整性、可用性、安全性。

1. 建立安全管理体制

各单位应结合管理需要和工作实际，构建并实行一个全面的档案信息安全保护体系，该体系涉及机构机制、职责范围、管理规章和标准等各个层面。做好风险管理，适时开展安全攻防演练，增强安全防护和隐患发现能力，组织开展档案信息安全培训，强化档案信息安全意识。

2. 安全技术应用

当前，档案信息安全技术主要集中在信息加密、信息验证、访问权限控制、病毒防护、审计跟踪、防写等领域，常见的有国产密码应用、数字摘要、数字签名、数字水印、防火墙、身份验证、病毒查杀、审计日志、防写等技术。

3. 其他安全管理举措

安全等级评价。有条件的单位，可结合实际开展档案网络安全等级保护定级工作，以强化档案信息安全。具体可参照《信息安全技术网络安全等级保护定级指南》(GB/T 22240—2020)。

系统安全管理功能设计。针对电子文件提供真实性、完整性、可用性、安全性等"四性检测"功能；针对档案管理信息系统采用"三员管理(即系统管理员、安全保密管理员和安全审计员)"，实施三权管理。具体系统功能设计要点可参考本章第二节"数字档案室建设"相关内容。

(四)人才队伍保障体系

各单位应配备与岗位需求相匹配的档案信息化工作人员，有计算机专业、图书情报专业、档案专业或相关专业背景；相关人员应具备一定的管理、协调和计算机应用能力。同时，应加强档案人员培训，提升业务与信息技能。各单位也可通过购买服务或其他方式，引进符合要求的驻点运维人员辅助档案信息化相关工作。

第二节　数字档案室建设

为适应档案信息化发展要求，推动档案工作转型升级，2014 年，国家档案局颁布《数字档案室建设指南》，提出数字档案室建设原则、建设内容和建设要求，开启了档案信息化建设新篇章。同年，中共中央办公厅、国务院办公厅印发的《关于加强和改进新形势下档案工作的意见》明确要求："各地区各部门各单位要把数字档案馆(室)建设列入信息化建设整体规划，从人力、财力、物力上统筹安排。"2016年国家档案局颁布《数字档案室建设评价办法》，从组织管理、基础设施、应用系统建设、资源建设等方面明确具体测评指标，规范各地区、各部门数字档案室建设，并在同年启动了数字档案室测评工作。2017年，湖北省档案局启动第一批数字档案馆(室)建设试点，2022年湖北省档案局、湖北省档案馆联合印发《湖北省数字档案馆(室)系统测评办法》，明确了湖北省数字档案馆(室)测评程序和要求。湖北省及武汉市将数字档案馆(室)建设纳入"十三五""十四五"档案事业发展规划，持续推进存量档案数字化和电子文件在线归档，有序推动数字档案馆(室)建设试点工作。

一、数字档案室建设的必要性

数字档案室是一个集成管理平台，综合运用现代信息技术手段对传统载体档案数字副本及电子档案等数字档案信息进行收集、整理、保存、管理，并利用各种网络提供档案信息的共享利用服务。数字档案室是机关、单位档案信息化的系统性解决方案，通过运用先进技术手段重塑档案收集、整理、保存、利用等业务流程实现档案管理的自动化、规范化，档案利用的网络化、共享化。

电子数据(文件)能否成为电子档案是档案信息化建设中的一大难题。2020年新修订的《中华人民共和国档案法》赋予"电子档案与传统载体档案具有同等效力"，从法律层面明确了电子档案的法律效力，同时又规定电子档案具有法律效力的前提是"来源可靠、程序规范、要素合规"，实现这一要求需要安全可靠的网络和系统、规范的管理和程序、完善的制度和技术保障等。数字档案室能为机关、单位电子文件归档与管理提供系统性、综合性解决方案，实现电子文件前端控制，确保电子档案的真实性、完整性、可用性和安全性，是机关、单位档案工作应对信息化挑战、解决档案信息化核心问题的必然选择。

此外，建设数字档案室能通过规范档案整理、整合档案资源、提供高效档案服务等措施，建成机关、单位档案信息资源管理中心、开发中心、利用中心，为机关、单位运转、管理和决策提供高效的档案信息服务，提升档案部门在电子文件管理领域的影响力，加强其在档案管理中的主体地位。

二、数字档案室的建设方式

数字档案室建设方式一般分为独立式和集中式两种。

(一)独立式

各机关、单位单独建设数字档案室，整体上呈现出分散化特点。这种建设方式优点是可根据自身实际情况进行定制开发，对档案资源管控力度比较大，缺点是成本高、部署效率低、档案资源共享难。独立式是当前常见的建设方式。

(二)集中式

在一定行政区域或行业范围内，由相关档案部门(档案局和档案馆)或行业主管部门统一组织建设、集中部署电子档案管理系统，衔接本区域或行业系统内各单位业务系统进行电子档案管理。优点是总体成本低、部署效率高、标准统一、数据统一，缺点是不容易满足各机关单位个性化需求。例如，武汉市档案馆正在筹备建设"武汉市级一体化数字档案管理系统"，实现全市集约化 OA 平台产生的通用类型电子公文在线归档和日常档案收、管、存、用功能，建设完成后各市直单位经授权后可使用，无须再单独建设数字档案室系统。综合各方面因素看，集中式是下一步较理想的建设模式。

各机关、单位可结合本地区、本单位档案工作规划、业务复杂程度确定数字档案室建设方式。由于数字档案室建设投资经费大、建设周期长，且需专业人员长期进行系统、设备维护等，原则建议由档案部门统一建设；一些行业性明显、数据量大的行业部门，如公检法系统、规划建设系统、民政社保系统等，可由行业主管部门统一建设；对于其他一些业务复杂度高、数据量大、安全要求高或有特殊行业要求的单位，如医院、学校、科研院所等，可以单独建设。

三、数字档案室的建设原则及主要内容

建设数字档案室应坚持"资源优先，标准规范，整体推进，确保安全"的基本原则。在建设中，应优先考虑数字档案资源建设要求，将全部数字档案资源纳入数字档案室的管理框架中，"一盘棋"统筹推进，按照国家及省相关标准规范搭建电子档案管理系统，从人防、物防、技防等方面全方位构建档案安全防护体系，确保数字档案资源安全。

建设数字档案室是一个综合性的工程，其核心内容涉及基础设施搭建、应用系统开

发、数字档案资源的整合以及保障体系的建立。

数字档案室的基础设施主要涵盖网络设施、系统硬件、基本软件应用、安全保护系统以及用户终端和附属设备等五个关键组成部分。在基础设施的选择上，应优先考虑国产硬件软件等产品。用于涉密数字档案资源管理的基础设施，必须遵守国家关于保密的相关规定。

数字档案室的系统设计应基于开放档案信息系统参考模型(OAIS)，构建其功能框架，使其能够统一管理各种类型的数字档案资源。该系统应具备一系列基本功能，包括收集、元数据捕获、登记、分类、编目、著录、存储、数字签名、搜索、使用、评估、统计、处理、格式转化、命名、移交、审计、备份、灾难恢复、用户管理和权限管理等。

数字档案室所包含的数字档案资源应当涵盖文书、照片、录音、录像等各门类电子档案、传统载体档案数字副本。在条件允许的情况下，公务电子邮件、网站网页信息、社交媒体等也应纳入数字档案资源建设范围。

数字档案室的保障体系应建立经费、制度和人才等各方面的保障机制。

四、基础设施建设

基础设施建设应遵循满足需求、适当超前、易于扩展和保障安全的基本原则。应当立足已有网络和系统软硬件基础设施，深入分析数字档案室建设需求，科学估算未来一个时期电子文件归档管理需求和数字档案资源增长量，在安全可靠基础上，适当采取一些新技术、新设备，为今后设备扩充、系统升级和网络扩建预留一定空间。

(一)主机房建设

数字档案室主机房主要用于安置交换机、服务器、存储、防火墙、不间断电源及机房保障设备，是数字档案室的数据中心和控制中心，一般设置在本地区或本单位信息化机房，具备条件的单位可单独设置数字档案室专用机房。数字档案室主机房的规划、设计与验收应符合《数据中心设计规范》(GB 50174—2017)要求的 B 级机房标准，配备电力、消防、新风、防雷、防静电、防水、视频监控、防盗等设施设备，且应布局合理，功能区域划分清晰，以保障数字档案室系统硬件设备及数字档案资源的安全。具体应达到：

一是主机房选址合理，避免与可能影响设备正常运行的环境相邻。

二是主机房具备双路供电系统，电力系统必须具备双路供电能力，并且有足够容量的备用电源以确保在紧急情况下能够持续供电至少 2 小时。

三是配备主机房安全防范与监控系统。安装先进的门禁系统，能够通过身份卡、指纹识别、虹膜扫描等方式对人员进行精确识别和权限管理；部署视频监控系统，并确保其录像资料自动保存期限不少于三个月，以备事后审查和分析；配置环境监测报警设备，包括温度异常报警和烟雾探测报警系统，以实时监测并快速响应可能的安全风险。

四是应装备高效的消防系统，包括洁净气体灭火系统或高压细水雾灭火系统，以及专门设计的空调设备，这些系统协同工作以维护机房内的温湿度在特定范围内。具体而言，当设备运行开机时，温度需保持在 18℃～28℃，湿度 35%～75%；在设备关闭状态下，可容忍的温度范围为 5℃～35℃，湿度为 20%～80%，确保环境条件满足标准规范要求。

(二) 网络基础设施

配备满足需要的内部局域网、政务外网和政务内网网络信息点。具体可综合考虑以下 5 个方面的需求：

(1) 档案部门内部管理需求

数字档案室网络信息点应布设到档案部门管理、利用等工作用房，网络信息点数量需满足业务开展需要。

(2) 电子文件归档与电子档案管理需求

统筹考虑本单位办公自动化系统、业务系统的网络布设情况，根据各部门办公、归档、共享利用的需求设置网络信息点。若业务系统所在网络与数字档案室系统不在同个网络，电子文件归档应通过离线存储介质与数字档案室系统进行交互。此外，应为数字档案室布设与同级国家综合档案馆电子档案移交接收平台联通的网络通道及信息点，便于开展到期电子档案在线移交工作。

(3) 电子档案传输要求

数字档案资源，包括文本、图像、音频和视频，都能通过满足其传输和利用需求的网络带宽进行高效处理。主干线路采用光纤铺设管理利用终端桌面网络带宽需达到200M。网络核心交换机应实现冗余。

(4) 与区域型数字档案室应用系统连接的需求

若本地区建设有统一的数字档案室应用系统供各单位使用，则需按照电子政务网管理和接入要求布设网络信息点。

(5)安全管理要求

数字档案室应用系统管理、保存的为非涉密数字档案资源时，配备或建设与互联网物理隔离的网络基础设施，否则，应建设保密网络，保密网络的建设与管理严格按照国家相关要求执行。

(三)服务器

档案管理服务器需专门配置，确保其专业性和具备冗余功能，这意味着无论是单位自行购置和设置的服务器，还是由云服务平台统一提供的虚拟服务器，都必须仅用于档案管理，应为近三年采购的主流配置产品，数据库服务器和WEB应用服务器应分别设置(见表6-14)。

表6-14 服务器配置建议

	服务器总数	数据库服务器	WEB 应用服务器
高端配置	4台	各2台，互为冗余	各2台，互为冗余
一般配置	2台	各1台 访问量较小，可以把数据库服务和WEB应用集成到1台服务器，另一台互为冗余。此种方式不推荐。	各1台
低端配置	1台	1台服务器集成配置数据库服务和WEB应用。此种方式不推荐。	

(四)存储与备份设备

数字档案资源的长期安全存储，取决于存储设备的选择和存储技术的应用。为确保数字档案资源的安全保存与高速写入、读取，应购置扩展性好、性能优异和容错机制可靠的存储、备份设备。

(1)在线存储设备

当前主流的存储设备是各种技术架构的磁盘阵列系统，对于数字档案室的存储解决方案，通常建议采用网络附加存储(NAS)或存储区域网络(SAN)等在线存储系统，包括本单位自主购买并部署的磁盘阵列，以及由云服务供应商集中提供的存储资源池，具备高读取速度、高可靠性和安全性。而服务器硬盘在容错功能、可靠性、安全性方面存在风险，因此不推荐用服务器硬盘作为在线存储设备（见图6-36）。

图 6-36　NAS 磁盘阵列

在线存储设备可用容量应至少能满足本单位数字档案资源 2 年的增长量，且可扩展，I/O 吞吐量应达到 3Gbps。

（2）近线和离线备份设备

结合本单位实际，配备满足工作需要的近线和离线备份设备，以防止数据丢失或损坏后数据无法恢复。光盘库、磁带库、磁盘阵列等可作为近线备份设备，光盘库、磁带库、移动硬盘、缩微胶片等可作为离线备份设备。

应配备同城异地备份设备。根据同城异地备份的实现方式，配备相应的在线或离线备份设备（见图6-37）。

图 6-37　光盘检测刻录一体机

按照《电子文件归档与电子档案管理规范》（GB/T 18894—2016）要求，应配备离线备份介质检测设备，定期检查离线备份介质是否存在物理损坏、读写错误等问题，是否能正常读取。例如光盘检测仪、硬盘检测仪等。

（五）基础软件

为确保电子档案及其元数据能被准确且即时地收集、获取和存储，同时便于高效利用数字档案资源，须根据数字档案室的系统开发与运营需求，配备合适的国产正版基础软件。这包括操作系统、数据库管理系统、中间件、全文搜索技术以及光学字符识别（OCR）等关键软件工具，还有通用的文字处理、图像查看、音视频播放等工具软件。

（六）安全保障设备

按照《信息安全技术网络安全等级保护基本要求》（GB/T 22239—2019）、《档案信息系统安全保护基本要求》（档办发〔2016〕1号）等标准规范要求，应配备必要的防火墙、入侵检测、漏洞扫描、安全审计、防病毒软件等安全设备。

（1）防火墙

在不同网络间配置防火墙，对交互的数据进行鉴别、验证，对未授权用户、恶意行为予以阻止和隔绝，保护网络、应用系统及数据免受入侵。

（2）入侵检测系统

网络安全设备实时监控数据流通，并在检测到异常传输活动时启动报警或主动应对策略。

（3）漏洞扫描

对系统、网络、设备、应用程序的脆弱性进行自动化检测，识别其中存在的安全漏洞，并及时修补的设备。

（4）安全审计软件

在数字档案室应用系统外围部署安全审计软件，记录应用系统的操作行为，防止恶意行为，为数字档案资源的真实、完整、安全、可用提供保障。

（5）防病毒软件

为计算机终端等设备安装正版杀毒软件。

此外，数字档案室建设还应落实国家密码管理有关法律法规和标准规范要求，将商用密码应用纳入数字档案室建设，配备必要的国密门禁、服务器密码机、签名验签服务器、安全认证网关、密钥管理系统、智能密码钥匙、国密浏览器等，并定期进行商用密码应用安全性评估。

（七）终端及辅助设备

应按照档案室在岗档案管理人员数量配备专用终端计算机，并配备一系列辅助设备，包括温湿度恒定的防磁柜、扫描器、数码相机、光盘刻录机和打印机等。

五、应用系统建设

数字档案室应用系统即电子档案管理系统（Electronic Retrograde Management System，ERMS），是对电子文件、电子档案进行捕获、维护、利用和处置的计算机信息系统。

电子档案管理系统与当前机关、单位使用的档案计算机辅助管理系统，在管理对象、管理阶段、主要功能、技术水平有着明显不同，电子档案管理系统侧重于电子文件的归档与管理，兼顾传统档案的辅助管理，能够对档案资源进行有效管理、深层次开发并提供利用；而档案计算机辅助管理系统主要侧重于传统纸质档案的管理，不具备管理电子文件、电子档案的能力。

（一）系统建设方式

一般根据电子档案管理系统与前端业务系统之间耦合关系的强弱，将实现方式划分为独立式、嵌入式和整合式。

（1）独立式

业务系统和电子档案管理系统运作各自独立，业务系统通过 API（应用程序接口）传送电子文件及其元数据至电子档案管理系统，后者则负责对这些归档的电子文件及其元数据进行集中式的整理、保管和使用。在这种模式下，电子档案管理系统被动地接收来自业务系统的数据，这要求有严格的管理制度确保业务系统积极地推送电子文件及其元数据。独立式延续了纸质文件、档案前后端分离管理的做法，与机关、单位现有的组织分工模式相匹配，一般在机关业务系统相对完善、固化的情况采用。如图 6-38 所示：

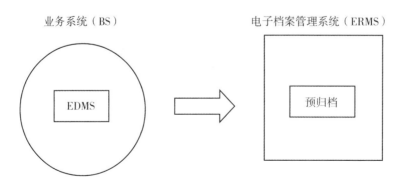

图 6-38　系统建立独立式

（2）嵌入式

通过在业务系统中整合电子档案管理功能，可以实现对电子文件的捕获、保管和处理。这意味着将电子档案管理系统作为子模块直接植入业务系统，例如，在财务管理系统中集成档案管理模块，在人力资源管理系统中嵌入档案归档模块等。此模式，只管理本业务系统产生的电子文件及其元数据，会造成单位各门类档案管理分散，信息孤岛现象明显，共享利用受限。因此，除特定业务系统，一般不建议机关、单位使用此模式建立数字档案室应用系统（见图6-39）。

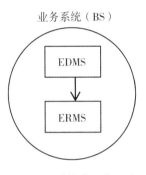

图6-39 系统建立嵌入式

（3）整合式

整合式是独立式与嵌入式的结合，业务系统具备对本系统产生的电子文件及其元数据进行初步分类整理的功能，电子档案管理系统负责集中管理和保管各门类电子文件及其元数据，是机关、单位数字档案室建设的最佳模式（见图6-40）。

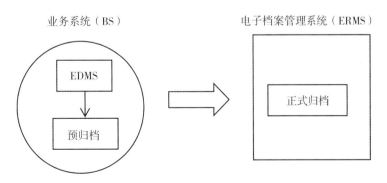

图6-40 系统建立整合式

（二）系统功能架构

按照《电子文件管理系统通用功能要求》（GB/T 29194—2012）、《电子档案管理系统通用功能》（GB/T 39784 —2021）等标准规范，电子档案管理系统应具备电子档案接收、管理、保存、利用等通用性功能。电子档案管理系统功能架构如图 6-41 所示：

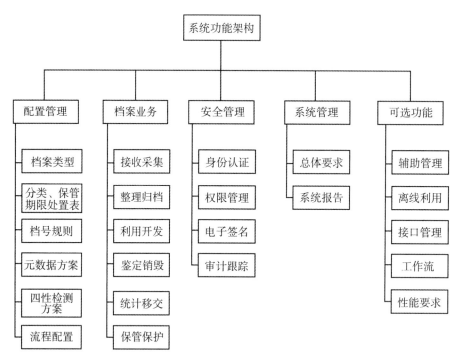

图 6-41 电子档案管理系统功能架构图

（三）系统核心功能

电子档案管理系统的核心功能包括接收采集、整理保管、利用开发、鉴定销毁、统计移交。考虑到"整合式"是较理想的电子档案管理系统实现方式，《数字档案室建设评价办法》《湖北省数字档案馆（室）系统测评办法》中明确了业务系统实现电子文件预归档功能。当业务系统无法完成时，电子档案管理系统应具备电子文件预归档功能。业务系统电子文件归档与电子档案管理流程如图 6-42 所示：

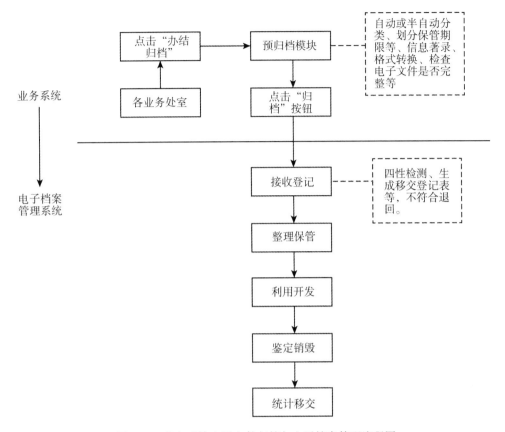

图 6-42 业务系统电子文件归档与电子档案管理流程图

1. 配置管理

(1)档案门类配置与管理

支持多门类档案配置管理功能，档案门类划分合理，文书、科技、会计、照片、录音、录像、专业等档案门类齐全，支持随业务变化能对档案门类进行增加、删除、修改，其子类目或新增门类类目能够自动继承父类目的相关属性。

为防止对档案门类恶意篡改或失误操作，系统应对分类方案的修改维护设置权限，授权管理员操作及其原因等均应被计入审计跟踪日志。

(2)档案分类方案、保管期限处置表配置与管理

档案分类方案、保管期限处置表是在本单位档案"三合一"制度基础上，明确对符合一定条件的档案进行何种处置的设置与处理(见表 6-15)。

表6-15　档案分类方案、保管期限处置表

分类方案			归档范围	保管期限	关键词	处置触发条件	处置行为
门类	类别						
文书文件材料WS	党群类001	1	党组会议记录、纪要等文件材料。	永久	会议记录、纪要	保管期限满20年	向综合档案馆移交
		2	中心组学习方案、计划、通知、交流材料、会议记录、情况报告等文件材料	30年	中心组学习	保管期限满20年	向综合档案馆移交
		3	工会、妇联一般活动的方案、报告、总结等文件材料	10年	一般活动	保管期限满10年	鉴定(续存、销毁)

系统应具备建立、管理(增删改)档案分类方案、保管期限处置表的功能,可对档案分类方案、保管期限处置表的创建(修改)者、创建(修改)时间、创建(修改)原因、审批者、审批时间、生效时间等进行配置和记录。当电子档案达到处置触发条件时,系统能够自动或半自动对其进行相应处置行为。

(3)档号规则配置

具备各门类档案档号配置功能。支持授权用户在档号规则设置完成后,对档号构成项以及各项内的子项进行修改、删除、增加和调整。

(4)元数据方案的配置与管理

元数据方案是元数据元素的集合。系统应具备建立、管理(增删改)不同门类电子档案元数据方案的功能。依据《文书类电子文件元数据方案》(DA/T 46—2009)、《照片类电子档案元数据方案》(DA/T 54—2014)、《录音录像类电子档案元数据方案》(DA/T 63—2017)等标准规范,结合本单位业务实际,定义元数据的内容项,但元数据项只能比国家标准规范中规定的多而不能少。

(5)"四性"检测方案的配置与管理

"四性"检测即对电子档案进行"真实性、完整性、可用性、安全性"检测。在电子档案全生命周期中都需要根据电子档案的不同管理阶段进行不同的"四性"检测,一般可分为归档前检测、归档检测、移交进馆检测等,即:电子文件及其元数据从业务系统移交到电子档案管理系统时进行归档前检测,电子文件整理完成正式成为电子档案时进行归档检测,电子档案移交进馆时进行移交进馆检测。

各门类档案检测方案不尽相同，系统均应能支持配置。文书类电子档案检测按照《文书类电子档案检测一般要求》（DAT 70 —2018）标准执行，其他门类电子档案的检测可参照执行。

"四性"检测内容与方法有以下几种。

①真实性检测。主要涉及对电子档案的原始来源进行认证、对电子档案的元数据进行真实性验证、对电子档案内容的真实性进行核验、对元数据与内容的关联性进行确证，以及对归档信息包的整体真实性进行检验(见表6-16)。

表 6-16　真实性检测内容及方法

序号	检测项目	检测依据和方法
1	固化信息有效性检测	进行归档的电子文件所内嵌的技术元素，如数字摘要、电子签名、电子印章和时间戳等固化信息，需经过有效性确认以确保其真实性
2	元数据项数据长度检测	依据 DA/T 46—2009 中元数据项或自定义的元数据项进行检测：1)对数据库中的电子文件元数据项进行数据项长度检测；2)对归档信息包中元数据项进行长度检测
3	元数据项数据类型、格式检测	依据 DA/T 46—2009 中元数据项或自定义的元数据项进行检测：1)对数据库中的电子文件元数据项进行数据类型和格式的检测；2)对归档信息包中元数据项进行数据类型和格式的检测
4	设定值域的元数据项值域符合度检测	依据 DA/T 46—2009 中元数据项或自定义的元数据项进行检测：1)对数据库中的电子文件元数据项进行值域范围的检测；2)对归档信息包中元数据项进行值域范围的检测
5	元数据项数据值合理性检测	依据 DA/T 18 的著录项目、DA/T 46—2009 中元数据项或自定义的元数据项进行检测：1)对数据库中的电子文件元数据项进行数据值是否在合理范围内的检测；2)对归档信息包中元数据项进行数据值是否在合理范围内的检测
6	元数据项数据包含特殊字符检测	依据 GB/T 18030 中的双字节非汉字符号或自定义的特殊字符进行检测：1)对数据库中的电子文件元数据项进行数据值是否包含特殊字符的检测；2)对归档信息包中元数据项进行数据值是否包含特殊字符的检测
7	档号规范性检测	依据 DA/T 13 和用户自定义的档号/归档号编制规则进行检测：1)对数据库中档号/归档号的检测；2)对归档信息包中档号/归档号的检测

序号	检测项目	检测依据和方法
8	元数据项数据重复性检测	依据用户自定义的元数据(档号、文号、题名)进行数据库记录和归档信息包的数据重复性检测
9	内容数据的电子属性一致性检测	捕获电子文件内容元数据的电子属性和电子属性信息中记录的数据进行比对(文件名、文件大小、文件格式、创建时间等)
10	元数据是否关联内容数据检测	依据元数据中记录的文件存储路径,检测电子文件内容数据是否存在
11	说明文件和目录文件规范性检测	依据国家有关规定,检测说明文字和目录文件信息组织是否符合规范
12	信息包目录结构规范性检测	依据国家有关规定,检测归档信息包内文件夹结构是否符合规范
13	信息包一致性检测	采用数字摘要比对等方式对归档信息包的一致性进行检测,归档前计算机归档信息包的数字摘要,接收时重新计算数字摘要并和归档前的数字摘要进行比对

②完整性检测。主要涉及对电子档案数据总量的检测、对电子档案内容及其元数据完整性检验以及对归档信息包整体完整性的验证(见表6-17)。

表6-17　完整性检测内容及方法

序号	检测项目	检测依据和方法
1	固总件数相符性检测	统计电子文件总件数,并和 GB/T 18894—2016 中《电子文件归档登记表》中登记的归档电子文件数量比对
2	总字节数相符性检测	统计电子文件总件数,并和 GB/T 18894—2016 中《电子文件归档登记表》中登记的归档电子文件总字节数比对
3	元数据项完整性检测	依据 DA/T 46—2009 中元数据项或自定义元数据项进行检测,判断元数据项是否存在缺项情况
4	元数据必填著录项目检测	依据 DA/T 46—2009 中元数据项或自定义的元数据项进行检测,判断元数据必填项是否为空
5	过程性信息完整性检测	逐一核查归档电子文件元数据中包含的过程信息是否完整

序号	检测项目	检测依据和方法
6	连续性元数据项检测	依据 DA/T 22 以及用户自定义的具有连续编号性质的元数据项和起始号规则进行检测，具有连续编号性质的元数据项是否按顺序编号，是否从指定的起始号开始编写
7	内容数据完整性检测	打开电子文件内容数据进行人工检测
8	附件数据完整性检测	打开电子文件内容数据进行人工检测
9	归档范围检测	依据归档范围和保管期限表对归档信息包中的元数据和内容数据进行检测，判断其是否存在遗漏或错误的情况
10	信息包内容数据完整性检测	依据归档信息元数据中记录的电子文件数量检测归档信息包中实际包含的电子文件数量，比对是否相符

③可用性检测。主要涵盖对电子档案元数据的可用性评估、电子档案内容的可用性测试、支持电子档案的软硬件环境的检测，以及对归档信息包整体可用性的验证（见表 6-18）。

表 6-18 可用性检测内容及方法

序号	检测项目	检测依据和方法
1	归档信息包中元数据的可读性检测	检测归档信息包中存放元数据的 XML 文件是否可以正常解析、读取数据
2	目录数据库中的元数据检测	检测是否可以正常连接数据库，是否可以正常访问元数据表中的记录
3	内容数据格式检测	依据电子文件归档要求对电子文件内容数据格式进行检测，判断是否符合 GB/T 18894—2016、GB/T 33190—2016 等标准要求
4	内容数据的可读性检测	人工打开文件进行检测
5	软硬件环境合规性检测	对电子属性信息中记录的软硬件环境信息进行检测，判断是否符合归档要求
6	归档信息包中包含的内容数据格式合规性检测	对归档信息包是否包含非公开压缩算法、是否加密、是否包含不符合归档要求的文件格式进行检测

④安全性检测。主要包括归档信息包病毒检测、载体安全性检测和归档过程安全性检测(见表6-19)。

表 6-19　安全性检测内容及方法

序号	检测项目	检测依据和方法
1	系统环境中是否安装杀毒软件检测	检测操作系统是否安装国内通用杀毒软件
2	病毒感染检测	调用国内通用杀毒软件接口,检测归档信息包是否感染病毒
3	载体中多余文件检测	对载体进行读取操作,判断载体内是否含有非归档文件
4	载体读取速度检测	对载体进行读取操作,与常规的读取速度进行比对判断载体是否安全可靠
5	载体外观检测	人工判断载体外观是否正常
6	光盘合格性检测	依据 DA/T 38 的要求对光盘的奇偶校验内码错误、奇偶校验外码失败、块错误率等指标进行检测,判断光盘是否合格
7	操作过程安全性检测	按照国家安全保密要求从技术和管理等方面采取措施,确保归档信息包在归档和保存过程中安全、可控

(6)工作流程配置

支持配置、管理、归档鉴定、到期鉴定、续存、销毁、移交等业务流程,各工作人员按照授权开展相应业务操作,并自动记录业务行为元数据。

2. 接收采集功能

(1)业务系统电子文件预归档功能

内嵌电子文件分类方案、归档范围与保管期限表,能够对办理完毕的电子文件进行自动或半自动的归档范围、保管期限的鉴定,对电子文件进行格式转换、信息著录等初步整理。

初步整理完成后,通过归档接口(WebService 接口、中间库接口、归档信息包接口等),向电子档案管理系统推送电子文件及其元数据,推荐使用 WebService 接口,其实时性好、通用性好、安全性高。

(2)电子档案管理系统接收采集功能

①归档前检测。电子档案管理系统接收业务系统传输过来的电子文件及其元数据时，能够依据归档前"四性"检测方案自动对其进行归档前检测，检测通过后，系统自动生成"四性"检测报告(见图6-43)。

基本信息

检测数据量	13	检测时间	2023-12-19 12:29:01
检测结果	数据通过13个，未通过0个，通过率100%	检查项结果	通过169个，未通过0个，通过率100%

检测项目

编号	检测项目	检测目的	检测结果
GD-1-1	固化信息有效性检测	保证电子文件的来源真实	◉通过数（13） ●未通过（0）
GD-1-2	元数据项数据长度检测	检测元数据项数据长度是否符合要求	◉通过数（13） ●未通过数（0）
GD-1-3	元数据项数据类型、格式检测	检测元数据项数据类型格式是否符合要求	◉通过数（13） ●未通过数（0）
GD-1-4	设定值域的元数据项值域符合度检测	检测设定值域的元数据项的数据是否符合值域要求	◉通过数（13） ●未通过数（0）
GD-1-5	元数据项数据值合理性检测	检测元数据项数据值是否在合理范围内	◉通过数（13） ●未通过数（0）

图 6-43 四性检测报告

②接收登记。经档案员核查后，确认接收此批次归档电子文件及其元数据，系统自动生成电子文件归档登记表，并记录归档过程元数据，这标志着档案人员与移交人员之间对电子文件管理职责权利的正式交接(交接登记表见表2-9)。

③接收采集的内容。

a. 业务系统产生的电子文件及其元数据接收采集。自动捕获、采集、登记业务系统传递过来的电子文件及其元数据，建立电子文件与元数据之间的关联。重点采集办公自动化系统、行政审批系统及涉及民生的业务系统形成的具有保存价值的电子文件及其元数据。

b. 数字录音设备、数字照相设备、数字摄像设备等电子设备产生的照片、录音、录像电子文件及其元数据接收采集。支持上传挂接和批量导入照片、录音、录像等声像类电子文件，自动提取形成时间和背景、结构元数据，建立电子文件与元数据之间的关联。上传挂接一般指单件的导入，批量导入指使用"档案目录+归档信息包"形式，一次性导入数量较多的电子档案。

c. 传统档案数字化副本接收采集。

系统支持上传挂接和批量导入传统数字化副本功能或辅助对传统档案进行数字化加工的功能。系统支持核查、补充电子文件、数字化副本及其元数据，确保电子文件、数字化副本及其元数据的形成满足数据完整、要件齐全、格式规范和品质合格等要求。

3. 整理归档功能

（1）分类编目

支持对不同门类档案进行组件、分类、排列、编号、编目等整理操作，使之有序化管理，并自动采集元数据。

（2）命名与存储

分类编目完成后，用档号自动命名电子档案或传统载体档案数字副本，并依据档号结构自动地逐级建立电子档案或传统载体档案数字副本存储文件夹。

如，档号为 XXXX0272-WS·2021-Y-006-0137 电子公文（自发文）的计算机命名为：

XX000272-WS·2021-Y-006-0137D01. OFD（正本）

XX000272-WS·2021-Y-006-0137D02. OFD（文件处理单）

XX000272-WS·2021-Y-006-0137D03. OFD（定稿）

XX000272-WS·2021-Y-006-0137D04. DOC（留痕稿）

或

XX000272-WS·2021-Y-006-0137. 001A. OFD（正本）

XX000272-WS·2021-Y-006-0137. 002B. OFD（文件处理单）

XX000272-WS·2021-Y-006-0137. 003B. OFD（定稿）

XX000272-WS·2021-Y-006-0137. 004B. DOC（留痕稿）

第一种电子档案的计算机文件命名方式为国家档案局推荐使用，第二种电子档案的计算机文件命名方式是基于武汉市相关标准而推荐使用的，与武档〔2016〕13 号和武档办〔2017〕6 号文中纸质档案数字化成果的计算机文件命名方式保持一致，其对应的电子档案存储结构如图 6-44 所示。

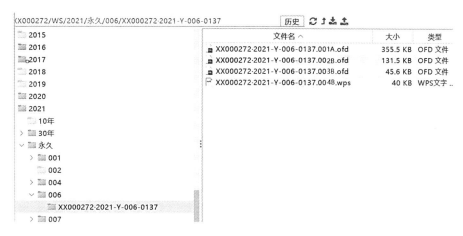

图 6-44　电子档案存储结构

4. 利用开发功能

系统应基于权限管理，提供多样化、多视角且用户友好的搜索和利用选项，以满足用户在查询档案时的各种需求。

(1)档案检索。根据利用者的查找需求，对于文本、图像、图形、音频、视频、数据、超文本等各种形式电子档案，系统支持无须指定字段的简易查询、允许用户选择多个字段及其逻辑关系的高级搜索、跨越不同档案类别的检索，以及全文搜索等功能。

检索系统左侧应显示档案分类体系，用户可按照既定目录结构层层搜索；右侧显示档案具体页面供用户在线浏览、阅读、下载、打印等。

(2)档案利用。电子档案利用管理与传统载体档案利用管理在档案利用的主体、制度和内容上基本一致，但在流程管理、权限设置、安全控制等方面具有电子档案利用的独特要求。

①流程管理。档案利用包括利用登记、利用审批、档案利用、效果反馈等程序。

a. 利用登记。应当形成档案利用登记表，明确利用内容、利用目的(工作查考、学术研究、权益维护、其他)、利用方式(阅览、下载、打印)等内容，可通过选择框等形式供利用者选择。

b. 利用审批。档案利用一般基于权限进行，无须进行额外的审批程序。利用审批是指超出用户利用权限，由相关管理人员进行审批授权。利用审批应按照利用制度规定设置审批流程，并将审批过程记入元数据。相关操作界面如图 6-45 所示：

图 6-45 电子利用审批操作界面

c. 档案利用。按照权限或者审批结果进行档案阅览、复制、下载、打印等。

d. 效果反馈。效果反馈应当形成档案利用效果登记表。

需注意的是，不需要利用审批的电子档案利用，同样需要填写档案利用登记表和效果登记表，以备日后查考和帮助改善档案利用工作。

②权限设置。权限管理遵循系统设定的安全规范和策略，确保用户仅能接触到已获授权的资源。如，兼职档案员只能浏览本部门形成的档案，无法查看别的部门形成的档案。

③安全控制。电子档案利用安全控制措施主要包括身份认证、审计跟踪、文件保护、数字水印等。

a. 身份认证。一般通过验证用户名、密码或数字证书等是否正确来判断用户身份是否合法。

b. 审计跟踪。审计员审查用户操作行为记录，确保识别和跟踪未被授权行为。

c. 文件保护。通过加密或访问控制方式对提供利用的电子档案进行处理，防止电子档案被不当访问。常见的文件保护主要有版式固化、文件加密、限制访问权限等方式。系统提供下载的电子档案可统一进行版式转换，避免下载之后被修改。为防止扩散，可为每一份电子档案自动生成独立的访问密码，用户需输入密码才能浏览文件。同时，还可根据情况限制电子档案的打印、复制功能和有效期限等，降低电子档案不当使用的可能性。

d. 数字水印。数字水印技术涉及将独有的数字信息嵌入文档、图片、声音和视频文件等数字制品中，旨在防护数字作品的著作权、验证其真实性及追踪未授权复制的行为。从外观形态上看，数字水印可分为明水印、盲水印两种。明水印所包含的数字信息可在查看文档图片或视频时肉眼看见，盲水印所包含的数字信息肉眼不可见，需经专门程序提取。数字水印(明水印)示例如下：

3.1
　　电子文件　electronic document
　　国家机构、社会组织或个人在履行其法定职责或处理事务过程中，通过计算机等电子设备形成、办理、传输和存储的数字格式的各种信息记录。
　　注：改写DA/T 58 2014,定义2.1。
3.2
　　电子档案　electronic record
　　具有凭证、查考和保存价值并归档保存的电子文件。
　　注：改写DA/T 58 2014,定义2.2。
3.3
　　文书类电子档案　administrative electronic records
　　反映党务、政务、生产经营管理等各项管理活动的电子档案。
　　注：改写DA/T 46 2009,定义3.2。

在电子档案利用过程中，为避免电子档案遭到不当利用，对外提供利用的电子档案一般需要进行数字水印技术处理，并根据情况采用明水印或盲水印。对于较重要、敏感的文档、照片等电子档案一般建议采用明水印，可在电子档案上添加版权信息、阅览信息或提示语等，保证档案用户在浏览、打印输出时，都能展示相关信息，防止电子档案信息无序扩散。

5. 鉴定销毁功能

对机关、单位来说，按鉴定工作的阶段，可将鉴定分为归档鉴定、到期鉴定。归档鉴定即对归档的电子文件进行鉴别，判断是否纳入归档范围、确定保管期限。到期鉴定是对达到保管期限的电子档案进行评估，根据其来源和参考价值等因素，决定是否值得延续保存。若判定有继续保存的必要，则予以保留；若无，则按照规定程序销毁。

系统支持依据档案分类方案、保管期限处置表，以时间触发、事件触发等自动触发方式，按照既定工作流程对电子档案进行归档鉴定、到期鉴定，处置结果包括归档、续存、销毁。电子档案鉴定处置行为的元数据自动记录，处置台账自动生成，处置结果自动生效。

电子档案的销毁过程指的是对那些已无保存价值的电子档案进行彻底消除或删除，确保这些文件无法被复原。应对在线存储设备、异地容灾备份系统的电子档案数据和离线存储介质实施不可逆的销毁，并记录相关业务行为。

6. 统计移交功能

(1)统计功能

系统应能支持对机关、单位保管的各门类档案、档案利用情况等进行统计。具体应实现以下要求：

①能按照档案门类、年度、保管期限、卷(件)、文件格式、大小、密级、销毁等条件，对相关档案数量进行统计。相关档案统计界面如图 6-46 所示：

门类\年度	文书档案	文书档案(传统)	专业档案	科技档案	会计档案	实物档案	资料	历史房产档案	自然资源确权登记档案	照片类	录音类	录像类	合计
2010	5010		2366	40	138	55				6	1	35	7651
2011	5429		4944		143	42				5		23	10586
2012	5561		2069		164	25				4		18	7841
2013	5540		2613	33	139	23				3		24	8375
2014	5111		2586		122	7				5		21	7852
2015	6497		2176		109	24				3	6	19	8834
2016	5052		1766			8				3	7	11	6847
2017	5192		1025			9				3	10	22	6261
2018	5724		804			4				2	8	36	6578
2019	3295		445			2				2	10	21	3775
2020	374					19					1		394
2021													
2022													
总计	52785		20794	73	815	218				36	43	230	74994

图 6-46　档案统计界面

②能按照年度、门类、保管期限、卷(件)、利用人次、利用目的、复制、下载等要素对档案利用情况进行统计。

③能对目录数据、元数据分类统计。

④能依据模板对相关档案统计数据生成自定义报表、统计年报等，并能通过柱状图、饼状图、折线图等进行可视化呈现。

（2）移交功能

按照《电子档案移交接收操作规程》（DA/T 93 —2022）要求，系统应支持自动生成电子档案移交信息包，通过在线或离线方式移交给综合档案馆，综合档案馆经电子档案移交进馆检测后，形成电子档案移交与接收登记表，完成电子档案接收进馆。具体要求参照本章第一节电子档案移交内容。

7. 安全管理功能

（1）身份认证

①支持定义用户角色并针对不同角色授予不同权限。

②支持用户名和密码、数字证书等多种用户身份认证机制。

（2）权限控制

权限控制是根据安全策略在权限、用户、资源之间建立的安全访问控制机制。

①系统支持建立用户权限分配表等方式对用户权限进行配置和管理，保证只有授权用户才能进行相应的访问、操作等。

②系统支持按照不同聚合层次对全宗、门类、案卷、件等进行创建、修改、删除、浏览、打印等权限设置。身份认证和权限控制是相互关联、配合使用的。

（3）电子签名

《电子签名法》第二条规定，电子签名是数据电文中以电子形式所含、所附用于识别签名人身份并表明签名人认可其中内容的数据。目前国际比较公认、技术成熟是基于数字证书的电子签名技术。从外观呈现来看，电子签名分为隐含式（签名外观无任何文字、图形等可见标记，即签名是不可见的）、文本式（签名外观是一组无个体特征的通用字体文字，如楷体、隶书等）、图形图像式（签名外观是有个体特征的手写签名文字构成的图形或印章图像），如图6-47所示：

| 隐含式 | 文本式 | 图形图像式（图形式） | 图形图像式（印章） |

图6-47　电子签名样式

系统支持电子签名和签名验证功能，确保电子档案真实性和完整性。

（4）审计跟踪

审计跟踪主要通过对审计日志的审查、管理进行。

①支持对整个电子档案管理流程和具体操作的审计跟踪。包括捕获、登记、分类、利用、处置等。

②系统自动记录审计跟踪的信息，并将审计跟踪信息作为元数据加以管理。

③支持审计跟踪数据可按要求被审查、访问，并在指定时间内产生特定的报告。

六、数字档案资源建设

数字档案资源建设是数字档案室建设的核心。从内容来分，主要包括目录数据库建设、档案全文数据库、多媒体数据库建设等。从来源来分，主要指电子文件归档（OA系统与其他业务系统）和室藏传统档案数字化，以及其他数字设备中产生的录音、录像、照片等。

（一）数字档案资源建设的基本要求

数字档案资源建设实施质量管理与控制，按照齐全完整、整理规范、格式品质合规等要求形成、收集、归档。

（1）集中统一管理

所有类型的电子档案以及传统介质的档案均由电子档案管理系统进行集中和统一地管理。

涉密和非涉密的数字档案资源应在相应安全级别的电子档案管理系统中分别处理。各类涉密档案的非涉密元数据或目录信息，如档号、档案门类代码、年度、保管期限、密级等，都应当被纳入非涉密电子档案管理系统的管理范畴。

（2）齐全完整

数字档案资源建设的基本要求，主要体现以下4个方面。

①各门类齐全完整。反映本单位主要职能的文书、科技、会计、照片、录音、录像、实物、专业等各种门类齐全，不缺门类。

②各门类下电子档案和传统载体档案应齐全完整。凡属于归档范围的电子档案和传统载体档案应收尽收、应归尽归。

③每一件（自然件）电子档案和传统载体档案的组件应齐全完整。以电子公文发文

为例，正文及附件、文件处理单、定稿、留痕稿等组件齐全完整，且构成电子档案法定生效要件(签发人、电子印章等)应齐全完备。

④基本元数据要齐全完整。电子文件从创建到电子档案移交进馆的全过程中，应基于系统全程采集电子档案基本元数据，包括有关电子档案内容、背景、结构和管理过程的元数据；在传统载体档案数字化过程中，应齐全完整地采集数字图像元数据，包括数字化时间、扫描分辨率、色彩空间等数字化元数据，记录数字化副本形成技术背景。

(3)整理规范

各门类档案的组件、分类、排列、编号、编目等应符合《归档文件整理规则》《建设项目档案管理规范》《录音录像档案管理规范》等国家标准或地方规范要求。

(4)命名、存储规范

使用档号自动命名电子档案或传统载体档案数字副本，并依据档号结构自动、逐级建立电子档案或传统载体档案数字副本存储文件夹。

(5)格式规范

文件格式指电子档案在计算机等电子设备中组织和存储的编码格式，是应对电子档案长期保存的关键。根据电子档案管理需求并参考《版式电子文件长期保存格式需求》(DA/T 47—2009)等有关规范，电子档案在形成、收集时采用通用文件格式(见表6-20)。

表 6-20　电子档案通用文件格式

文件格式类型	文件格式子类型	选用格式
文本文件格式	版式文件格式	OFD、PDF、双层 OFD、双层 PDF、PDF/A
	流式文件格式	WPS、DOC、DOCX、RTF
图像文件格式		JPG、TIF、PNG、BMP、TIFF、JPEG
图形文件格式	二维图形文件格式	SVG、SWF、WMF、EMF、EPS、DXF
	三维图形文件格式	STEP、IGS、PDF/E
音频文件格式		WAV、MP3
视频文件格式		MPG、MP4、FLV、AVI、MXF
数据文件格式		ET、XLS、DBF、MDB、XML
电子邮件文件格式		EML
网站网页文件格式		WARC、HTML

（6）品质合格

主要针对照片、录音、录像等门类档案提出的，如：声像类电子档案应主题鲜明、影像和语音清晰，具有较高的品质，相关品质要求可见参考表6-21所示。

表6-21　照片、录音、录像档案品质要求

类型	品质要求
图像类	可交换图像文件（EXIF）信息保存完整，像素不低于300万
录音类	音频采样率不低于44.1kHz，量化位数24bit；对于珍贵或有特别用途录音档案，采样率不低于96 kHz
录像类	分辨率不低于720×576或720×480；色度采样率不低于4：2：0；视频量化位数不低于8bit；比特率不低于8Mbps，视频编码格式采用H.264或MPEG-2 IBP，对于珍贵或有特别用途的录像档案，可采用无压缩的方式

对于传统纸质、照片、录音磁带、录像磁带、胶片、实物等档案数字化副本应最大限度与原件保持一致，原件上的所有信息完整无误地呈现于数字化副本上，具体数字化要求参照本章第一节档案数字化相关内容，这里不再重复。

（二）数字档案资源建设内容

（1）目录数据库建设。按照标准建立各门类电子档案和传统载体档案的目录数据库。

（2）全文数据库建设

保管期限30年以上各门类档案均应建立全文数据库。重点是文书、照片、录音、录像、专业档案，有条件的还应逐步建立会计、科技档案全文数据库。

（3）元数据的收集

按不同门类的元数据采集方案，在不同时间节点、业务环节及时捕获元数据。元数据一般可通过捕获来实现，但有些元数据比如聚合层次、来源、关系描述等，以及照片、录音、录像有关摄录者等内容需要人工填写录入。

（三）数字档案资源备份

档案数据重要程度高、安全管理要求严，必须通过制定电子档案备份策略、加强档案数据安全管理，确保档案信息安全。制定电子档案备份策略通常要考虑备份对象、备

份方法、备份地点、备份介质、备份技术的选择和应用。

（1）备份对象

优先确保对电子档案、元数据、电子档案管理系统的配置数据以及日志信息等关键数据进行系统性备份。在条件允许的情况下，可进一步执行对电子档案管理系统及其数据库的全面应用级备份。

（2）备份方法

一般同时使用在线备份、近线备份和离线备份方法，至少保证 3 份电子档案备份数据。通常采用"近线 1 份+离线 2 份"或"在线 1 份+近线 1 份+离线 1 份"的方式进行备份。

（3）备份地点

电子档案要求异地备份。异地备份至少要求同城异地或远城异地 1 份。

（4）备份介质

电子档案要求异质备份。异质备份要求至少采用 2 种存储介质进行备份（硬磁盘或磁盘阵列、光盘或光盘库、磁带或磁带库任选 2 种）。

结合备份对象、备份方法、备份地点、备份介质要求，建议电子档案一般按照"3-2-1"规则进行备份，有条件的可以按照"4-3-2"规则进行备份（见表 6-22）。

表 6-22　备份规则

	3-2-1 规则	4-3-2 规则
备份对象	数据备份	数据备份+应用备份
备份方法	近线 1 份+离线 2 份；或在线 1 份+近线 1 份+离线 1 份	在线 1 份+近线 1 份+离线 2 份
备份介质	硬磁盘或磁盘阵列、磁带或磁带库 2 种选 1+光盘或光盘库	硬磁盘或磁盘阵列 1 种+磁带或磁带库 1 种+光盘或光盘库 1 种
备份地点	同城异地 1 份；或远程异地 1 份	同城异地 1 份+远程异地 1 份；或远程异地 2 份

（5）备份技术

一般根据电子档案数量、存储空间、备份及恢复要求等情况确定，多采用完全备份与差分备份或增量备份相结合的方式，以便获得相对较高的数据备份恢复效率（见表 6-23）。

表 6-23　备份技术对比表

	完全备份	差分备份	增量备份
备份速度	慢	中	快
恢复速度	快	中	慢
恢复所需数据	仅最新备份	最新完整备份+最新差异备份	最近的完全备份和自完全备份以来的所有增量备份
存储空间	高	中	低
重复数据	多	少	无

（6）备份管理

离线备份介质要科学管理，给每个备份介质按照"介质类型-年度-流水号"进行编号，并编制离线备份介质目录。离线备份介质内部存储结构建议依据所存储档案的档号结构逐级建立存储文件夹，以便查找和利用。定期通过备份检测设备或人工抽检等方式对备份介质进行检测，并形成备份介质检测记录台账。

按照备份策略及时开展备份，并形成备份记录台账。

（三）数字档案资源转换与迁移

《机关档案管理规定》要求，"机关应当根据需要制定电子档案转换与迁移策略"。当电子档案存储载体出现问题或电子档案文件格式存在风险时，需将电子档案管理系统的电子档案及其元数据由一种存储载体转换到另一种载体，由一种文件格式转换成另外一种文件格式。当电子档案管理系统升级更换、基础软硬件进行较大调整，或者系统数据进行整合时，需将电子档案及其元数据由原系统迁移到新系统，或由一个软硬件平台迁移到另一个软硬件平台。

转换与迁移的原则与程序，按照《电子文件归档和电子档案管理规范》（GB/T 18894—2016）执行。

十、保障体系建设

（一）经费保障

数字档案室建设、运行、维护是一项长期的系统工程，需要持续的经费保障，主要体现在以下 4 个方面。

①基础设施与应用系统建设的首期经费，业务系统电子文件归档功能研发经费。

②数字档案资源建设费用，包括纸质档案数字化加工、传统录音、录像载体数字化加工、数字档案资源清理、数据迁移等费用。

③系统安全等级保护或分级保护定级、测评、整改的费用。

④后期系统运维、升级等费用。

（二）制度保障

制度建设和实施是数字档案室可持续发展的重要保障。综合《数字档案室建设指南》《电子档案单套管理一般要求》《湖北省数字档案馆（室）系统测评办法》等相关标准规范，常见的管理制度、技术规范名称及主要内容如表 6-24、表 6-25 所示：

表 6-24　数字档案室基本制度一览表

制度名称	主要内容
电子档案管理基本制度	电子档案效力、职责分工、基本管理要求、人才配备与经费保障等
电子档案"三合一"制度	电子文件归档范围、电子档案分类方案与保管期限与处置表
办公自动化系统、业务系统归档制度	办公自动化系统、业务系统归档工作流程、工作要求
电子文件整理与归档制度	电子文件归档格式、元数据要求、整理要求
电子档案鉴定、利用、统计与移交制度	电子档案鉴定程序、利用规则与权限设置、统计、移交要求
电子档案安全（保密）管理制度	电子档案备份、检测、审计、应急处置及涉密信息与载体管理要求
电子档案管理系统运行维护制度	系统操作规程、系统修改规程、系统定期维护要求、系统安全保密要求、系统运行状态记录和日志归档要求等
电子档案管理培训制度	电子档案管理培训计划、安排

表 6-25　数字档案室相关技术规范一览表

名称	主要内容
电子档案数据规范	电子档案数据格式、内容及相关要求
电子档案管理系统接口规范	向办公自动化系统、业务系统提供电子档案移交、利用等接口以及接口使用说明，明确接口调用方式、接口名称、接口参数
电子档案存储和备份策略	电子档案存储要求、备份范围和方式
电子档案转换与迁移策略	进行系统迁移、数据迁移、格式转换时，所应采取的策略
电子档案数据恢复方案	电子档案数据因系统软硬件故障、极端特殊情况等导致数据丢失后的数据恢复方法、步骤
电子档案管理应急处置方案	电子档案管理突发事件应急准备、应急响应、应急处置、应急恢复

（三）人才保障

按照数字档案室测评要求，数字档案室专职管理人员应具备档案或信息技术相关专业的本科以上学历。各机关、单位应重视专业人才引进、培养，加强档案新理论、新技术及计算机知识、网络技术、信息管理等学习培训，建立和完善激励机制，提供外出交流学习机会，不断提升档案工作人员的信息化素养和专业技能，为数字档案室建设和运行提供长远支撑。

八、数字档案室建设路径

数字档案室的建设通常包括 5 个关键阶段：规划与立项、项目招投标、项目实施、项目验收、运行维护。

（一）项目规划与立项

成立项目工作领导小组，负责项目的筹备、协调、组织工作，成员包括机关、单位主要领导或分管领导，信息化部门、业务部门、档案部门、保密部门等部门负责人。在充分调研论证数字档案室建设必要性和可行性的基础上，编制可行性研究、项目建设方案，报请有关部门申请立项。

武汉市政务信息化项目的规划、审批、实施，需按照《武汉市政务信息化项目建设管理办法》(武政办〔2021〕91号)相关要求执行。

(二)项目招投标

项目一旦获得批准，必须遵循国家相关法规进行公开招标或定向邀标。同时，广泛收集来自各业务部门和行业专家的建议，对数字档案室的功能需求进行详尽分析并制定出具体的需求方案，既满足档案管理的实际工作需求，又易于开发实施。

(三)项目实施

编制一份精细的项目施工执行计划，明确定义项目构建的具体内容、进展阶段及时间表，并有序推动系统开发、调试、软硬件集成，以及项目的试运行和验收工作。在项目建设过程中，应强化监理工作以确保项目按计划顺利推进并保证建设质量。

①硬件设施采购与部署。

②系统同步开发、部署，包括业务系统改造、业务系统与电子档案管理系统对接、电子档案管理系统的搭建。

③管理制度与技术规范的制定，做好相关台账记录。

④传统载体档案数字化实施，包括纸质档案、以磁带、银盐感光材料为记录载体的照片、录音、录像档案的数字化。

⑤数字档案资源迁移、清理。

(四)项目验收

对于通过定制开发构建的数字档案室应用系统，该系统需获得建设方、承包方、监理方以及同级档案主管部门的项目验收鉴定意见。若是采购市面上成熟的应用软件，该软件应具有权威机构颁发的鉴定报告。

(五)数字档案室系统测评

1. 测评准备

①佐证台账的准备。对照测评指标——提供图文佐证材料，如：服务器的配备，需提供服务器存放位置图片、采购相关材料、开箱验收、调试安装的材料等。相关台账准

备参见表6-26。

表6-26　佐证台账内容一览表

第一部分　领导与组织		
1	分管领导和职能部门	机关、单位的职能配置、内设机构和人员编制等文件，成立数字档案室建设工作领导小组的文件等
2	发展规划	本机关、单位编制的档案信息化专项规划，或者涉及数字档案室建设的其他综合性规划等
3	工作机制	成立数字档案室建设工作专班，与信息化等部门协调配合的文件及关键过程性材料
4	纳入岗位职责和综合考核的情况	各机关、单位岗位职责、年度考核文件等
第二部分　基础设施建设		
1	机房配置	机房设计图、实景图、供电设备图、监控设备图等材料，以及验收等材料
2	网络基础设施	网络拓扑图及相关说明材料
3	软硬件配置	服务器、存储与备份设备、工作终端、辅助设备清单及资产登记表、图片等
4	安全保障	信息系统安全等级保护测评材料、信息系统安全管理、机房管理、网络安全管理等相关制度及执行情况记录，应急演练台账等
第三部分　应用系统建设　以系统演示为主		
1	技术文档	系统采用开发方式建设的，需提供功能规格设计说明书、详细设计书、数据库设计书、技术报告、用户手册等文档；采购商品化应用软件的，提供数据库设计文档、用户手册等文档
2	系统测评鉴定	系统采用开发方式建设的，提供由建设方、承建方、监理方、同级档案主管部门出具的项目鉴定验收报告。采购商品化应用软件的，提供权威部门出具的鉴定报告
第四部分　数字档案资源建设以抽查为主		
1	传统载体档案数字化	档案数字化建设规划计划，历年数字化项目方案、审批书、加工流程单、验收报告、工作报告，招投标/询价文件，合同，保密协议、数字化加工人员备案表等资料
2	资源备份	备份策略、异地备份协议和图片、备份介质图片等

第五部分　保障体系建设		
1	经费保障	经费预算、建设期间档案工作经费投入明细表
2	制度建设	见本节保障体系建设—制度保障所列内容
3	人才建设	数字档案室工作人员花名册及人员学历学位、职称与从业证书等相关证明资料

②系统演示数据的准备。提前准备好电子文件归档、鉴定等相关数据，保证现场测评过程顺畅。

③汇报材料的准备。包括情况汇报、自评报告、自评分表。

2. 现场测评程序

①数字档案室建设工作情况汇报、自评扣分情况；

②数字档案室应用系统演示；

③推荐专家组组长，组长部署评价工作，安排分工；

④专家组分组测试，检查机房库房等关键部位、抽查资源建设情况、查看佐证材料等；

⑤专家组讨论汇总情况；

⑥专家组反馈评价意见。

(六)项目运行维护

①加强应用培训，构建业务工作与档案管理相互衔接、相互支持的电子文件归档管理机制。

②完善运维工作的组织管理机构，明确职责和人员，选择适当的运维模式，重视人才培养，形成以档案员自主管理为主，社会化外包服务为辅的项目运行与维护体系。

第七章

档案安全与监督管理

第一节　档案安全

一、档案安全工作概述

档案安全管理是指在档案管理过程中依据相关安全理论、法规政策、规范标准，为维护档案实体及档案信息安全而采取的策略、措施和手段。

维护档案安全是档案管理的重要原则，是档案工作的底线和生命线，是推动档案事业科学发展的前提。2014年5月，中共中央办公厅、国务院办公厅印发《关于加强和改进新形势下档案工作的意见》，明确做好新形势下档案工作的重要目标之一是确保档案安全保密。2016年4月，国家档案局印发《关于进一步加强档案安全工作的意见》，对档案安全提出二十个方面的具体要求。2020年6月新修订的《中华人民共和国档案法》中也多次提及档案安全。2021年6月，中共中央办公厅、国务院办公厅印发《"十四五"全国档案事业发展规划》，提出要深入推进档案安全体系建设，筑牢平安中国的档案安全防线。

深入推进档案安全体系建设，必须坚持"安全第一、预防为主"

的工作方针，全面筑牢人防、物防、技防安全体系，落实档案安全工作责任制，维护档案的完整与安全，便于档案查阅与利用，确保档案安全各项要求落到实处。

（一）落实档案安全责任制

①按照"谁主管、谁负责，谁实施、谁担责"的原则，切实承担档案安全职责。各部门各单位分管档案工作的负责人是第一责任人，对档案安全工作负全面责任；档案工作人员为直接责任人，对档案安全工作负直接责任。以建立健全档案安全责任、风险治理、防控和保障工作机制为目标，进一步完善档案安全规章制度，配备足够的专兼职管理人员，并按照权责一致的原则，建立健全以第一责任人为核心的档案安全管控体系，形成档案安全责任共同体。

②加强制度体系建设。根据实际工作情况不断修订完善本系统、本单位的档案基本制度或档案管理办法，建立健全档案收集、整理、保管、利用、移交、解密、鉴定销毁等制度，形成完善的档案制度管理体系，避免因为制度缺陷影响档案安全。

（二）确保档案库房设施及实体安全

①贯彻执行《机关档案管理规定》《档案馆建筑设计规范》等规章标准规范，进一步提高档案库房安全防灾标准，采用先进的安全技术、设备和材料，改善档案保管条件，确保档案库房安全。

②做好档案交接和出入库管理，确保流转过程中档案安全。严格执行档案利用制度，在法律法规许可的范围内，按照权限和要求提供档案利用，避免超权限、超范围利用档案。

③提高应急处置能力。按照《档案应急管理规范》（DT84—2019）和《档案工作突发事件应急处置管理办法》，建立完善档案安全应急管理预案，确保危险情况下档案安全疏散转移。

（三）确保档案信息安全

①构建安全可控的国产化软硬件环境。完善档案信息环境及设备安全、系统安全、网络安全、数据安全等策略，按照《档案信息系统安全保护基本要求》，建设数字档案馆（室），建立健全档案信息管理系统安全等级保护体系，推动国产密码技术运用。

②对照数字档案馆(室)软硬件建设要求，配备必要的防火墙、漏洞扫描、入侵检测、安全审计等网络安全设施，实现局域网、政务网、因特网三网隔离。在进行档案数字化处理时，所使用的计算机、扫描仪等设备信息输出端口须通过专业软件或者安全保密手段予以封闭。

③定期做好档案数据备份和迁移，确保数据长期安全保存。存储处理涉密档案数据，须采用涉密信息设备或涉密信息系统，实行网络化管理的还需运用国产密码技术。

④强化数据安全管理。针对不同的数据载体制定相应的保管方案，保证数据载体的可用和安全。按照《档案数字化外包安全管理规范》等要求对数字化服务机构、数字化场所、数字化加工设备等进行安全管理，避免数据在档案数字化及后期管理过程中失泄密或者不当扩散。

⑤加强档案网站安全管理。定期对网站进行扫描监测，发现漏洞及时修正，发生篡改、入侵等事件及时断网修复。严格执行档案保密管理制度，对上网档案信息进行严格审查，严防把涉密档案信息传输到非涉密网络上。

(四)确保外包服务安全

贯彻执行《档案服务外包工作规范》(DA/T 68.1—2020)，加强档案外包服务安全管理。拟将档案整理、寄存、开发利用和数字化等服务外包的档案馆和机关、单位(统称"发包方")，严格控制外包服务的项目范围，超出国家标准规定范围以外的档案服务不得外包。要对受委托的档案服务企业条件进行严格审查，确定受委托的档案服务企业具有企业法人资格和相应的经营范围；具有与从事档案整理、寄存、开发利用、数字化等相关服务相适应的场所、设施设备、专业人员和专业能力；具有保证档案安全的管理体系和保障措施。发包方应当对受托方的服务进行全程指导和监督，确保档案安全和服务质量。

必须采取外包方式进行涉密档案数字化的，相关档案服务企业除满足上述条件外，还必须拥有省级及以上保密行政主管部门颁发的涉密档案数字化资质，符合保密管理的相关规定要求。

(五)确保档案安全各项要求落到实处

①将档案安全纳入全面从严治党相关考核、档案工作目标管理考评等重要内容，强化宣传教育和培训引导，不断提升思想认识，把确保档案安全作为规范自觉的行为。加

大档案安全工作投入，保证工作所需经费，确保档案安全工作正常开展。推进档案安全人才队伍建设，培育一批具备高度档案安全责任感、技术精湛且业务素养卓越的档案管理人员，以此作为档案安全工作的专业人才库。不断强化档案安全技术支撑，利用新技术、新知识不断提高档案安全技术水平。

②坚持开展档案安全检查，重点检查各项规章制度是否得到严格执行，检查各个工作环节、部位是否存在安全漏洞和隐患，检查各种安全设施是否齐全有效等，及时发现和排除安全隐患，堵塞安全漏洞，严防档案安全事故发生。

③建立健全档案安全事故问责机制，对因工作失职、渎职或未按规定程序履行职责，导致安全管理体系不健全，安全防范措施不完善，工作推进不得力，安全隐患得不到治理等问题的，依法追究相关领导的责任。对发生档案安全事故的，按照《中华人民共和国档案法》及《中华人民共和国档案法实施条例》等法律法规，对档案违法违规行为严肃查处。

二、档案保密管理

档案保密管理是指按照《中华人民共和国保守国家秘密法》《中华人民共和国档案法》等法律法规和标准规范，对涉及国家秘密事项的文件材料进行收集、归档、整理、数字化、保管与利用等一系列工作，做好这项工作目的在于确保涉及国家秘密的档案安全管理和合规利用。

(一)涉密档案管理基本要求

涉密档案泛指各机关、单位从事经济、政治、文化、社会、生态文明、军事、外交、科技等方面活动直接形成的对国家和社会具有保存价值的各种文字、图表、声像等不同形式的历史记录中涉及国家秘密的档案。各机关、单位及个人都有保守涉密档案中涉及的国家秘密的义务。

涉密档案管理要求是：接触涉密文件或涉密档案的人员，应当根据保密要求和工作需要限定在最小范围，限定到具体人员并加强教育管理。维护档案的完整与安全，做到包括涉密档案和非涉密档案在内的各种档案集中统一管理；健全涉密档案安全管理设施、手段、措施，筑牢人防、物防、技防安全体系，确保涉密档案管理安全，便于档案查阅与利用。

（二）涉密文件归档整理

（1）涉密文件材料收集

按照本机关、单位档案"三合一制度"，将经过清退、鉴定后具有保存价值的涉密文件材料纳入收集归档范围，按照涉密文件材料交接手续与文据，做好涉密文件材料归档交接。

（2）涉密文件材料整理

按照《归档文件整理规则》要求，对已收集的涉密文件材料进行整理，制作档案目录。涉密档案目录与非涉密档案目录一并编制时，必须将相关涉密文件标题、文号等信息用代码或文字进行模糊化处理，在目录备注栏中注明文件存放位置等信息，具体做法可参见表7-1《涉密文件材料交接文据》和表7-2《涉密档案目录样式》：

表 7-1 涉密文件材料交接文据

移交部门				接收部门				
交接性质	归档		起止年月	年	月 至		年	月
文件材料	文件材料总量(件、册、张等)与拟划定的不同保管期限的数量							
	小计	永久	30 年	10 年				
移交说明								
接收意见								
移交人：				接收人：				
移交日期： 年 月 日				接收日期： 年 月 日				

表 7-2 涉密档案目录样式（仅供参考）

序号	档号	文号	责任者	题名	日期	密级	页数	备注
1	XX000002-WS·2022-D30-YWL-0089	干训通〔2022〕25 号	某市委组织部	关于加强领导干部培养的通知	20221107		7	
2	XX000002-WS·2022-D30-YWL-0090	老干文〔2022〕11 号	某市老干局	关于召开老干部工作会议的方案	20221112		5	

序号	档号	文号	责任者	题名	日期	密级	页数	备注
3	XX000002-WS·2022-D30-YWL-0091	老干函〔2022〕15号	某市老干局	关于召开老干部工作会议的通知	20221113		5	
4	XX000002-WS·2022-D30-YWL-0092	人才文〔2022〕26号	某市人才局	关于兑现2020年博士资助计划市级财政滚动支持资金的通知	20221229		13	
5	XX000002-WS·2022-D30-YWL-0093	＊＊＊＊＊＊	某市委办公厅	＊＊＊＊＊＊	20220322	秘密	8	1号库房保密柜第三层
6	XX000002-WS·2022-D30-YWL-0094	＊＊＊＊＊＊	某省委办公厅	＊＊＊＊＊＊	20220510	机密	16	1号库房保密柜第三层
7	XX000002-WS·2022-D30-YWL-0095	＊＊＊＊＊＊	某省军转办	＊＊＊＊＊＊	20220718	秘密	9	1号库房保密柜第三层
8	…							

（三）涉密档案数字化加工

涉密档案数字化加工（复制）应当符合国家保密规定，经原定密机关、单位或者其上级机关批准。需采取服务外包方式的应当注意以下几点：

①机关、单位拟将涉密档案数字化加工（复制）业务委托外包的，应当选择取得保密资质的企业单位提供档案数字化加工（复制）服务，与其签订保密协议，提出保密要求，采取保密措施。

②从事涉密档案数字化加工的人员，按照涉密人员要求进行管理，须经过保密教育培训，签订保密承诺书，严格遵守国家保密规定，承担保密责任。机关、单位要加强对涉密档案数字化加工过程中的日常保密管理。

③涉密档案数字化加工应在涉密信息系统或信息设备上进行，相关系统或设备不得违规联入互联网及其他公共信息网络或者进行信息交换。加强对相关系统或设备的检查和使用过程的监管，严防加工场所出现未经批准的电子设备和移动存储介质。配备必要的视频监控设备，监控记录至少保留6个月。

④加强对数字化成果的管理。档案数字化加工使用的计算机、扫描仪等设备，须采

用专业软件或安全保密机箱等设备封闭所有不必要的信息输出装置或端口，以防档案数据被窃取或误操作。数字化加工完成后，存储档案目录及全文等数据的硬盘、移动存储介质等应逐一检查，交由机关、单位保管并办理交接手续，严禁擅自带走。

（四）涉密档案安全保管与解密

遵循集中统一管理原则，机关、单位涉密档案整理完毕后，应集中到专门场所保管并确定为保密要害部位，按照国家保密规定和标准配备、使用必要的技术保护设施、设备。机关、单位应建立涉密档案管理制度，规范涉密档案归档、管理和利用等各项行为，做好涉密档案流转、交接和使用等记录。

涉密档案解密工作内容：一是机关、单位对拟移交各级国家档案馆尚在保密期限内的涉密档案，原档案形成机关、单位在移交档案时应当进行审核并提出相关意见，对于符合解密条件的应当及时解密；二是档案馆对已经移交各级国家档案馆的涉密档案组织解密审核，相关档案原形成机关、单位参与由档案馆组织的解密审核工作，向档案馆出具对拟解密档案的意见。做好档案解密工作，应把握两项要求：

（1）严格遵守相关法律法规

《中华人民共和国保守国家秘密法》第二十三条规定："国家秘密的密级、保密期限和知悉范围，应当根据情况变化及时变更。国家秘密的密级、保密期限和知悉范围的变更，由原定密机关、单位决定，也可以由其上级机关决定。"涉密档案密级的变更和解密，必须按照国家有关保密的法律和行政法规规定办理。

（2）建立联合审查工作机制

档案密级的变更和解密，涉及原定密机关、单位，原定密机关、单位的上级机关，各级国家档案馆，各级保密行政管理部门等，特别是一些机关、单位被撤销、合并更增加了涉密档案解密工作难度，只有各方加强协同配合、齐心协力并形成机制，才能做好解密工作。已移交各级国家档案馆的属于国家秘密的档案，由原定密机关、单位按照国家有关规定进行解密审核，相关机关、单位应予配合；机关、单位被撤销或者合并的，该机关、单位所确定国家秘密的变更和解除，由承担其职能的机关、单位负责，也可以由其上级机关、单位或者保密行政管理部门指定的机关、单位负责。

（五）涉密档案的安全合理利用

《中华人民共和国保守国家秘密法》要求，既要确保国家秘密安全，又要便利信息资源合理利用。机关、单位要加强对涉密档案及其副本查阅利用管理，严守保密、档案等法律法规，履行涉密档案和涉密载体借阅审批手续，严禁擅自借阅、复制、拍摄或转借他人，严禁利用非安全网络或非机要渠道传递。解密不等于公开，机关、单位和档案馆拟公开已解密档案，应严格依照《中华人民共和国保守国家秘密法》《中华人民共和国政府信息公开条例》等法律、行政法规的要求，依法履行相关审查程序，符合条件的才能公开提供利用。

第二节　档案监督指导工作

《中华人民共和国档案法》规定：县级以上地方档案主管部门主管本行政区域内的档案工作，对本行政区域内机关、团体、企业事业单位和其他组织的档案工作实行监督和指导；乡镇人民政府应当指定人员负责管理本机关的档案，并对所属单位、基层群众性自治组织等的档案工作实行监督和指导；机关、团体、企业事业单位和其他组织应当确定档案机构或者档案工作人员负责管理本单位的档案，并对所属单位的档案工作实行监督和指导；中央国家机关根据档案管理需要，在职责范围内指导本系统的档案业务工作。由此可见，做好监督指导工作是各区各部门各单位的共同职责。

一、档案监督

档案监督是指档案主管部门以及各机关、团体、企业事业单位等，依法对本行政区域内机关、团体、企业事业单位和其他组织以及所属单位的档案工作进行监察和督促，目的在于推动贯彻执行党和国家关于档案工作的方针政策、法律法规、规章制度和规范标准，维护档案的完整与安全，便于社会各方面利用。

武汉市范围内实施档案监督的主体具有多层级、多元化的特点，既包括市、区档案主管部门，即市档案局和各区档案局，又包括各街道或乡镇人民政府、全市各机关团体企业事业单位等。

做好档案监督要突出重点难点，着重抓好以下四个方面的工作：

(一)抓好顶层设计确定发展目标

对档案事业统筹规划、组织协调和监督指导，关键是市、区档案主管部门要谋划好本区域档案事业长远发展。进行档案工作规划设计要注意把握档案事业发展现状和发展规律，研究提出强弱补短的措施方法，对档案工作进行整体性、长远性的规划。一方面要负责指导督促国家及省规划在本地本部门本单位的贯彻执行，另一方面要结合实际制定本地本部门本单位档案事业发展规划。"谋定而后动"，为确保规划执行的可持续性，应将规划涉及的目标任务细化分解，以制定执行年度工作计划的方式持续推进。

(二)完善法规制度促进依法治档

依据档案法律法规制定完善本地区本部门本单位档案工作规章制度，加强档案普法宣传，增强档案法治意识，依法对管辖范围内的档案工作监督指导，确保档案法治要求落实到档案工作各方面、全过程。副省级及以上档案主管部门重要的职责是推动档案管理地方立法工作，制定符合档案管理工作实际需要、具有地方特色的地方性法规、地方政府规章和行政规范性文件，为本行政区域档案事业高质量发展提供基本遵循。

(三)依法行政推动法律制度落实到位

档案行政管理依法由市、区档案主管部门行使。确保档案监管和指导的有效实施，需要采取一系列行动措施，以便将相关法律法规的要求具体化并加以执行。这些措施中属于行政性质的大体有3个方面：一是档案行政许可。在简政放权、取消和下放行政审批事项、推行"一网通办"和"互联网+监管"的背景下，档案行政许可事项不断减少，档案行政许可事项应依据法律法规设置，做到合法合规。二是档案监督检查。档案检查是掌握了解档案法律法规贯彻执行成效的重要手段。开展档案监督检查的重点难点是，研究制定符合武汉实际常态化组织开展档案检查的有效机制，根据国家档案局《档案检查工作办法》要求，制定本市、本区的档案检查工作实施办法，进一步明确检查内容与方式、组织与实施及检查评价标准，以适应档案法律法规的新要求，探索出一条全新的监督检查路子。三是档案违法行为查处。对在监督检查过程中发现档案违法行为，依据档案法律法规和《档案行政处罚程序规定》(国家档案局令第20号)及时调查并依法处理。

(四)组织宣传教育营造良好环境

加强档案宣传教育，营造档案事业发展良好的社会环境。档案事业持续发展，离不开全社会的大力支持，离不开各级领导的关心重视，离不开档案部门的主动作为。强化档案宣传教育采取的方式有：一是在各级档案主管部门和各档案馆的主导下，各区各部门各单位协同配合，组织开展全方位、多角度、宽领域的档案普法宣传活动，广泛宣传档案价值和档案工作，扩大档案工作知晓度和影响力，提升社会档案意识。二是多措并举开展多层次档案人员学习培训，常态化开办档案工作人员初任培训和档案部门负责人（业务骨干）研修班，探索搭建"互联网+培训"档案在线学习平台，让机关企业事业单位档案工作人员和档案服务机构从业人员都有机会接受培训学习，打造"忠于职守、遵纪守法、具备相应的专业知识与技能"的高素质专业化档案队伍。

二、档案指导

对档案工作实行监督和指导，既包括行政意义上的监督指导，也包括业务层面的引导帮助。这里所讲的"档案指导"侧重于业务层面，是各级档案主管部门和各部门各单位工作人员对所属地区部门单位的档案工作进行培训、辅导、指导。各部门各单位履行档案监督职责，必须建立在熟悉档案业务并适时参与业务指导的基础上，既要熟悉了解相关档案法律法规，又要知晓掌握必要的档案业务知识，为各机关、单位提供档案业务咨询意见，指导相关业务工作的开展，将抽象的法律法规要求落实到具体的业务工作环节中。

（一）业务指导的主要内容

武汉市推行档案集中统一管理，加强机关、单位档案管理规范化、科学化、信息化建设已多年，档案基础业务较扎实。目前指导开展档案业务建设的重点是：

①指导机关企业事业单位开展档案工作目标管理考评，推动档案管理法治化、规范化、科学化。有关工作人员要熟悉考评标准和考评内容，指导各受考评单位规范档案管理、做好迎检准备工作。为加强档案业务指导人员力量，一方面要发挥行业系统的作用，整合相关力量指导本行业档案工作；另一方面可打破地域或行业限制，组建区域性档案指导与评审人员库，推行目标管理第三方评审。

②指导机关企业事业单位编制档案分类方案、文件材料归档范围和档案保管期限表并进行审查，夯实基础制度。"三合一制度"是档案工作基础性制度，对其进行指导和审核是各级档案主管部门和相关主管单位的重要职责。各单位设立、内设机构或工作职能发生变化时，应及时制定或修订"三合一制度"，本级单位报同级档案主管部门审核，所属单位报主管部门审核。

③指导引导国有企业和非国有企业开展档案工作。指导国有企业建立档案工作责任制，规范管理不同门类档案，提高档案信息化水平，实施党管档案主体责任考核和档案监督检查，鼓励引导有条件的企业档案规范达标。引导非国有企业提升档案管理规范化水平。

④指导监督重点工作、重大活动、重大项目建立落实档案工作制度。依据国家及省加强重大活动和突发事件档案管理的文件精神，指导制定重大活动突发事件档案管理指南（指引），建立以清单管理为基础的常态化工作机制，指导做好各种主题教育、重大专项文件材料收集归档。在此基础上，建设档案馆馆藏重大活动和突发事件专题档案数据库，推动实现档案资源共建共享。

⑤指导档案馆重点业务建设。依托档案局、档案馆局馆协调联动机制，以项目清单推动局馆工作。一是指导各级档案馆修订收集范围实施细则，督促开展档案接收进馆。二是协调建立到期档案开放审核协同机制，各级国家档案馆具体负责，档案形成或移交单位共同参与，档案主管部门协调、检查和督促。三是组织开展县（区）档案馆业务建设评价。

⑥指导档案馆和机关企业事业单位档案信息化建设，以数字档案馆（室）建设为抓手，推动"存量档案数字化、增量档案电子化、管理利用网络化"，实现档案资源共建共享。

（二）业务指导的改进完善

（1）深化业务学习做业务指导"多面手"

档案业务指导工作人员既要督导各部门各单位贯彻执行档案工作相关标准规范，做标准规范的"执行者"；又要勤于思考、认真钻研，制定或完善相关档案业务工作规范制度，做标准规范的"制定者"。

（2）借助社会力量辅助开展档案业务指导

依托档案工作协作组、档案社团组织等，搭建档案业务学习交流的平台，"以点带片""以片促面"，提高业务指导效率。充分发挥各行业系统优势，各行业主管部门要在同级档案主管部门的指导下，切实履行好本系统档案监督指导职责，组织系统内的培训交流，提高业务指导质量。整合区域内档案专业人才，组建业务精湛、素质优良、结构合理的评审员（专家）队伍，确保评审、检查、督查等专业工作公平、公正、高效。

（3）打造"互联网+监督指导"新模式

借助数字档案馆（室）一体化平台，实现在线自动监测和统计各立档单位电子文件归档、室藏电子档案数量、编研利用、档案移交进馆等情况；在线自动检测和统计档案主管部门组织开展的档案业务指导、综合考评、档案检查等工作情况及相关数据。打破档案工作监督指导的时间和空间限制，进一步拓展业务指导新领域。

在线档案业务指导流程如图 7-1 所示。

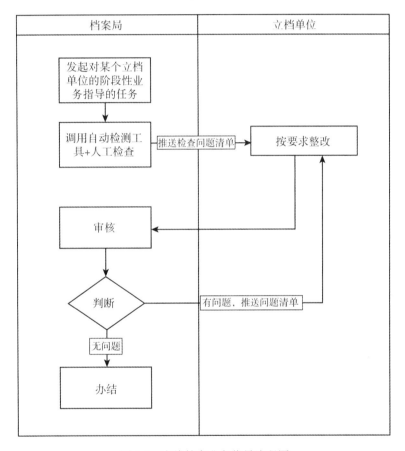

图 7-1　在线档案业务指导流程图

在线档案监督检查流程如图 7-2 所示。

三、档案行政管理

档案监督指导，从行政管理学角度分析，可分为行政管理行为和非行政管理行为。

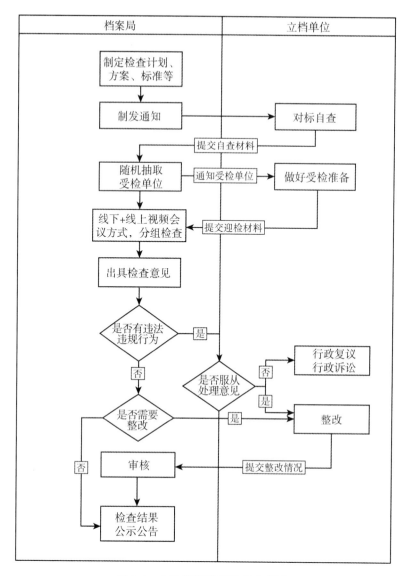

图 7-2 在线档案监督检查流程图

把握行政管理基本原则、工作要求，才能更好地做好档案行政管理工作。

行政是指行政机关对公共事务的组织管理活动。依据《中华人民共和国档案法》关于档案机构及其职责的规定，结合档案机构"三定"方案，各级档案主管部门（各级档案局）依法为档案行政主体，履行档案行政管理职权。

行政作为对行政区域内机关、团体、企业事业单位和其他组织在某一方面具有普遍约束力的特殊行为，影响的是广大受众，需要被管理对象普遍遵守。档案行政的实施，离不开法律法规制度性保障,即档案行政执法。

档案行政执法指县级以上档案主管部门依照档案法律、法规、规章规定的职权和程序,直接对特定的行政相对人和特定的档案事务采取措施并影响其权利产生直接、严重后果的活动,是一种具体行政行为,具有执法主体的法定性、执法行为的强制性、执法对象的广泛性等特点。常见档案行政执法内容有:

一是行政指导。档案主管部门基于国家档案法律法规的规定作出的,旨在引导行政相对人自愿采取加强档案收集管理、有效保护利用档案、提高档案信息化管理能力等行为,以及不得有丢失、损毁档案等禁止性行为。通过应作为和不作为的规定,督促机关、团体、企业事业单位和其他组织以及个人履行保护档案的义务,维护档案的完整与安全。

二是行政许可。在法律一般禁止的情况下,行政主体根据行政相对人的申请,通过特定的程序,依法赋予其实施某种行为的权利或资格的行政行为。目前,档案行政许可事项在省级及以上档案主管部门少量存在,主要是档案复制件赠送、交换、出卖和国家档案馆相关档案的出境批准等;市、县(区)档案行政许可事项仅同级国家档案馆延期开放档案的批准。

三是行政备案。行政备案是指公民、法人和其他组织依法报送其从事特定活动的相关材料,行政机关接收报送材料备查并作为监管参考依据的行为。如:目前有的地区依据相关档案法规,对档案服务企业进行备案管理,这是一种档案行政备案行为。

四是行政检查。档案主管部门按照《中华人民共和国档案法》关于开展监督检查的规定,对机关、团体、企业事业单位以及其他组织进行检查。检查的目的在于促使行政相对方遵守法律法规,执行行政命令,增强档案管理的严格性,确保档案的完整与安全并得到合法合理利用。

五是行政处罚。档案主管部门依据行政主体法定职权和《档案行政处罚程序规定》(国家档案局令第 20 号),对违反档案法律法规、尚未构成犯罪的相对人给予行政制裁的具体行政行为,如:县级以上档案主管部门、有关机关对丢失国家所有档案的行为,对直接负责的主管人员或其他直接责任人员给予警告处分,对责任单位和个人给予罚款。

六是其他具体行政行为。上述行政行为以外的行政行为,如:对机关、单位文件材料归档范围和档案保管期限表的审查,受理办理有关违反档案法律法规的投诉举报等。

四、档案行政执法重点工作

档案行政执法必须遵循工作程序和相关制度，其程序一般有：制定检查计划（方案），下达检查通知书，检查（执法）人员进入现场，表明身份，说明理由，提取证据，采取措施，告知相对人权利，反馈或公布检查结果，出具相关法律文书并督促落实到位。

（一）档案监督检查

《中华人民共和国档案法》第六章规定的"监督检查"行为，具体包括综合检查和专项检查两种。

（1）检查内容

检查内容主要有六个方面：一是档案工作责任制和管理制度落实情况；二是档案库房、设施、设备配置使用情况；三是档案工作人员管理情况；四是档案收集、整理、保管、提供利用等情况；五是档案信息化建设和信息安全保障情况；六是对所属单位等的档案工作监督和指导情况。

国家档案局《档案检查工作办法》（档发〔2020〕5号）对检查内容进行了细化，所附《中央国家机关档案检查评价标准》《中央企业档案检查评价标准》可作为市、县（区）档案主管部门制定工作方案、检查标准的参考。各区各部门各单位应结合实际，规定相关档案检查的具体内容。

湖北省及武汉市推行档案工作目标管理考评多年，机关、单位档案管理法治化、规范化、信息化水平较高，目标管理考评每三年一复查，考评内容与检查内容重叠较多。组织档案检查要充分考虑这一因素，合理地确定检查内容、检查频率，不额外增加基层单位负担。

检查内容设置方面，应着重于落实法律底线要求，与档案工作目标管理标准相辅相成，内容可参见表7-1。

（2）检查方式

倡导以档案局为检查主体，不宜委托他方实施开展。具体方式有三种：一是各级档案局独立组织开展检查；二是各级档案局联合同级国家档案馆组织开展检查；三是各级档案局组建区域性档案检查人员库和档案专家库，整合执法力量和专家资源组织开展检查。参与检查的骨干人员应参加过培训并取得了《行政执法证》。

表 7-1 档案执法检查参考内容表

序号	检查项目	项目类别	检 查 内 容
一	档案工作体制机制	工作体制	①落实党管档案主体责任，设置了档案工作机构，明确了分管领导、负责人和专(兼)职档案工作人员
			②档案工作人员为在职在编人员，近两年参加过档案工作人员初任培训与继续教育
			③档案工作纳入本单位整体发展规划，制定并执行本单位档案工作年度计划
			④档案工作所需经费有保障
		治理体系	⑤深入学习贯彻习近平总书记关于做好新时代档案工作重要指示批示精神，推动档案工作转型发展，对上级部门的工作要求或监督检查有研究、有安排、有落实
			⑥学习宣传贯彻有关档案法律法规和规范标准
			⑦对所属单位的档案工作进行监督和指导，本单位及所属单位按要求开展档案收集归档、保管利用，档案安全无事故
			⑧及时、准确、完整地报送档案工作统计年报数据和年度档案工作情况
		制度建设	⑨适时制定或完善本单位档案分类方案、文件材料归档范围和档案保管期限表("三合一"制度)，并报有关机关审核
			⑩建立档案保管、利用、保密等工作制度，制定实施突发事件、重大活动档案管理措施和档案安全应急处理预案
二	业务建设	档案库房	⑪设有符合档案安全保管的专门库房及工作用房，配置符合规范要求的防盗、防火、防水、防高温、防潮等设施设备，档案柜架与档案装具符合标准规范
		归档整理	⑫依据"三合一"制度对各门类各载体文件材料及时归档整理，实行集中统一管理
			⑬各门类档案整理规范、管理科学、存放有序
			⑭库房温度湿度及安防管理等符合规范要求，无档案安全隐患，受损档案及时进行科学、有效的修复

续表

序号	检查项目	项目类别	检查内容
二	业务建设	鉴定与移交	⑮定期开展到期档案鉴定，依法开展销毁档案工作
			⑯按要求、按标准及时向相关档案馆移交档案（包含属于移交范围内的突发事件、重大活动、重大项目等档案），做好移交前的解密、开放审核等工作
		利用与编研	⑰编制档案目录等检索工具和全宗卷等参考资料，提供档案信息查阅利用，发挥档案存史、资政、育人作用
三	档案信息化建设	基础条件	⑱配备档案管理专用计算机和档案管理软件
		数据资源	⑲建立各门类档案目录数据库及重要档案全文数据库
			⑳实现 OA 办公或网上电子政务的单位，开展原生电子文件在线归档，推动电子档案管理利用
四	档案检查不合格情形		有违反《中华人民共和国档案法》《中华人民共和国档案法实施条例》规定的违法违规行为一项的，即应认定为档案检查不合格

（3）检查频率

国家要求综合检查原则上以 5 年为一个周期开展。为与档案工作目标管理考评周期衔接，我们建议以 3 年为一个周期，当年参加考评的单位已接受了严格而全面的检查，不再重复检查。检查的重点是当年轮空未参与考评的单位，或者因工作需要应检查的单位。

除综合检查外，其他临时性的专项检查可选取若干检查项目，按工作安排适时组织开展。

（4）结果运用

检查结果可简化为"合格"和"不合格"两个等次，与其他综合考核挂钩。对存在突出问题的，要督促整改。对发现违法情形的，及时提请依纪依法处理。

（二）投诉举报的办理

近年来，公民和法人组织涉及档案方面的投诉日益增多，受理办理档案行政投诉举报是各级档案局必须面对的一项重要工作。在档案事务方面的诉求主要集中在三个方面：一是关于丢失属于国家所有的档案的投诉，如投诉相关部门单位丢失干部职工招工录用原始记录，诉讼卷宗中缺失相关证据材料等；二是关于篡改、损毁、伪造档案的投诉，如投诉相关部门单位改动干部职工身份、工资学历信息等；三是关于档案馆和有关职能部门不按规定向社会开放档案、提供档案利用的投诉等。

公民、法人和其他组织通过书面信函、电子邮件、网络等方式举报不合法、不合规的行为后，负有管辖权的档案主管部门应及时受理并在规定时限内反馈。涉及档案知识或工作政策的咨询，可当即回复。涉及的问题较复杂，甚至涉及档案违法违规的，则需在受理后向举报投诉人告知受理情况、预计办理回复时间。同时，针对投诉举报事项进行现场调查核实，制作勘查笔录或询问笔录，依法依规作出结论并答复。

办理档案行政投诉举报，工作人员应熟悉相关法律法规和政策方针要求，除熟练掌握档案法律法规外，还应知悉行政处罚法、行政复议法、行政诉讼法等法律以及信访工作条例、政府信息公开条例等法规。

（三）档案行政处罚

实施档案行政处罚主要依据是档案法律法规和《档案行政处罚程序规定》。档案行政处罚原则上应执行执法公示制度、执法全过程记录制度、重大执法决定法制审核制度（"三项制度"）。鉴于机构改革后档案主管部门的各自情况，在执行"三项制度"中应随时与政府法制部门保持沟通，协调解决执法过程中可能产生的实际问题。实施档案行政处罚，注意把握两个方面问题：

一是合理界定管辖范围。档案行政处罚由违法行为发生地的县（区）级以上档案主管部门管辖。法律、行政法规、部门规章另有规定的，从其规定。省、市、区档案主管部门按照职权法定、属地管理的原则，并结合违法行为涉及区域、案情复杂程度、社会影响范围等因素，厘清本行政区域内不同层级档案主管部门行政处罚管辖范围，明确职责分工。

二是严格遵守处罚程序。各级档案主管部门对依据监督检查职权或者通过投诉、举报、其他部门移送、上级交办等途径发现的违法行为线索，自发现线索或者收到相关材料之日起15个工作日内予以核查并决定是否立案。决定立案的，填写立案审批表。由两名以上具有行政执法资格的执法人员负责调查收集证据。

拟作出档案行政处罚的案件，在作出行政处罚决定前，书面告知当事人拟作出的行政处罚内容及事实、理由、依据，并告知当事人依法享有陈述权、申辩权、听证权，以及申请行政复议和提起行政诉讼的权利。

在告知当事人拟作出的行政处罚决定后，档案主管部门应充分听取当事人的意见，并对当事人提出的事实、理由和证据进行复核。如果当事人提出的事实、理由或者证据是成立的，档案主管部门应当予以采纳。

行政处罚决定书在宣告后当场交付当事人；当事人不在场的，档案主管部门在 7 个工作日内依照有关规定，将行政处罚决定书送达当事人。当事人同意并签订确认书的，档案主管部门可以采用传真、电子邮件等方式，将行政处罚决定书等送达当事人。

办理档案行政处罚案件应当严格按照行政处罚法的规定在 90 日内办结。

案件处理完毕后，负责办理案件的工作人员应根据行政执法和档案管理的相关规定，对执法案卷材料进行梳理归档，确保每宗案件的文件材料收集齐全、整理规范、排列有序，符合司法部门行政执法案卷检查的要求。

五、其他形式的监督指导

(一)档案工作目标管理考评

档案工作目标管理考评是促进各机关、各单位档案管理法治化、规范化、科学化的量化考评手段，重在考察考核各单位档案工作的组织管理、硬件建设、基础业务、档案信息化、开发利用等情况，实行百分制。考评依据是《湖北省档案工作目标管理考评办法》(鄂档发〔2022〕6 号)。新修订的考评办法有四个显著变化：一是设置了申报省特级考评的前置条件，要求被考评单位要实现电子文件在线归档；二是加大了档案信息化建设考核分量，注重档案数据的管理与运用；三是考评程序中新增了整改步骤并明确整改期限要求；四是重视考评结果的运用，将其纳入党建综合考核等内容。

档案工作目标管理考评是一项系统工程，需要从多个方面进行全面准备，实施过程中会形成不少文件材料，其中部分有保存价值的文件材料可以结合"全宗卷"编制要求一并存档。较重要的材料列举如下：

一是汇报材料。包括：①申请考核的函；②本单位档案工作情况汇报；③本单位上次认定或复查指出问题的整改情况；④自查得分与扣分情况；⑤本单位档案管理网络图；⑥本单位档案"三合一"制度及申报批准文件；⑦本单位档案分类方案和档号编制说明；⑧档案编研成果目录；⑨档案利用工作成效实例选编（省特级 20 例以上，省一级 10 例以上）。

二是佐证资料。包括但不限于以下内容：

①档案工作的组织。研究部署档案工作的方案文件或会议材料，对档案工作给予人、财、物支持的材料；本单位档案工作年度安排或长期计划规划；本单位成立或调整档案工作领导小组的文件；本单位档案工作人员参加岗位培训证书、学历等；组织档案法规学习宣传或开展档案业务培训的方案、通知或现场照片、视频；本单位档案收集、移交、整理、保管、利用、统计、鉴定、销毁、保密等工作制度及档案安全应急处置预案；有直属机构或下辖部门且档案工作目标管理等级为省特级的单位，需提供下属单位档案工作达到省二级以上等级的名单名册；本单位或本系统制发的档案管理办法或专业档案管理办法；对所属单位档案工作进行监督指导的材料。

②档案硬件建设。关于本单位档案设备的文件资料或相关图片、视频。

③档案基础业务。近 3 年各年度部署档案收集工作的文件；内设机构或下级部门单位向本单位档案室移交文件资料的清单；本单位档案库房温湿度记录、档案保护与安全检查等材料；本单位各种门类档案的数量统计，档案统计年报报送情况等材料；本单位成立档案鉴定销毁机构的通知以及开展到期档案鉴定销毁的文件；本单位保管的档案需向同级档案馆移交的，应提供记载档案移交事项的相关材料或暂不移交或不属于移交范围的相关说明；需向同级档案馆报送政府公开信息的行政机关，应提供记载本单位政府公开信息向档案馆移交的材料。

④档案信息化。研究部署档案信息化建设的有关文件或会议记录；反映同步建设办公自动化系统与档案管理网络系统、配置档案专用服务器及档案管理软件的方案、合同、图片等材料；两种以上档案数据的存储介质，两套以上安全备份工作的现场照片、视频资料等；承接本单位档案整理、档案数字化等外包业务的合同协议文本，外包公司提供的资质条件等材料、对项目服务工作人员进行保密管理的材料。

⑤档案利用开发。档案查阅利用登记表册，数量多则选部分佐证；档案利用开发工作得到上级领导书面批示肯定，或在有关刊物简报上发表，或获得相关奖项的书面材料、照片等。

下一步，武汉市将对档案工作目标管理考评工作进行完善，运用数字档案馆（室）一体化平台组织开展在线考评工作。在线档案工作目标管理考评流程如图 7-3 所示。

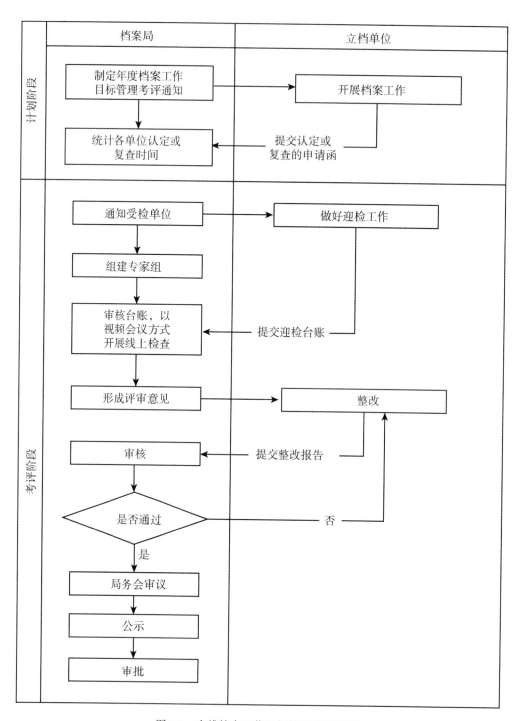

图 7-3 在线档案工作目标管理考评流程

（二）全面从严治党档案工作考核

加强党对档案工作的领导，党管档案主体责任的落实纳入市、区全面从严治党考核要求。

项目名称：全面落实党管档案主体责任。考核主体（组织者）为党委办公厅（室），具体工作由各级档案主管部门承担。被考核者为各地区各部门各单位。

考核内容可适时调整、补充和完善，目前的内容主要有：一是机关、单位党委（党组）加强对档案工作的领导，建立档案工作机制，保障档案工作所需经费、人员、用房等；二是推动本部门本单位档案管理法治化、规范化、科学化；三是推进本地区本部门本单位档案信息化建设，开展数字档案室建设试点、电子文件归档管理和电子档案单套制管理；四是贯彻实施档案法律法规，未发生档案丢失、篡改、损毁、伪造、拒不归档移交等档案违法违规行为。

（三）重点建设工程项目档案指导与验收

目前，武汉市对重大建设项目档案指导监督和接收进馆的主体是各级城建档案馆，同级档案主管部门同步实施监督。近年来，全市强化"一盘棋"理念，档案主管部门和城建部门齐抓共管，规范重大建设项目档案管理。市级重大建设项目档案移交武汉市城建档案馆管理，相关档案指导与验收流程如下：

（1）建设工程档案业务指导与交底

建设项目取得《建设工程施工许可证》后，建设单位提出业务交底要求，档案业务指导人员到工地现场（或通过业务指导服务信息平台）进行建设工程档案业务交底和指导服务。业务交底的主要内容：宣传建设档案管理方面的法律、法规，明确参建方档案归集主体责任，解读建设工程档案形成、收集、整理及归档技术要求，说明建设工程档案验收、移交程序。

（2）建设工程项目竣工档案预验收

按照湖北省及武汉市建设工程竣工联合验收的规定，建设单位在工程项目建设完成后，申报联合验收之前10至15个工作日，向武汉市城建档案馆提出项目竣工档案预验收申请。业务指导人员深入工地现场，依据国家《建设工程文件归档规范》等标准规范，开展建设工程竣工档案检查及预验收。

（3）建设工程项目竣工档案验收移交

建设单位向市（区）联合验收窗口提交联合验收申请（建设工程档案验收），提交建设工程竣工档案验收申请材料，并将申请材料上传给武汉市建设工程竣工联合验收审批平台。按照联合验收的规定，3个工作日内完成联合验收预审工作；按照联合验收窗口的统一安排，对建设工程竣工档案进行现场联合验收。建设单位在规划、消防、人防等专项验收通过后，将全部建设工程竣工档案向武汉市城建档案馆移交。

参 考 文 献

[1]冯惠玲，张辑哲．档案学概论[M]．北京：中国人民大学出版社，2006.

[2]单士元．明清档案丛谈[J]．故宫博物院院刊，1980(2).

[3]冯惠玲．档案学概论[M]．北京：中国人民大学出版社，2023.

[4]丁德胜．机关档案工作机构、人员与基本任务——《机关档案管理规定》解读之四[J]．中国档案，2019(3)：28-29.

[5]蒋敏华，王思敏，陈君．新时代档案干部能力需求与培养策略探究[J]．档案记忆，2023(3)：53-55.

[6]张斌．深刻认识档案工作的重要地位和独特作用[N]．中国档案报，2022-5-12(1).

[7]国家档案局档案馆(室)业务指导司．机关档案管理[M]．北京：中国文史出版社，2020.

[8]王英玮，陈智为，刘越男．档案管理学(第四版)[M]．北京：中国人民大学出版社，2015.

[9]李和平．《企业档案工作规范》实施指南[M]．北京：中国档案出版社，2010.

[10]冯惠玲，刘越男，马林青．文件管理的数字转型：关键要素识别与推进策略分析[J]．档案学通讯，2017(3)：4-11.

[11]周国行．涉民电子业务档案(数据)登记备份工作问题所在与改进建议——以绍兴市为例[J]．浙江档案，2017(10)：58-60.

［12］王强，高强．业务系统数据归档研究——以中国石油业务系统数据归档实践为例［J］．浙江档案，2019（12）：36-39．

［13］张莉．对业务系统电子数据归档的探讨［J］．档案天地，2014（S1）：196-198．

［14］梁凯．"最多跑一次"事项电子业务数据归档系统建设实践——以杭州市档案局为例［J］．浙江档案，2017（8）：31-32．

［15］巩淑芳．《"十四五"全国档案事业发展规划》背景下的数据归档研究的若干思考［J］．档案管理，2023（3）：91-94．

［16］肖秋会，詹欣然．我国政务微博信息的归档范围和归档流程研究［J］．档案管理，2018（1）：52-54．

［17］周文泓，代林序，苏依纹，黄小宇，贺谭涛，文利君．全球社交媒体信息存档的行动要素解析及启示［J］．情报理论与实践，2021，44（8）：35-41．

［18］杨洪云．高校社交媒体文件归档管理初探［J］．中国档案，2020（10）：60-61．

［19］姜钦芳．档案治理体系下社交媒体文件归档研究［J］．中国档案，2022（2）：74-75．

［20］李明华．数字档案室建设概论［M］．北京：中国文史出版社，2016．

［21］冯惠玲，刘越男．电子文件管理教程［M］．北京：中国人民大学出版社，2017．

［22］国家档案局．电子文件归档与电子档案管理规范解读［M］．北京：中国文史出版社，2021．

［23］王英玮，陈智为，刘越男．档案管理学（第五版）［M］．北京：中国人民大学出版社，2021．

［24］丁德胜．电子档案管理理论与实务［M］．北京：中国文史出版社，2022．

［25］吴小竞．机关数字档案室建设路径研究［J］．兰台世界，2020（2）：2-3．

［26］皮春花．数字档案室建设应注意的几个问题［J］．兰台内外，2015（5）：39-39．

［27］米静．大数据时代文档一体化管理的构建与实施方案分析［J］．办公室业务，2019（7）：74-76．

［28］雷雅娜．新时期档案管理一体化对策研究［J］．长江丛刊，2018（32）：48-49．

［29］曾洪周．大数据环境下数字档案室信息安全防范研究［J］．城建档案 2020（9）：17-19．

［30］周美兰．大数据环境下档案信息安全管理的探讨［J］．兰台世界，2015（20）：103．

［31］国家保密局编写组．国家秘密定密工作指导手册［M］．北京：金城出版社，2014．

［32］高勤．档案人员岗位培训教程［M］．武汉：湖北科学技术出版社，2013．

后 记

　　《武汉市档案工作人员上岗必读》自 2023 年 4 月启动编写工作以来，得到武汉市档案局领导的高度重视，杨作权局长主持召开局务会审定内容提纲和工作方案，多次对编写工作提出指导意见并审定书稿。陈强副局长对编写工作提出具体意见。局宣传教育处、档案行政管理处全程参与组织协调工作，保证了编写出版工作顺利完成。

　　本书由武汉市档案局周江洪二级巡视员、武汉大学周耀林教授任主编，负责全书的策划和定稿工作。书稿经多次修改、数易其稿，是全市档案部门集体智慧的结晶，凝聚着编写工作团队的辛勤汗水。武汉市档案局、武汉市档案馆、武汉市城建档案馆、武汉市自然资源和规划信息中心、武汉大学档案学系等部门的专业人员参与了编写工作，具体有：武汉市档案局蒋敏华、王思敏、陈君、陈琪、孙晓飞、史岩昆（第二章、第三章大部分、第五章第一节、第六章第二节、第七章）；武汉市城建档案馆王旭（第五章第二节、第七章第二节部分内容）；武汉市档案馆董晓宁、曾曌、甘超逊（第四章大部分、第五章部分内容、第六章第一节）；武汉市自然资源规划信息中心曾婷（第六章第一节）；武汉大学档案学系博士生管茜、张丽华、王彬璇（第一章、第三章第八节）。

　　武汉地区有关专家和技术骨干对教材编写出版给予了悉心指导和具体帮助。武汉市档案局刘芳、武汉市城建档案馆陈红梅研究馆员、湖北大学王艳明教授等专家对体例、结构和内容提出了宝贵意见建议。湖北省档案科技推广中心牛渭涛主任、武汉市司法局张胜处长、硚口区档案馆王国斌副馆长、武汉市档案馆甘超逊等同志参加了审阅修改工作。武汉市档案局蒋敏华和武汉大学刘婧副教授对全书进行了修改统稿。同时，编写中还得到了湖北省档案局、湖北省档案馆大力支持，参考借鉴了国内相关领域专家学者的工作研究成果。

在此一并表示衷心感谢。

编 者

2024 年 4 月